U0946972

涉台
司法实务手册

最高人民法院
台湾司法事务办公室 编

人民法院出版社

图书在版编目（CIP）数据

涉台司法实务手册 / 最高人民法院台湾司法事务办公室编. -- 北京 : 人民法院出版社, 2023.3
ISBN 978-7-5109-3702-6

Ⅰ. ①涉… Ⅱ. ①最… Ⅲ. ①法律－基本知识－中国 Ⅳ. ①D920.4

中国版本图书馆CIP数据核字(2022)第254558号

涉台司法实务手册

最高人民法院台湾司法事务办公室　编

策划编辑　孟　晋
责任编辑　张　奎
执行编辑　白　鸽
封面设计　鲁　娟
出版发行　人民法院出版社
地　　址　北京市东城区东交民巷 27 号（100745）
电　　话　（010）67550662（责任编辑）　67550558（发行部查询）
　　　　　65223677（读者服务部）
客 服 QQ　2092078039
网　　址　http://www.courtbook.com.cn
E - mail　courtpress@sohu.com
印　　刷　天津嘉恒印务有限公司
经　　销　新华书店

开　　本　787 毫米×1092 毫米　1/32
字　　数　405 千字
印　　张　17.5
版　　次　2023 年 3 月第 1 版　2023 年 3 月第 1 次印刷
书　　号　ISBN 978-7-5109-3702-6
定　　价　78.00 元

前　言

2013年，最高人民法院首次编写出版《涉港澳台司法实务手册》，主要内容包括港澳基本法、涉港澳台案件审判及司法协（互）助相关法律法规、对审理涉港澳台案件具有参照意义的涉外案件审判相关法律法规，并附相关典型案例、有指导意义的复函等内容。该书出版后，在为人民法院涉港澳台司法审判及区际司法协（互）助工作提供便利，为涉港澳台司法研究者提供参考等方面，发挥了积极作用，得到了较为普遍的好评。

该书出版迄今已满十年。十年间，港澳台与内地（大陆）间的人员往来交流日益频繁，经贸合作不断拓展深化，在此背景下，互涉法律纠纷数量和类型也不断增加。为有效化解纠纷，维护公平正义，增进人民福祉，最高人民法院完善制度建设，创新司法举措，制定、出台了一系列司法解释及规范性文件。为了全面准确地反映这些新举措新规定，更好服务涉港澳台司法工作，需要对《涉港澳台司法实务手册》进行修订和完善。根据实务需求，并考虑到体例、篇幅的合理性等多方面因素，本次修订将《涉港澳台司法实务手册》分为《涉港澳司法实务手册》和《涉台司法实务手册》两本书，分别出版。本书即为《涉台司法实务手册》，共分三编：第一编为“宪法、宪法相关法及重要文件”。这一编收录了《宪法》和《反分裂国家法》等重要法律，以及《告台湾同胞书》等重要文件。《宪法》规定台湾是中华人民共和国神圣领土的一部分，完成祖国统一的大业是包括台湾同胞在内的全中国人民的神圣职责。《反分裂国家法》以《宪法》为依据，是坚持“一国两制”，推进祖国和平统一制度体系的重要组成部分。全国人民代表大会常务委员会发表于 1979 年 1 月 1 日的《告台湾同胞书》，郑重宣告了争取实现祖国和平统一的大政方针，明确提出了一系列发展两岸关系、促进和平统一进程的政策措施。这些重要法律和文件是涉台司法工作的基本法律与政策遵循，全面深刻地认识和理解这些重要法律和文件，是推动涉台司法工作正确健康发展的前提和基础。

第二编为“涉台司法互助相关合作协议及法律法规”。两岸签署的多项合作协议为海峡两岸多领域合作搭建了制度化平台。其中，《海峡两岸共同打击犯罪及司法互助协议》等与司法工作密切相关的各项协议，在促进两岸司法交流合作、保障两岸人民合法权益方面起到重要作用。最高人民法院积极贯彻落实相关合作协议，先后出台了涉台送达、调查取证、裁判认可和执行、罪犯移管等多方面的司法解释和规范性文件，初步构建起具有中国特色的海峡两岸区际司法互助规范体系。本编综合考虑司法互助案件办理的实际需要，收录了在司法实践中使用频次较高的相关司法解释和有关规定等。为帮助读者更好地理解和掌握前述司法解释和有关规定，还特别收录了司法解释起草者所撰写的理解与适用、最高人民法院相关负责人的答记者问及有关办理涉台司法互助案件的文书样式。

第三编为“涉台案件审理相关法律法规及规范性文件”。本编收录了与涉台案件审判相关的法律、行政法规、司法解释以及最高人民法院发布的各类规范性文件，包括通知、会议纪要，以及具有指导意义的个案答复等。同时，根据《最高人民法院关于适用〈中华人民共和国民事诉讼法〉的解释》（2022 年修正）第

549条，人民法院审理涉及香港、澳门特别行政区和台湾地区的民事诉讼案件，可以参照适用涉外民事诉讼程序的规定，为充分满足审判实践需求，本编还收录了涉外案件审判相关法律规范。

本书收录的法律法规、司法解释和规范性文件均为现行有效文本。

希望本书的出版能够进一步促进人民法院涉台司法互助和案件审判工作，更好地服务人民法院从事涉台司法工作的同仁和涉台法律研究的专家、学者，为增进台胞福祉、促进两岸关系和平发展、融合发展贡献绵薄。书中不当之处，诚请读者批评指正。

最高人民法院台湾司法事务办公室

2023年2月

目　录

第一编　宪法、宪法相关法及重要文件

第二编　涉台司法互助相关合作协议及法律法规

第三编 涉台案件审理相关法律法规及规范性文件

附录:相关行政规定及政策性文件

第一编

宪法、宪法相关法及重要文件

中华人民共和国宪法

（1982年12月4日第五届全国人民代表大会第五次会议通过　1982年12月4日全国人民代表大会公告公布施行　根据1988年4月12日第七届全国人民代表大会第一次会议通过的《中华人民共和国宪法修正案》、1993年3月29日第八届全国人民代表大会第一次会议通过的《中华人民共和国宪法修正案》、1999年3月15日第九届全国人民代表大会第二次会议通过的《中华人民共和国宪法修正案》、2004年3月14日第十届全国人民代表大会第二次会议通过的《中华人民共和国宪法修正案》和2018年3月11日第十三届全国人民代表大会第一次会议通过的《中华人民共和国宪法修正案》修正）

序　言

中国是世界上历史最悠久的国家之一。中国各族人民共同创造了光辉灿烂的文化，具有光荣的革命传统。

一八四〇年以后，封建的中国逐渐变成半殖民地、半封建的国家。中国人民为国家独立、民族解放和民主自由进行了前仆后继的英勇奋斗。

二十世纪，中国发生了翻天覆地的伟大历史变革。

一九一一年孙中山先生领导的辛亥革命，废除了封建帝制，创立了中华民国。但是，中国人民反对帝国主义和封建主义的历史任务还没有完成。

一九四九年，以毛泽东主席为领袖的中国共产党领导中国各族人民，在经历了长期的艰难曲折的武装斗争和其他形式的斗争以后，终于推翻了帝国主义、封建主义和官僚资本主义的统治，取得了新民主主义革命的伟大胜利，建立了中华人民共和国。从此，中国人民掌握了国家的权力，成为国家的主人。

中华人民共和国成立以后，我国社会逐步实现了由新民主主义到社会主义的过渡。生产资料私有制的社会主义改造已经完成，人剥削人的制度已经消灭，社会主义制度已经确立。工人阶级领导的、以工农联盟为基础的人民民主专政，实质上即无产阶级专政，得到巩固和发展。中国人民和中国人民解放军战胜了帝国主义、霸权主义的侵略、破坏和武装挑衅，维护了国家的独立和安全，增强了国防。经济建设取得了重大的成就，独立的、比较完整的社会主义工业体系已经基本形成，农业生产显著提高。教育、科学、文化等事业有了很大的发展，社会主义思想教育取得了明显的成效。广大人民的生活有了较大的改善。

中国新民主主义革命的胜利和社会主义事业的成就，是中国共产党领导中国各族人民，在马克思列宁主义、毛泽东思想的指引下，坚持真理，修正错误，战胜许多艰难险阻而取得的。我国将长期处于社会主义初级阶段。国家的根本任务是，沿着中国特色社会主义道路，集中力量进行社会主义现代化建设。中国各族人民将继续在中国共产党领导下，在马克思列宁主义、毛泽东思想、邓小平理论、“三个代表”重要思想、科学发展观、习近平新时代中国特色社会主义思想指引下，坚持人民民主专政，坚持社会主义道路，坚持改革开放，不断完善社会主义的各项制度，发展社会主义市场经济，发展社会主义民主，健全社会主义法治，贯彻新发展理念，自力更生，艰苦奋斗，逐步实现工业、农业、国防和科学技术的现代化，推动物质文明、政治文明、精神文明、社会文明、生态文明协调发展，把我国建设成为富强民主文明和谐美丽的社会主义现代化强国，实现中华民族伟大复兴。

在我国，剥削阶级作为阶级已经消灭，但是阶级斗争还将在一定范围内长期存在。中国人民对敌视和破坏我国社会主义制度的国内外的敌对势力和敌对分子，必须进行斗争。

台湾是中华人民共和国的神圣领土的一部分。完成统一祖国的大业是包括台湾同胞在内的全中国人民的神圣职责。

社会主义的建设事业必须依靠工人、农民和知识分子，团结一切可以团结的力量。在长期的革命、建设、改革过程中，已经结成由中国共产党领导的，有各民主党派和各人民团体参加的，包括全体社会主义劳动者、社会主义事业的建设者、拥护社会主义的爱国者、拥护祖国统一和致力于中华民族伟大复兴的爱国者的广泛的爱国统一战线，这个统一战线将继续巩固和发展。中国人民政治协商会议是有广泛代表性的统一战线组织，过去发挥了重要的历史作用，今后在国家政治生活、社会生活和对外友好活动中，在进行社会主义现代化建设、维护国家的统一和团结的斗争中，将进一步发挥它的重要作用。中国共产党领导的多党合作和政治协商制度将长期存在和发展。

中华人民共和国是全国各族人民共同缔造的统一的多民族国家。平等团结互助和谐的社会主义民族关系已经确立，并将继续加强。在维护民族团结的斗争中，要反对大民族主义，主要是大汉族主义，也要反对地方民族主义。国家尽一切努力，促进全国各民族的共同繁荣。

中国革命、建设、改革的成就是同世界人民的支持分不开的。中国的前途是同世界的前途紧密地联系在一起的。中国坚持独立自主的对外政策，坚持互相尊重主权和领土完整、互不侵犯、互不干涉内政、平等互利、和平共处的五项原则，坚持和平发展道路，坚持互利共赢开放战略，发展同各国的外交关系和经济、文化交流，推动构建人类命运共同体；坚持反对帝国主义、霸权主义、殖民主义，加强同世界各国人民的团结，支持被压迫民族和发展中国家争取和维护民族独立、发展民族经济的正义斗争，为维护世界和平和促进人类进步事业而努力。

本宪法以法律的形式确认了中国各族人民奋斗的成果，规定了国家的根本制度和根本任务，是国家的根本法，具有最高的法律效力。全国各族人民、一切国家机关和武装力量、各政党和各社会团体、各企业事业组织，都必须以宪法为根本的活动准则，并且负有维护宪法尊严、保证宪法实施的职责。

第一章　总　纲

第一条　中华人民共和国是工人阶级领导的、以工农联盟为基础的人民民主专政的社会主义国家。

社会主义制度是中华人民共和国的根本制度。中国共产党领导是中国特色社会主义最本质的特征。禁止任何组织或者个人破坏社会主义制度。

第二条　中华人民共和国的一切权力属于人民。

人民行使国家权力的机关是全国人民代表大会和地方各级人民代表大会。

人民依照法律规定，通过各种途径和形式，管理国家事务，管理经济和文化事业，管理社会事务。

第三条　中华人民共和国的国家机构实行民主集中制的原则。

全国人民代表大会和地方各级人民代表大会都由民主选举产

生，对人民负责，受人民监督。

国家行政机关、监察机关、审判机关、检察机关都由人民代表大会产生，对它负责，受它监督。

中央和地方的国家机构职权的划分，遵循在中央的统一领导下，充分发挥地方的主动性、积极性的原则。

第四条　中华人民共和国各民族一律平等。国家保障各少数民族的合法的权利和利益，维护和发展各民族的平等团结互助和谐关系。禁止对任何民族的歧视和压迫，禁止破坏民族团结和制造民族分裂的行为。

国家根据各少数民族的特点和需要，帮助各少数民族地区加速经济和文化的发展。

各少数民族聚居的地方实行区域自治，设立自治机关，行使自治权。各民族自治地方都是中华人民共和国不可分离的部分。

各民族都有使用和发展自己的语言文字的自由，都有保持或者改革自己的风俗习惯的自由。

第五条　中华人民共和国实行依法治国，建设社会主义法治国家。

国家维护社会主义法制的统一和尊严。

一切法律、行政法规和地方性法规都不得同宪法相抵触。

一切国家机关和武装力量、各政党和各社会团体、各企业事业组织都必须遵守宪法和法律。一切违反宪法和法律的行为，必须予以追究。

任何组织或者个人都不得有超越宪法和法律的特权。

第六条　中华人民共和国的社会主义经济制度的基础是生产资料的社会主义公有制，即全民所有制和劳动群众集体所有制。社会主义公有制消灭人剥削人的制度，实行各尽所能、按劳分配的原则。

国家在社会主义初级阶段，坚持公有制为主体、多种所有制经济共同发展的基本经济制度，坚持按劳分配为主体、多种分配方式并存的分配制度。

第七条 国有经济，即社会主义全民所有制经济，是国民经济中的主导力量。国家保障国有经济的巩固和发展。

第八条 农村集体经济组织实行家庭承包经营为基础、统分结合的双层经营体制。农村中的生产、供销、信用、消费等各种形式的合作经济，是社会主义劳动群众集体所有制经济。参加农村集体经济组织的劳动者，有权在法律规定的范围内经营自留地、自留山、家庭副业和饲养自留畜。

城镇中的手工业、工业、建筑业、运输业、商业、服务业等行业的各种形式的合作经济，都是社会主义劳动群众集体所有制经济。

国家保护城乡集体经济组织的合法的权利和利益，鼓励、指导和帮助集体经济的发展。

第九条 矿藏、水流、森林、山岭、草原、荒地、滩涂等自然资源，都属于国家所有，即全民所有；由法律规定属于集体所有的森林和山岭、草原、荒地、滩涂除外。

国家保障自然资源的合理利用，保护珍贵的动物和植物。禁止任何组织或者个人用任何手段侵占或者破坏自然资源。

第十条 城市的土地属于国家所有。

农村和城市郊区的土地，除由法律规定属于国家所有的以外，属于集体所有；宅基地和自留地、自留山，也属于集体所有。

国家为了公共利益的需要，可以依照法律规定对土地实行征收或者征用并给予补偿。

任何组织或者个人不得侵占、买卖或者以其他形式非法转让土地。土地的使用权可以依照法律的规定转让。

一切使用土地的组织和个人必须合理地利用土地。

第十一条　在法律规定范围内的个体经济、私营经济等非公有制经济，是社会主义市场经济的重要组成部分。

国家保护个体经济、私营经济等非公有制经济的合法的权利和利益。国家鼓励、支持和引导非公有制经济的发展，并对非公有制经济依法实行监督和管理。

第十二条　社会主义的公共财产神圣不可侵犯。

国家保护社会主义的公共财产。禁止任何组织或者个人用任何手段侵占或者破坏国家的和集体的财产。

第十三条　公民的合法的私有财产不受侵犯。

国家依照法律规定保护公民的私有财产权和继承权。

国家为了公共利益的需要，可以依照法律规定对公民的私有财产实行征收或者征用并给予补偿。

第十四条　国家通过提高劳动者的积极性和技术水平，推广先进的科学技术，完善经济管理体制和企业经营管理制度，实行各种形式的社会主义责任制，改进劳动组织，以不断提高劳动生产率和经济效益，发展社会生产力。

国家厉行节约，反对浪费。

国家合理安排积累和消费，兼顾国家、集体和个人的利益，在发展生产的基础上，逐步改善人民的物质生活和文化生活。

国家建立健全同经济发展水平相适应的社会保障制度。

第十五条　国家实行社会主义市场经济。

国家加强经济立法，完善宏观调控。

国家依法禁止任何组织或者个人扰乱社会经济秩序。

第十六条 国有企业在法律规定的范围内有权自主经营。

国有企业依照法律规定，通过职工代表大会和其他形式，实行民主管理。

第十七条 集体经济组织在遵守有关法律的前提下，有独立进行经济活动的自主权。

集体经济组织实行民主管理，依照法律规定选举和罢免管理人员，决定经营管理的重大问题。

第十八条 中华人民共和国允许外国的企业和其他经济组织或者个人依照中华人民共和国法律的规定在中国投资，同中国的企业或者其他经济组织进行各种形式的经济合作。

在中国境内的外国企业和其他外国经济组织以及中外合资经营的企业，都必须遵守中华人民共和国的法律。它们的合法的权利和利益受中华人民共和国法律的保护。

第十九条 国家发展社会主义的教育事业，提高全国人民的科学文化水平。

国家举办各种学校，普及初等义务教育，发展中等教育、职业教育和高等教育，并且发展学前教育。

国家发展各种教育设施，扫除文盲，对工人、农民、国家工作人员和其他劳动者进行政治、文化、科学、技术、业务的教育，鼓励自学成才。

国家鼓励集体经济组织、国家企业事业组织和其他社会力量依照法律规定举办各种教育事业。

国家推广全国通用的普通话。

第二十条 国家发展自然科学和社会科学事业，普及科学和技术知识，奖励科学研究成果和技术发明创造。

第二十一条 国家发展医疗卫生事业，发展现代医药和我国传统医药，鼓励和支持农村集体经济组织、国家企业事业组织和街道组织举办各种医疗卫生设施，开展群众性的卫生活动，保护人民健康。

国家发展体育事业，开展群众性的体育活动，增强人民体质。

第二十二条　国家发展为人民服务、为社会主义服务的文学艺术事业、新闻广播电视事业、出版发行事业、图书馆博物馆文化馆和其他文化事业，开展群众性的文化活动。

国家保护名胜古迹、珍贵文物和其他重要历史文化遗产。

第二十三条　国家培养为社会主义服务的各种专业人才，扩大知识分子的队伍，创造条件，充分发挥他们在社会主义现代化建设中的作用。

第二十四条　国家通过普及理想教育、道德教育、文化教育、纪律和法制教育，通过在城乡不同范围的群众中制定和执行各种守则、公约，加强社会主义精神文明的建设。

国家倡导社会主义核心价值观，提倡爱祖国、爱人民、爱劳动、爱科学、爱社会主义的公德，在人民中进行爱国主义、集体主义和国际主义、共产主义的教育，进行辩证唯物主义和历史唯物主义的教育，反对资本主义的、封建主义的和其他的腐朽思想。

第二十五条　国家推行计划生育，使人口的增长同经济和社会发展计划相适应。

第二十六条　国家保护和改善生活环境和生态环境，防治污染和其他公害。

国家组织和鼓励植树造林，保护林木。

第二十七条　一切国家机关实行精简的原则，实行工作责任制，实行工作人员的培训和考核制度，不断提高工作质量和工作效率，反对官僚主义。

一切国家机关和国家工作人员必须依靠人民的支持，经常保持同人民的密切联系，倾听人民的意见和建议，接受人民的监督，努力为人民服务。

国家工作人员就职时应当依照法律规定公开进行宪法宣誓。

第二十八条 国家维护社会秩序，镇压叛国和其他危害国家安全的犯罪活动，制裁危害社会治安、破坏社会主义经济和其他犯罪的活动，惩办和改造犯罪分子。

第二十九条 中华人民共和国的武装力量属于人民。它的任务是巩固国防，抵抗侵略，保卫祖国，保卫人民的和平劳动，参加国家建设事业，努力为人民服务。

国家加强武装力量的革命化、现代化、正规化的建设，增强国防力量。

第三十条 中华人民共和国的行政区域划分如下：

（一）全国分为省、自治区、直辖市；

（二）省、自治区分为自治州、县、自治县、市；

（三）县、自治县分为乡、民族乡、镇。

直辖市和较大的市分为区、县。自治州分为县、自治县、市。

自治区、自治州、自治县都是民族自治地方。

第三十一条 国家在必要时得设立特别行政区。在特别行政区内实行的制度按照具体情况由全国人民代表大会以法律规定。

第三十二条 中华人民共和国保护在中国境内的外国人的合法权利和利益，在中国境内的外国人必须遵守中华人民共和国的法律。

中华人民共和国对于因为政治原因要求避难的外国人，可以给予受庇护的权利。

第二章　公民的基本权利和义务

第三十三条　凡具有中华人民共和国国籍的人都是中华人民共和国公民。

中华人民共和国公民在法律面前一律平等。

国家尊重和保障人权。

任何公民享有宪法和法律规定的权利，同时必须履行宪法和法律规定的义务。

第三十四条　中华人民共和国年满十八周岁的公民，不分民族、种族、性别、职业、家庭出身、宗教信仰、教育程度、财产状况、居住期限，都有选举权和被选举权；但是依照法律被剥夺政治权利的人除外。

第三十五条　中华人民共和国公民有言论、出版、集会、结社、游行、示威的自由。

第三十六条　中华人民共和国公民有宗教信仰自由。

任何国家机关、社会团体和个人不得强制公民信仰宗教或者不信仰宗教，不得歧视信仰宗教的公民和不信仰宗教的公民。

国家保护正常的宗教活动。任何人不得利用宗教进行破坏社会秩序、损害公民身体健康、妨碍国家教育制度的活动。

宗教团体和宗教事务不受外国势力的支配。

第三十七条　中华人民共和国公民的人身自由不受侵犯。

任何公民，非经人民检察院批准或者决定或者人民法院决定，并由公安机关执行，不受逮捕。

禁止非法拘禁和以其他方法非法剥夺或者限制公民的人身自由，禁止非法搜查公民的身体。

第三十八条 中华人民共和国公民的人格尊严不受侵犯。禁止用任何方法对公民进行侮辱、诽谤和诬告陷害。

第三十九条 中华人民共和国公民的住宅不受侵犯。禁止非法搜查或者非法侵入公民的住宅。

第四十条 中华人民共和国公民的通信自由和通信秘密受法律的保护。除因国家安全或者追查刑事犯罪的需要，由公安机关或者检察机关依照法律规定的程序对通信进行检查外，任何组织或者个人不得以任何理由侵犯公民的通信自由和通信秘密。

第四十一条 中华人民共和国公民对于任何国家机关和国家工作人员，有提出批评和建议的权利；对于任何国家机关和国家工作人员的违法失职行为，有向有关国家机关提出申诉、控告或者检举的权利，但是不得捏造或者歪曲事实进行诬告陷害。

对于公民的申诉、控告或者检举，有关国家机关必须查清事实，负责处理。任何人不得压制和打击报复。

由于国家机关和国家工作人员侵犯公民权利而受到损失的人，有依照法律规定取得赔偿的权利。

第四十二条 中华人民共和国公民有劳动的权利和义务。

国家通过各种途径，创造劳动就业条件，加强劳动保护，改善劳动条件，并在发展生产的基础上，提高劳动报酬和福利待遇。

劳动是一切有劳动能力的公民的光荣职责。国有企业和城乡集体经济组织的劳动者都应当以国家主人翁的态度对待自己的劳动。国家提倡社会主义劳动竞赛，奖励劳动模范和先进工作者。国家提倡公民从事义务劳动。

国家对就业前的公民进行必要的劳动就业训练。

第四十三条 中华人民共和国劳动者有休息的权利。

国家发展劳动者休息和休养的设施，规定职工的工作时间和休假制度。

第四十四条　国家依照法律规定实行企业事业组织的职工和国家机关工作人员的退休制度。退休人员的生活受到国家和社会的保障。

第四十五条　中华人民共和国公民在年老、疾病或者丧失劳动能力的情况下，有从国家和社会获得物质帮助的权利。国家发展为公民享受这些权利所需要的社会保险、社会救济和医疗卫生事业。

国家和社会保障残废军人的生活，抚恤烈士家属，优待军人家属。

国家和社会帮助安排盲、聋、哑和其他有残疾的公民的劳动、生活和教育。

第四十六条　中华人民共和国公民有受教育的权利和义务。

国家培养青年、少年、儿童在品德、智力、体质等方面全面发展。

第四十七条　中华人民共和国公民有进行科学研究、文学艺术创作和其他文化活动的自由。国家对于从事教育、科学、技术、文学、艺术和其他文化事业的公民的有益于人民的创造性工作，给以鼓励和帮助。

第四十八条　中华人民共和国妇女在政治的、经济的、文化的、社会的和家庭的生活等各方面享有同男子平等的权利。

国家保护妇女的权利和利益，实行男女同工同酬，培养和选拔妇女干部。

第四十九条　婚姻、家庭、母亲和儿童受国家的保护。

夫妻双方有实行计划生育的义务。

父母有抚养教育未成年子女的义务，成年子女有赡养扶助父母的义务。

禁止破坏婚姻自由，禁止虐待老人、妇女和儿童。

第五十条 中华人民共和国保护华侨的正当的权利和利益，保护归侨和侨眷的合法的权利和利益。

第五十一条 中华人民共和国公民在行使自由和权利的时候，不得损害国家的、社会的、集体的利益和其他公民的合法的自由和权利。

第五十二条 中华人民共和国公民有维护国家统一和全国各民族团结的义务。

第五十三条 中华人民共和国公民必须遵守宪法和法律，保守国家秘密，爱护公共财产，遵守劳动纪律，遵守公共秩序，尊重社会公德。

第五十四条 中华人民共和国公民有维护祖国的安全、荣誉和利益的义务，不得有危害祖国的安全、荣誉和利益的行为。

第五十五条 保卫祖国、抵抗侵略是中华人民共和国每一个公民的神圣职责。

依照法律服兵役和参加民兵组织是中华人民共和国公民的光荣义务。

第五十六条 中华人民共和国公民有依照法律纳税的义务。

第三章　国家机构

第一节　全国人民代表大会

第五十七条 中华人民共和国全国人民代表大会是最高国家权力机关。它的常设机关是全国人民代表大会常务委员会。

第五十八条 全国人民代表大会和全国人民代表大会常务委

员会行使国家立法权。

第五十九条　全国人民代表大会由省、自治区、直辖市、特别行政区和军队选出的代表组成。各少数民族都应当有适当名额的代表。

全国人民代表大会代表的选举由全国人民代表大会常务委员会主持。

全国人民代表大会代表名额和代表产生办法由法律规定。

第六十条　全国人民代表大会每届任期五年。

全国人民代表大会任期届满的两个月以前，全国人民代表大会常务委员会必须完成下届全国人民代表大会代表的选举。如果遇到不能进行选举的非常情况，由全国人民代表大会常务委员会以全体组成人员的三分之二以上的多数通过，可以推迟选举，延长本届全国人民代表大会的任期。在非常情况结束后一年内，必须完成下届全国人民代表大会代表的选举。

第六十一条　全国人民代表大会会议每年举行一次，由全国人民代表大会常务委员会召集。如果全国人民代表大会常务委员会认为必要，或者有五分之一以上的全国人民代表大会代表提议，可以临时召集全国人民代表大会会议。

全国人民代表大会举行会议的时候，选举主席团主持会议。

第六十二条　全国人民代表大会行使下列职权：

（一）修改宪法；

（二）监督宪法的实施；

（三）制定和修改刑事、民事、国家机构的和其他的基本法律；

（四）选举中华人民共和国主席、副主席；

（五）根据中华人民共和国主席的提名，决定国务院总理的人选；根据国务院总理的提名，决定国务院副总理、国务委员、各部部长、各委员会主任、审计长、秘书长的人选；

（六）选举中央军事委员会主席；根据中央军事委员会主席的提名，决定中央军事委员会其他组成人员的人选；

（七）选举国家监察委员会主任；

（八）选举最高人民法院院长；

（九）选举最高人民检察院检察长；

（十）审查和批准国民经济和社会发展计划和计划执行情况的报告；

（十一）审查和批准国家的预算和预算执行情况的报告；

（十二）改变或者撤销全国人民代表大会常务委员会不适当的决定；

（十三）批准省、自治区和直辖市的建置；

（十四）决定特别行政区的设立及其制度；

（十五）决定战争和和平的问题；

（十六）应当由最高国家权力机关行使的其他职权。

第六十三条　全国人民代表大会有权罢免下列人员：

（一）中华人民共和国主席、副主席；

（二）国务院总理、副总理、国务委员、各部部长、各委员会主任、审计长、秘书长；

（三）中央军事委员会主席和中央军事委员会其他组成人员；

（四）国家监察委员会主任；

（五）最高人民法院院长；

（六）最高人民检察院检察长。

第六十四条　宪法的修改，由全国人民代表大会常务委员会或者五分之一以上的全国人民代表大会代表提议，并由全国人民代表大会以全体代表的三分之二以上的多数通过。

法律和其他议案由全国人民代表大会以全体代表的过半数通过。

第六十五条　全国人民代表大会常务委员会由下列人员组成：

委员长，

副委员长若干人，

秘书长，

委员若干人。

全国人民代表大会常务委员会组成人员中，应当有适当名额的少数民族代表。

全国人民代表大会选举并有权罢免全国人民代表大会常务委员会的组成人员。

全国人民代表大会常务委员会的组成人员不得担任国家行政机关、监察机关、审判机关和检察机关的职务。

第六十六条　全国人民代表大会常务委员会每届任期同全国人民代表大会每届任期相同，它行使职权到下届全国人民代表大会选出新的常务委员会为止。

委员长、副委员长连续任职不得超过两届。

第六十七条　全国人民代表大会常务委员会行使下列职权：

（一）解释宪法，监督宪法的实施；

（二）制定和修改除应当由全国人民代表大会制定的法律以外的其他法律；

（三）在全国人民代表大会闭会期间，对全国人民代表大会制定的法律进行部分补充和修改，但是不得同该法律的基本原则相抵触；

（四）解释法律；

（五）在全国人民代表大会闭会期间，审查和批准国民经济和社会发展计划、国家预算在执行过程中所必须作的部分调整方案；

（六）监督国务院、中央军事委员会、国家监察委员会、最高人民法院和最高人民检察院的工作；

（七）撤销国务院制定的同宪法、法律相抵触的行政法规、决定和命令；

（八）撤销省、自治区、直辖市国家权力机关制定的同宪法、法律和行政法规相抵触的地方性法规和决议；

（九）在全国人民代表大会闭会期间，根据国务院总理的提名，决定部长、委员会主任、审计长、秘书长的人选；

（十）在全国人民代表大会闭会期间，根据中央军事委员会主席的提名，决定中央军事委员会其他组成人员的人选；

（十一）根据国家监察委员会主任的提请，任免国家监察委员会副主任、委员；

（十二）根据最高人民法院院长的提请，任免最高人民法院副院长、审判员、审判委员会委员和军事法院院长；

（十三）根据最高人民检察院检察长的提请，任免最高人民检察院副检察长、检察员、检察委员会委员和军事检察院检察长，并且批准省、自治区、直辖市的人民检察院检察长的任免；

（十四）决定驻外全权代表的任免；

（十五）决定同外国缔结的条约和重要协定的批准和废除；

（十六）规定军人和外交人员的衔级制度和其他专门衔级制度；

（十七）规定和决定授予国家的勋章和荣誉称号；

（十八）决定特赦；

（十九）在全国人民代表大会闭会期间，如果遇到国家遭受武装侵犯或者必须履行国际间共同防止侵略的条约的情况，决定战争状态的宣布；

（二十）决定全国总动员或者局部动员；

（二十一）决定全国或者个别省、自治区、直辖市进入紧急状态；

（二十二）全国人民代表大会授予的其他职权。

第六十八条 全国人民代表大会常务委员会委员长主持全国人民代表大会常务委员会的工作，召集全国人民代表大会常务委员会会议。副委员长、秘书长协助委员长工作。

委员长、副委员长、秘书长组成委员长会议，处理全国人民代表大会常务委员会的重要日常工作。

第六十九条 全国人民代表大会常务委员会对全国人民代表大会负责并报告工作。

第七十条 全国人民代表大会设立民族委员会、宪法和法律委员会、财政经济委员会、教育科学文化卫生委员会、外事委员会、华侨委员会和其他需要设立的专门委员会。在全国人民代表大会闭会期间，各专门委员会受全国人民代表大会常务委员会的领导。

各专门委员会在全国人民代表大会和全国人民代表大会常务委员会领导下，研究、审议和拟订有关议案。

第七十一条 全国人民代表大会和全国人民代表大会常务委员会认为必要的时候，可以组织关于特定问题的调查委员会，并且根据调查委员会的报告，作出相应的决议。

调查委员会进行调查的时候，一切有关的国家机关、社会团体和公民都有义务向它提供必要的材料。

第七十二条 全国人民代表大会代表和全国人民代表大会常务委员会组成人员，有权依照法律规定的程序分别提出属于全国人民代表大会和全国人民代表大会常务委员会职权范围内的议案。

第七十三条 全国人民代表大会代表在全国人民代表大会开会期间，全国人民代表大会常务委员会组成人员在常务委员会开会期间，有权依照法律规定的程序提出对国务院或者国务院各部、各委员会的质询案。受质询的机关必须负责答复。

第七十四条 全国人民代表大会代表，非经全国人民代表大会会议主席团许可，在全国人民代表大会闭会期间非经全国人民代表大会常务委员会许可，不受逮捕或者刑事审判。

第七十五条 全国人民代表大会代表在全国人民代表大会各种会议上的发言和表决，不受法律追究。

第七十六条 全国人民代表大会代表必须模范地遵守宪法和法律，保守国家秘密，并且在自己参加的生产、工作和社会活动中，协助宪法和法律的实施。

全国人民代表大会代表应当同原选举单位和人民保持密切的联系，听取和反映人民的意见和要求，努力为人民服务。

第七十七条 全国人民代表大会代表受原选举单位的监督。原选举单位有权依照法律规定的程序罢免本单位选出的代表。

第七十八条 全国人民代表大会和全国人民代表大会常务委员会的组织和工作程序由法律规定。

第二节 中华人民共和国主席

第七十九条 中华人民共和国主席、副主席由全国人民代表大会选举。

有选举权和被选举权的年满四十五周岁的中华人民共和国公民可以被选为中华人民共和国主席、副主席。

中华人民共和国主席、副主席每届任期同全国人民代表大会每届任期相同。

第八十条　中华人民共和国主席根据全国人民代表大会的决定和全国人民代表大会常务委员会的决定，公布法律，任免国务院总理、副总理、国务委员、各部部长、各委员会主任、审计长、秘书长，授予国家的勋章和荣誉称号，发布特赦令，宣布进入紧急状态，宣布战争状态，发布动员令。

第八十一条　中华人民共和国主席代表中华人民共和国，进行国事活动，接受外国使节；根据全国人民代表大会常务委员会的决定，派遣和召回驻外全权代表，批准和废除同外国缔结的条约和重要协定。

第八十二条　中华人民共和国副主席协助主席工作。

中华人民共和国副主席受主席的委托，可以代行主席的部分职权。

第八十三条　中华人民共和国主席、副主席行使职权到下届全国人民代表大会选出的主席、副主席就职为止。

第八十四条　中华人民共和国主席缺位的时候，由副主席继任主席的职位。

中华人民共和国副主席缺位的时候，由全国人民代表大会补选。

中华人民共和国主席、副主席都缺位的时候，由全国人民代表大会补选；在补选以前，由全国人民代表大会常务委员会委员长暂时代理主席职位。

第三节　国务院

第八十五条　中华人民共和国国务院，即中央人民政府，是最高国家权力机关的执行机关，是最高国家行政机关。

第八十六条 国务院由下列人员组成：

总理，

副总理若干人，

国务委员若干人，

各部部长，

各委员会主任，

审计长，

秘书长。

国务院实行总理负责制。各部、各委员会实行部长、主任负责制。

国务院的组织由法律规定。

第八十七条 国务院每届任期同全国人民代表大会每届任期相同。

总理、副总理、国务委员连续任职不得超过两届。

第八十八条 总理领导国务院的工作。副总理、国务委员协助总理工作。

总理、副总理、国务委员、秘书长组成国务院常务会议。

总理召集和主持国务院常务会议和国务院全体会议。

第八十九条 国务院行使下列职权：

（一）根据宪法和法律，规定行政措施，制定行政法规，发布决定和命令；

（二）向全国人民代表大会或者全国人民代表大会常务委员会提出议案；

（三）规定各部和各委员会的任务和职责，统一领导各部和各委员会的工作，并且领导不属于各部和各委员会的全国性的行政工作；

（四）统一领导全国地方各级国家行政机关的工作，规定中央和省、自治区、直辖市的国家行政机关的职权的具体划分；

（五）编制和执行国民经济和社会发展计划和国家预算；

（六）领导和管理经济工作和城乡建设、生态文明建设；

（七）领导和管理教育、科学、文化、卫生、体育和计划生育工作；

（八）领导和管理民政、公安、司法行政等工作；

（九）管理对外事务，同外国缔结条约和协定；

（十）领导和管理国防建设事业；

（十一）领导和管理民族事务，保障少数民族的平等权利和民族自治地方的自治权利；

（十二）保护华侨的正当的权利和利益，保护归侨和侨眷的合法的权利和利益；

（十三）改变或者撤销各部、各委员会发布的不适当的命令、指示和规章；

（十四）改变或者撤销地方各级国家行政机关的不适当的决定和命令；

（十五）批准省、自治区、直辖市的区域划分，批准自治州、县、自治县、市的建置和区域划分；

（十六）依照法律规定决定省、自治区、直辖市的范围内部分地区进入紧急状态；

（十七）审定行政机构的编制，依照法律规定任免、培训、考核和奖惩行政人员；

（十八）全国人民代表大会和全国人民代表大会常务委员会授予的其他职权。

第九十条 国务院各部部长、各委员会主任负责本部门的工作；召集和主持部务会议或者委员会会议、委务会议，讨论决定本部门工作的重大问题。

各部、各委员会根据法律和国务院的行政法规、决定、命令，在本部门的权限内，发布命令、指示和规章。

第九十一条 国务院设立审计机关，对国务院各部门和地方各级政府的财政收支，对国家的财政金融机构和企业事业组织的财务收支，进行审计监督。

审计机关在国务院总理领导下，依照法律规定独立行使审计监督权，不受其他行政机关、社会团体和个人的干涉。

第九十二条 国务院对全国人民代表大会负责并报告工作；在全国人民代表大会闭会期间，对全国人民代表大会常务委员会负责并报告工作。

第四节 中央军事委员会

第九十三条 中华人民共和国中央军事委员会领导全国武装力量。

中央军事委员会由下列人员组成：

主席，

副主席若干人，

委员若干人。

中央军事委员会实行主席负责制。

中央军事委员会每届任期同全国人民代表大会每届任期相同。

第九十四条 中央军事委员会主席对全国人民代表大会和全国人民代表大会常务委员会负责。

第五节 地方各级人民代表大会和地方各级人民政府

第九十五条 省、直辖市、县、市、市辖区、乡、民族乡、镇设立人民代表大会和人民政府。

地方各级人民代表大会和地方各级人民政府的组织由法律规定。

自治区、自治州、自治县设立自治机关。自治机关的组织和工作根据宪法第三章第五节、第六节规定的基本原则由法律规定。

第九十六条　地方各级人民代表大会是地方国家权力机关。

县级以上的地方各级人民代表大会设立常务委员会。

第九十七条　省、直辖市、设区的市的人民代表大会代表由下一级的人民代表大会选举；县、不设区的市、市辖区、乡、民族乡、镇的人民代表大会代表由选民直接选举。

地方各级人民代表大会代表名额和代表产生办法由法律规定。

第九十八条　地方各级人民代表大会每届任期五年。

第九十九条　地方各级人民代表大会在本行政区域内，保证宪法、法律、行政法规的遵守和执行；依照法律规定的权限，通过和发布决议，审查和决定地方的经济建设、文化建设和公共事业建设的计划。

县级以上的地方各级人民代表大会审查和批准本行政区域内的国民经济和社会发展计划、预算以及它们的执行情况的报告；有权改变或者撤销本级人民代表大会常务委员会不适当的决定。

民族乡的人民代表大会可以依照法律规定的权限采取适合民族特点的具体措施。

第一百条　省、直辖市的人民代表大会和它们的常务委员会，在不同宪法、法律、行政法规相抵触的前提下，可以制定地方性法规，报全国人民代表大会常务委员会备案。

设区的市的人民代表大会和它们的常务委员会，在不同宪法、法律、行政法规和本省、自治区的地方性法规相抵触的前提下，可以依照法律规定制定地方性法规，报本省、自治区人民代表大会常务委员会批准后施行。

第一百零一条 地方各级人民代表大会分别选举并且有权罢免本级人民政府的省长和副省长、市长和副市长、县长和副县长、区长和副区长、乡长和副乡长、镇长和副镇长。

县级以上的地方各级人民代表大会选举并且有权罢免本级监察委员会主任、本级人民法院院长和本级人民检察院检察长。选出或者罢免人民检察院检察长，须报上级人民检察院检察长提请该级人民代表大会常务委员会批准。

第一百零二条 省、直辖市、设区的市的人民代表大会代表受原选举单位的监督；县、不设区的市、市辖区、乡、民族乡、镇的人民代表大会代表受选民的监督。

地方各级人民代表大会代表的选举单位和选民有权依照法律规定的程序罢免由他们选出的代表。

第一百零三条 县级以上的地方各级人民代表大会常务委员会由主任、副主任若干人和委员若干人组成，对本级人民代表大会负责并报告工作。

县级以上的地方各级人民代表大会选举并有权罢免本级人民代表大会常务委员会的组成人员。

县级以上的地方各级人民代表大会常务委员会的组成人员不得担任国家行政机关、监察机关、审判机关和检察机关的职务。

第一百零四条 县级以上的地方各级人民代表大会常务委员会讨论、决定本行政区域内各方面工作的重大事项；监督本级人民政府、监察委员会、人民法院和人民检察院的工作；撤销本级人民政府的不适当的决定和命令；撤销下一级人民代表大会的不适当的决议；依照法律规定的权限决定国家机关工作人员的任免；在本级人民代表大会闭会期间，罢免和补选上一级人民代表大会的个别代表。

第一百零五条　地方各级人民政府是地方各级国家权力机关的执行机关，是地方各级国家行政机关。

地方各级人民政府实行省长、市长、县长、区长、乡长、镇长负责制。

第一百零六条　地方各级人民政府每届任期同本级人民代表大会每届任期相同。

第一百零七条　县级以上地方各级人民政府依照法律规定的权限，管理本行政区域内的经济、教育、科学、文化、卫生、体育事业、城乡建设事业和财政、民政、公安、民族事务、司法行政、计划生育等行政工作，发布决定和命令，任免、培训、考核和奖惩行政工作人员。

乡、民族乡、镇的人民政府执行本级人民代表大会的决议和上级国家行政机关的决定和命令，管理本行政区域内的行政工作。

省、直辖市的人民政府决定乡、民族乡、镇的建置和区域划分。

第一百零八条　县级以上的地方各级人民政府领导所属各工作部门和下级人民政府的工作，有权改变或者撤销所属各工作部门和下级人民政府的不适当的决定。

第一百零九条　县级以上的地方各级人民政府设立审计机关。地方各级审计机关依照法律规定独立行使审计监督权，对本级人民政府和上一级审计机关负责。

第一百一十条 地方各级人民政府对本级人民代表大会负责并报告工作。县级以上的地方各级人民政府在本级人民代表大会闭会期间，对本级人民代表大会常务委员会负责并报告工作。

地方各级人民政府对上一级国家行政机关负责并报告工作。全国地方各级人民政府都是国务院统一领导下的国家行政机关，都服从国务院。

第一百一十一条 城市和农村按居民居住地区设立的居民委员会或者村民委员会是基层群众性自治组织。居民委员会、村民委员会的主任、副主任和委员由居民选举。居民委员会、村民委员会同基层政权的相互关系由法律规定。

居民委员会、村民委员会设人民调解、治安保卫、公共卫生等委员会，办理本居住地区的公共事务和公益事业，调解民间纠纷，协助维护社会治安，并且向人民政府反映群众的意见、要求和提出建议。

第六节 民族自治地方的自治机关

第一百一十二条 民族自治地方的自治机关是自治区、自治州、自治县的人民代表大会和人民政府。

第一百一十三条 自治区、自治州、自治县的人民代表大会中，除实行区域自治的民族的代表外，其他居住在本行政区域内的民族也应当有适当名额的代表。

自治区、自治州、自治县的人民代表大会常务委员会中应当有实行区域自治的民族的公民担任主任或者副主任。

第一百一十四条 自治区主席、自治州州长、自治县县长由实行区域自治的民族的公民担任。

第一百一十五条 自治区、自治州、自治县的自治机关行使宪法第三章第五节规定的地方国家机关的职权，同时依照宪法、民族区域自治法和其他法律规定的权限行使自治权，根据本地方实际情况贯彻执行国家的法律、政策。

第一百一十六条 民族自治地方的人民代表大会有权依照当地民族的政治、经济和文化的特点，制定自治条例和单行条例。自治区的自治条例和单行条例，报全国人民代表大会常务委员会批准后生效。自治州、自治县的自治条例和单行条例，报省或者自治区的人民代表大会常务委员会批准后生效，并报全国人民代表大会常务委员会备案。

第一百一十七条 民族自治地方的自治机关有管理地方财政的自治权。凡是依照国家财政体制属于民族自治地方的财政收入，都应当由民族自治地方的自治机关自主地安排使用。

第一百一十八条 民族自治地方的自治机关在国家计划的指导下，自主地安排和管理地方性的经济建设事业。

国家在民族自治地方开发资源、建设企业的时候，应当照顾民族自治地方的利益。

第一百一十九条 民族自治地方的自治机关自主地管理本地方的教育、科学、文化、卫生、体育事业，保护和整理民族的文化遗产，发展和繁荣民族文化。

第一百二十条 民族自治地方的自治机关依照国家的军事制度和当地的实际需要，经国务院批准，可以组织本地方维护社会治安的公安部队。

第一百二十一条 民族自治地方的自治机关在执行职务的时候，依照本民族自治地方自治条例的规定，使用当地通用的一种或者几种语言文字。

第一百二十二条 国家从财政、物资、技术等方面帮助各少数民族加速发展经济建设和文化建设事业。

国家帮助民族自治地方从当地民族中大量培养各级干部、各种专业人才和技术工人。

第七节 监察委员会

第一百二十三条 中华人民共和国各级监察委员会是国家的监察机关。

第一百二十四条 中华人民共和国设立国家监察委员会和地方各级监察委员会。

监察委员会由下列人员组成：

主任，

副主任若干人，

委员若干人。

监察委员会主任每届任期同本级人民代表大会每届任期相同。国家监察委员会主任连续任职不得超过两届。

监察委员会的组织和职权由法律规定。

第一百二十五条 中华人民共和国国家监察委员会是最高监察机关。

国家监察委员会领导地方各级监察委员会的工作，上级监察委员会领导下级监察委员会的工作。

第一百二十六条 国家监察委员会对全国人民代表大会和全国人民代表大会常务委员会负责。地方各级监察委员会对产生它的国家权力机关和上一级监察委员会负责。

第一百二十七条 监察委员会依照法律规定独立行使监察权，不受行政机关、社会团体和个人的干涉。

监察机关办理职务违法和职务犯罪案件，应当与审判机关、检察机关、执法部门互相配合，互相制约。

第八节　人民法院和人民检察院

第一百二十八条　中华人民共和国人民法院是国家的审判机关。

第一百二十九条　中华人民共和国设立最高人民法院、地方各级人民法院和军事法院等专门人民法院。

最高人民法院院长每届任期同全国人民代表大会每届任期相同，连续任职不得超过两届。

人民法院的组织由法律规定。

第一百三十条　人民法院审理案件，除法律规定的特别情况外，一律公开进行。被告人有权获得辩护。

第一百三十一条　人民法院依照法律规定独立行使审判权，不受行政机关、社会团体和个人的干涉。

第一百三十二条　最高人民法院是最高审判机关。

最高人民法院监督地方各级人民法院和专门人民法院的审判工作，上级人民法院监督下级人民法院的审判工作。

第一百三十三条　最高人民法院对全国人民代表大会和全国人民代表大会常务委员会负责。地方各级人民法院对产生它的国家权力机关负责。

第一百三十四条　中华人民共和国人民检察院是国家的法律监督机关。

第一百三十五条　中华人民共和国设立最高人民检察院、地方各级人民检察院和军事检察院等专门人民检察院。

最高人民检察院检察长每届任期同全国人民代表大会每届任期相同，连续任职不得超过两届。

人民检察院的组织由法律规定。

第一百三十六条　人民检察院依照法律规定独立行使检察

权，不受行政机关、社会团体和个人的干涉。

第一百三十七条 最高人民检察院是最高检察机关。

最高人民检察院领导地方各级人民检察院和专门人民检察院的工作，上级人民检察院领导下级人民检察院的工作。

第一百三十八条 最高人民检察院对全国人民代表大会和全国人民代表大会常务委员会负责。地方各级人民检察院对产生它的国家权力机关和上级人民检察院负责。

第一百三十九条 各民族公民都有用本民族语言文字进行诉讼的权利。人民法院和人民检察院对于不通晓当地通用的语言文字的诉讼参与人，应当为他们翻译。

在少数民族聚居或者多民族共同居住的地区，应当用当地通用的语言进行审理；起诉书、判决书、布告和其他文书应当根据实际需要使用当地通用的一种或者几种文字。

第一百四十条 人民法院、人民检察院和公安机关办理刑事案件，应当分工负责，互相配合，互相制约，以保证准确有效地执行法律。

第四章 国旗、国歌、国徽、首都

第一百四十一条 中华人民共和国国旗是五星红旗。

中华人民共和国国歌是《义勇军进行曲》。

第一百四十二条 中华人民共和国国徽，中间是五星照耀下的天安门，周围是谷穗和齿轮。

第一百四十三条 中华人民共和国首都是北京。

反分裂国家法

（2005 年 3 月 14 日第十届全国人民代表大会第三次会议通过
2005 年 3 月 14 日中华人民共和国主席令第 34 号公布
自 2005 年 3 月 14 日施行）

第一条　为了反对和遏制“台独”分裂势力分裂国家，促进祖国和平统一，维护台湾海峡地区和平稳定，维护国家主权和领土完整，维护中华民族的根本利益，根据宪法，制定本法。

第二条　世界上只有一个中国，大陆和台湾同属一个中国，中国的主权和领土完整不容分割。维护国家主权和领土完整是包括台湾同胞在内的全中国人民的共同义务。

台湾是中国的一部分。国家绝不允许“台独”分裂势力以任何名义、任何方式把台湾从中国分裂出去。

第三条　台湾问题是中国内战的遗留问题。

解决台湾问题，实现祖国统一，是中国的内部事务，不受任何外国势力的干涉。

第四条　完成统一祖国的大业是包括台湾同胞在内的全中国人民的神圣职责。

第五条　坚持一个中国原则，是实现祖国和平统一的基础。

以和平方式实现祖国统一，最符合台湾海峡两岸同胞的根本利益。国家以最大的诚意，尽最大的努力，实现和平统一。

国家和平统一后，台湾可以实行不同于大陆的制度，高度自治。

第六条 国家采取下列措施，维护台湾海峡地区和平稳定，发展两岸关系：

（一）鼓励和推动两岸人员往来，增进了解，增强互信；

（二）鼓励和推动两岸经济交流与合作，直接通邮通航通商，密切两岸经济关系，互利互惠；

（三）鼓励和推动两岸教育、科技、文化、卫生、体育交流，共同弘扬中华文化的优秀传统；

（四）鼓励和推动两岸共同打击犯罪；

（五）鼓励和推动有利于维护台湾海峡地区和平稳定、发展两岸关系的其他活动。

国家依法保护台湾同胞的权利和利益。

第七条 国家主张通过台湾海峡两岸平等的协商和谈判，实现和平统一。协商和谈判可以有步骤、分阶段进行，方式可以灵活多样。

台湾海峡两岸可以就下列事项进行协商和谈判：

（一）正式结束两岸敌对状态；

（二）发展两岸关系的规划；

（三）和平统一的步骤和安排；

（四）台湾当局的政治地位；

（五）台湾地区在国际上与其地位相适应的活动空间；

（六）与实现和平统一有关的其他任何问题。

第八条 “台独”分裂势力以任何名义、任何方式造成台湾从中国分裂出去的事实，或者发生将会导致台湾从中国分裂出去的重大事变，或者和平统一的可能性完全丧失，国家得采取非和平方式及其他必要措施，捍卫国家主权和领土完整。

依照前款规定采取非和平方式及其他必要措施，由国务院、中央军事委员会决定和组织实施，并及时向全国人民代表大会常务委员会报告。

第九条　依照本法规定采取非和平方式及其他必要措施并组织实施时，国家尽最大可能保护台湾平民和在台湾的外国人的生命财产安全和其他正当权益，减少损失；同时，国家依法保护台湾同胞在中国其他地区的权利和利益。

第十条　本法自公布之日起施行。

中华人民共和国全国人民代表大会常务委员会告台湾同胞书

（1978年12月26日中华人民共和国第五届全国人民代表大会常务委员会第五次会议讨论并通过1979年1月1日发表）

亲爱的台湾同胞：

今天是一九七九年元旦。我们代表祖国大陆的各族人民，向诸位同胞致以亲切的问候和衷心的祝贺。

昔人有言："每逢佳节倍思亲"。在这欢度新年的时刻，我们更加想念自己的亲骨肉——台湾的父老兄弟姐妹。我们知道，你们也无限怀念祖国和大陆上的亲人。这种绵延了多少岁月的相互思念之情与日俱增。自从一九四九年台湾同祖国不幸分离以来，我们之间音讯不通，来往断绝，祖国不能统一，亲人无从团聚，民族、国家和人民都受到了巨大的损失。所有中国同胞以及全球华裔，无不盼望早日结束这种令人痛心的局面。

我们中华民族是伟大的民族，占世界人口近四分之一，享有悠久的历史和优秀的文化，对世界文明和人类发展的卓越贡献，举世公认。台湾自古就是中国不可分割的一部分。中华民族是具有强大生命力和凝聚力的。尽管历史上有过多少次外族入侵和内部纷争，都不曾使我们的民族陷于长久分裂。近三十年台湾同祖国的分离，是人为的，是违反我们民族的利益和愿望的，决不能再这样下去了。每一个中国人，不论是生活在台湾的还是生活在大陆上的，都对中华民族的生存、发展和繁荣负有不容推诿的责任。统一祖国这样一个关系全民族前途的重大任务，现在摆在我们大家的面前，谁也不能回避，谁也不应回避。如果我们还不尽快结束目前这种分裂局面，早日实现祖国的统一，我们何以告慰于列祖列宗？何以自解于子孙后代？人同此心，心同此理，凡属黄帝子孙，谁愿成为民族的千古罪人？

近三十年来，中国在世界上的地位已发生根本变化。我国国际地位越来越高，国际作用越来越重要。各国人民和政府为了反对霸权主义、维护亚洲和世界的和平稳定，几乎莫不对我们寄予极大期望。每一个中国人都为祖国的日见强盛而感到自豪。我们如果尽快结束目前的分裂局面，把力量合在一起，则所能贡献于人类前途者，自更不可限量。早日实现祖国统一，不仅是全中国人民包括台湾同胞的共同心愿，也是全世界一切爱好和平的人民和国家的共同希望。

今天，实现中国的统一，是人心所向，大势所趋。世界上普遍承认只有一个中国，承认中华人民共和国政府是中国唯一合法的政府。最近中日和平友好条约的签订，和中美两国关系正常化的实现，更可见潮流所至，实非任何人所得而阻止。目前祖国安定团结，形势比以往任何时候都好。在大陆上的各族人民，正在为实现四个现代化的伟大目标而同心戮力。我们殷切期望台湾早日归回祖国，共同发展建国大业。我们的国家领导人已经表示决心，一定要考虑现实情况，完成祖国统一大业，在解决统一问题时尊重台湾现状和台湾各界人士的意见，采取合情合理的政策和办法，不使台湾人民蒙受损失。台湾各界人士也纷纷抒发怀乡思旧之情，诉述“认同回归”之愿，提出种种建议，热烈盼望早日回到祖国的怀抱。时至今日，种种条件都对统一有利，可谓万事俱备，任何人都不应当拂逆民族的意志，违背历史的潮流。

我们寄希望于一千七百万台湾人民，也寄希望于台湾当局。台湾当局一贯坚持一个中国的立场，反对台湾独立。这就是我们共同的立场，合作的基础。我们一贯主张爱国一家。统一祖国，人人有责。希望台湾当局以民族利益为重，对实现祖国统一的事业作出宝贵的贡献。

中国政府已经命令人民解放军从今天起停止对金门等岛屿的炮击。台湾海峡目前仍然存在着双方的军事对峙，这只能制造人为的紧张。我们认为，首先应当通过中华人民共和国政府和台湾当局之间的商谈结束这种军事对峙状态，以便为双方的任何一种范围的交往接触创造必要的前提和安全的环境。

由于长期隔绝，大陆和台湾的同胞互不了解，对于双方造成各种不便。远居海外的许多侨胞都能回国观光，与家人团聚。为什么近在咫尺的大陆和台湾的同胞却不能自由来往呢？我们认为，这种藩篱没有理由继续存在。我们希望双方尽快实现通航通邮，以利双方同胞直接接触，互通讯息，探亲访友，旅游参观，进行学术文化体育工艺观摩。

台湾和祖国大陆，在经济上本来是一个整体。这些年来，经济联系不幸中断。现在，祖国的建设正在蓬勃发展，我们也希望台湾的经济日趋繁荣。我们相互之间完全应当发展贸易，互通有无，进行经济交流。这是相互的需要，对任何一方都有利而无害。

亲爱的台湾同胞：

我们伟大祖国的美好前途，既属于我们，也属于你们。统一祖国，是历史赋予我们这一代人的神圣使命。时代在前进，形势在发展。我们早一天完成这一使命，就可以早一天共同创造我国空前未有的光辉灿烂的历史，而与各先进强国并驾齐驱，共谋世界的和平、繁荣和进步。让我们携起手来，为这一光荣目标共同奋斗！

中央人民政府处理“九七”后香港涉台问题的基本原则和政策

（1995年6月22日国务院副总理钱其琛在香港特别行政区筹备委员会预备工作委员会第五次全体会议上代表国务院宣布）

中华人民共和国政府恢复对香港行使主权，是包括香港同胞、台湾同胞在内的全体中国人民长期以来的共同愿望。“九七”以后香港特别行政区与台湾地区的关系，是两岸关系的特殊组成部分。“九七”后香港的涉台问题，凡属涉及国家主权和两岸关系的事务，由中央人民政府安排处理，或由香港特别行政区政府在中央人民政府的指导下处理。港台两地的民间交往，香港同胞、台湾同胞的正当权益应予以维护，以促进两地共同繁荣。

中央人民政府确定的处理“九七”后香港涉台问题的基本原则和政策是：

一、港、台两地现有的各种民间交流交往关系，包括经济文化交流、人员往来等，基本不变。

二、鼓励、欢迎台湾居民和台湾各类资本到香港从事投资、贸易和其他工商活动。台湾居民和台湾各类资本在香港的正当权益依法受到保护。

三、根据“一个中国”的原则，香港特别行政区与台湾地区间的空中航线和海上运输航线，按“地区特殊航线”管理。香港特别行政区与台湾地区间的海、空航运交通，依双向互惠原则进行。

四、台湾居民可根据香港特别行政区法律进出香港地区，或在当地就学、就业、定居。为方便台湾居民出入香港，中央人民政府将就其所持证件等问题作出安排。

五、香港特别行政区的教育、科学、技术、文化、艺术、体育、专业、医疗卫生、劳工、社会福利、社会工作等方面的民间团体和宗教组织，在互不隶属、互不干涉和互相尊重的原则基础上，可与台湾地区的有关民间团体和组织保持和发展关系。

六、香港特别行政区与台湾地区之间以各种名义进行的官方接触往来、商谈、签署协议和设立机构，须报请中央人民政府批准，或经中央人民政府具体授权，由特别行政区行政长官批准。

七、台湾现有在香港的机构及人员可继续留存，他们在行动上要严格遵守《中华人民共和国香港特别行政区基本法》，不得违背“一个中国”的原则，不得从事损害香港的安定繁荣以及与其注册性质不符的活动。我们鼓励、欢迎他们为祖国的统一和保持香港的繁荣稳定作出贡献。

以上各项政策的依据是“一个中国”的原则和“一国两制”的方针。我们要求台湾当局认清形势，面对现实，采取务实的态度，消除各种障碍，不要企图在港台关系上搞“两个中国”、“一中一台”的活动。我们也要求台湾在港的机构和人员严格遵守《中华人民共和国香港特别行政区基本法》，用以规范自己的行为，不违背“一个中国”的原则，不从事有损香港安定繁荣的事。

中央人民政府处理“九九”后澳门涉台问题的基本原则和政策

（1999年1月15日国务院副总理钱其琛在澳门特别行政区筹备委员会第五次全体会议开幕式上代表国务院宣布）

中华人民共和国政府恢复对澳门行使主权后，是包括澳门同胞、台湾同胞在内的全体中国人民的共同愿望。“九九”以后澳门特别行政区与台湾地区的关系，是两岸关系的特殊组成部分。“九九”后澳门的涉台问题，凡属涉及国家主权和两岸关系的事务，由中央人民政府安排处理，或者由澳门特别行政区政府在中央人民政府的指导下处理。依据“一个中国”的原则和“一国两制”方针，中央人民政府确定的处理“九九”后澳门涉台问题的基本原则和政策是：

一、澳、台两地现有的各种民间交流交往关系，包括经济文化交流、人员往来等，基本不变。

二、鼓励、欢迎台湾居民和台湾各类资本到澳门从事投资、贸易和其他工商活动。台湾居民和台湾各类资本在澳门的正当权益依法受到保护。

三、根据“一个中国”的原则，澳门特别行政区与台湾地区间的空中航线和海上运输航线，按“地区特殊航线”管理。澳门特别行政区与台湾地区间的海、空航运交通，依双向互惠原则进行。

四、台湾居民可根据澳门特别行政区法律进出澳门地区，或在当地就学、就业、定居。现行的入出境方式基本不变。为方便台湾居民出入澳门，中央人民政府将就其所持证件等问题作出安排。

五、澳门特别行政区的教育、科学、技术、文化、新闻、出版、体育、康乐、专业、医疗卫生、劳工、妇女、青年、归侨、社会福利、社会工作等方面的民间团体和宗教组织，在互不隶属、互不干涉和互相尊重的原则基础上，可与台湾地区的有关民间团体和组织保持和发展关系。

六、澳门特别行政区与台湾地区之间以各种名义进行的官方接触往来、商谈、签署协议和设立机构，须报请中央人民政府批准，或经中央人民政府具体授权，由特别行政区行政长官批准。

七、台湾现有在澳门的机构可以适当的名称继续留存，这些机构和人员在行动上要严格遵守《中华人民共和国澳门特别行政区基本法》，不得违背“一个中国”的原则，不得从事损害澳门的安定繁荣以及与其注册性质不符的活动。我们鼓励、欢迎他们为祖国的统一和保持澳门的稳定发展作出贡献。

我们要求台湾方面顺应民心，正视现实，在澳门的活动必须严格遵守“一个中国”的原则，决不允许进行“两个中国”、“一中一台”等破坏祖国统一的分裂活动。我们也要求台湾在澳门以适当名称继续留存的机构和人员严格遵守《中华人民共和国澳门特别行政区基本法》，用它来规范自己的行为，不违背“一个中国”的原则，不从事有损澳门安定发展的事。

第二编

涉台司法互助相关合作协议及法律法规

一、海峡两岸有关协议及相关规定

海峡两岸共同打击犯罪及司法互助协议

（2009 年 4 月 26 日）

为保障海峡两岸人民权益，维护两岸交流秩序，海峡两岸关系协会与财团法人海峡交流基金会就两岸共同打击犯罪及司法互助与联系事宜，经平等协商，达成协议如下：

第一章　总　则

一、合作事项

双方同意在民事、刑事领域相互提供以下协助：

（一）共同打击犯罪；

（二）送达文书；

（三）调查取证；

（四）认可及执行民事裁判与仲裁裁决（仲裁判断）；

（五）移管（接返）被判刑人（受刑事裁判确定人）；

（六）双方同意之其他合作事项。

二、业务交流

双方同意业务主管部门人员进行定期工作会晤、人员互访与业务培训合作，交流双方制度规范、裁判文书及其他相关资讯。

三、联系主体

本协议议定事项，由各方主管部门指定之联络人联系实施。必要时，经双方同意得指定其他单位进行联系。

本协议其他相关事宜，由海峡两岸关系协会与财团法人海峡交流基金会联系。

第二章　共同打击犯罪

四、合作范围

双方同意采取措施共同打击双方均认为涉嫌犯罪的行为。

双方同意着重打击下列犯罪：

（一）涉及杀人、抢劫、绑架、走私、枪械、毒品、人口贩运、组织偷渡及跨境有组织犯罪等重大犯罪；

（二）侵占、背信、诈骗、洗钱、伪造或变造货币及有价证券等经济犯罪；

（三）贪污、贿赂、渎职等犯罪；

（四）劫持航空器、船舶及涉恐怖活动等犯罪；

（五）其他刑事犯罪。

一方认为涉嫌犯罪，另一方认为未涉嫌犯罪但有重大社会危害，得经双方同意个案协助。

五、协助侦查

双方同意交换涉及犯罪有关情资，协助缉捕、遣返刑事犯与刑事嫌疑犯，并于必要时合作协查、侦办。

六、人员遣返

双方同意依循人道、安全、迅速、便利原则，在原有基础上，增加海运或空运直航方式，遣返刑事犯、刑事嫌疑犯，并于交接时移交有关证据（卷证）、签署交接书。

受请求方已对遣返对象进行司法程序者，得于程序终结后遣返。

受请求方认为有重大关切利益等特殊情形者，得视情决定遣返。

非经受请求方同意，请求方不得对遣返对象追诉遣返请求以外的行为。

第三章 司法互助

七、送达文书

双方同意依己方规定，尽最大努力，相互协助送达司法文书。

受请求方应于收到请求书之日起3个月内及时协助送达。

受请求方应将执行请求之结果通知请求方，并及时寄回证明送达与否的证明资料；无法完成请求事项者，应说明理由并送还相关资料。

八、调查取证

双方同意依己方规定相互协助调查取证，包括取得证言及陈述；提供书证、物证及视听资料；确定关系人所在或确认其身分；勘验、鉴定、检查、访视、调查；搜索及扣押等。

受请求方在不违反己方规定前提下，应尽量依请求方要求之形式提供协助。

受请求方协助取得相关证据资料，应及时移交请求方。但受请求方已进行侦查、起诉或审判程序者，不在此限。

九、罪赃移交

双方同意在不违反己方规定范围内，就犯罪所得移交或变价移交事宜给予协助。

十、裁判认可

双方同意基于互惠原则，于不违反公共秩序或善良风俗之情况下，相互认可及执行民事确定裁判与仲裁裁决（仲裁判断）。

十一、罪犯移管（接返）

双方同意基于人道、互惠原则，在请求方、受请求方及被判刑人（受刑事裁判确定人）均同意移交之情形下，移管（接返）被判刑人（受刑事裁判确定人）。

十二、人道探视

双方同意及时通报对方人员被限制人身自由、非病死或可疑为非病死等重要讯息，并依己方规定为家属探视提供便利。

第四章 请求程序

十三、提出请求

双方同意以书面形式提出协助请求。但紧急情况下，经受请求方同意，得以其他形式提出，并于10日内以书面确认。

请求书应包含以下内容：请求部门、请求目的、事项说明、案情摘要及执行请求所需其他资料等。

如因请求书内容欠缺致无法执行请求，可要求请求方补充资料。

十四、执行请求

双方同意依本协议及己方规定，协助执行对方请求，并及时通报执行情况。

若执行请求将妨碍正在进行之侦查、起诉或审判程序，可暂缓提供协助，并及时向对方说明理由。

如无法完成请求事项，应向对方说明并送还相关资料。

十五、不予协助

双方同意因请求内容不符合己方规定或执行请求将损害己方公共秩序或善良风俗等情形，得不予协助，并向对方说明。

十六、保密义务

双方同意对请求协助与执行请求的相关资料予以保密。但依请求目的使用者，不在此限。

十七、限制用途

双方同意仅依请求书所载目的事项，使用对方协助提供之资料。但双方另有约定者，不在此限。

十八、互免证明

双方同意依本协议请求及协助提供之证据资料、司法文书及其他资料，不要求任何形式之证明。

十九、文书格式

双方同意就提出请求、答复请求、结果通报等文书，使用双方商定之文书格式。

二十、协助费用

双方同意相互免除执行请求所生费用。但请求方应负担下列费用：

（一）鉴定费用；

（二）笔译、口译及誊写费用；

（三）为请求方提供协助之证人、鉴定人，因前往、停留、离开请求方所生之费用；

（四）其他双方约定之费用。

第五章　附　则

二十一、协议履行与变更

双方应遵守协议。

协议变更，应经双方协商同意，并以书面形式确认。

二十二、争议解决

因适用本协议所生争议，双方应尽速协商解决。

二十三、未尽事宜

本协议如有未尽事宜，双方得以适当方式另行商定。

二十四、签署生效

本协议自签署之日起各自完成相关准备后生效，最迟不超过六十日。

本协议于四月二十六日签署，一式四份，双方各执两份。

海峡两岸关系协会	财团法人海峡交流基金会
会长　陈云林	董事长　江丙坤

海峡两岸红十字组织在金门商谈达成有关海上遣返的协议

（1990年9月20日）

1990年9月中旬，海峡两岸红十字组织代表韩长林、陈长文等在金门就双方参与见证其主管部门执行海上遣返事宜举行工作商谈、经充分交换意见后，达成协议。协议如下：

一、遣返原则

应确保遣返作业符合人道精神与安全便利的原则。

二、遣返对象

（一）违反有关规定进入对方地区的居民（但因捕鱼作业遭遇紧急避风等不可抗力因素必须暂人对方地区者，不在此列）。

（二）刑事嫌疑犯或刑事犯。

三、遣返交接地点

双方商定为马尾—马祖（马祖—马尾）。但依被遣返人员的原居地分布情况及气候、海象等因素，双方得协议另择厦门—金门（金门—厦门）。

四、遣返程序

（一）一方应将被遣返人员的有关资料通知对方，对方应于二十日内核查答复，并按商定时间、地点遣返交接。如核查对象有疑问者，亦应通知对方以便复查。

（二）遣返交接双方均用红十字专用船，并用民用船只在约定地点引导。遣返船、引导船均悬挂白底红十字旗（不挂其它旗帜，不使用其他的标志）。

（三）遣返交接时，应由双方事先约皮的代表二方签署交接见证书。

五、其他

双方应尽速解决有关技术问题，以期在短期间内付诸实施。如有未尽事宜，双方得另行商定。

司法部
关于印发《海峡两岸公证书使用查证协议实施办法》的通知

1993 年 4 月 29 日　　　　　　　　　　司发〔1993〕006 号

各省、自治区、直辖市司法厅（局）：

海峡两岸共同商谈达成的《两岸公证书使用查证协议》已于四月二十九日在新加坡正式签署。根据协议约定，该协议将于五月二十九日生效实施。为便于各地正确履行该协议，我们制定了《海峡两岸公证书使用查证协议实施办法》，现发给你们，请速发本省（区、市）公证员协会（筹备组）和办理涉台公证的公证处执行。

附录 1：

两岸公证书使用查证协议

（1993 年 4 月 29 日）

海峡两岸关系协会、中国公证员协会与财团法人海峡交流基金会，就两岸公证书使用查证事宜，经协商达成以下协议：

一、联系主体

（一）关于寄送公证书副本及查证事宜，双方分别以中国公证员协会或有关省、自治区、直辖市公证员协会与财团法人海峡交流基金会相互联系。

（二）本协议其他相关事宜，由海峡两岸关系协会与财团法人海峡交流基金会联系。

二、寄送公证书副本

（一）双方同意相互寄送涉及继承、收养、婚姻、出生、死亡、委托、学历、定居、扶养亲属及财产权利证明公证书副本。

（二）双方得根据公证书使用需要，另行商定增、减寄送公证书副本种类。

三、公证书查证

（一）查证事由

公证书有下列情形之一，双方应相互协助查证；

1. 违反公证机关有关受理范围规定；

2. 同一事项在不同公证机关公证；

3. 公证书内容与户籍资料或其他档案资料记载不符；

4. 公证书内容自相矛盾；

5. 公证书文字、印鉴模糊不清，或有涂改、擦拭等可疑痕迹；

6. 有其他不同证据资料；

7. 其他需要查明事项。

（二）拒绝事由

未叙明查证事由，或公证书上另加盖有其他证明印章者，接受查证一方得附加理由拒绝该项查证。

（三）答复期限

接受查证一方，应于收受查证函之日起三十日内答复。

（四）查证费用

提出查证一方应向接受查证一方支付适当费用。

查证费用标准及支付方式由双方另行商定。

四、文书格式

寄送公证书副本、查证与答复，应经双方协商使用适当文书格式。

五、其他文书

双方同意就公证书以外的文书查证事宜进行个案协商并予协助。

六、协议履行、变更与终止

双方应遵守协议。协议变更或终止，应经双方协商同意。

七、争议解决

因适用本协议所生争议，双方应尽速协商解决。

八、未尽事宜

本协议如有未尽事宜，双方得以适当方式另行商定。

九、签署生效

本协议自双方签署之日起三十日后生效实施。

本协议于四月二十九日签署，一式四份，双方各执两份。

海峡两岸关系协会　　　　　　　财团法人海峡交流基金会

代表　　　　　　　　　　　　　　代表

附录 2：

海峡两岸公证书使用查证协议实施办法

（司法部 1993 年 5 月 11 日颁布　1993 年 5 月 29 日起施行）

第一条　为履行《两岸公证书使用查证协议》，制定本实施办法。

第二条　凡与海峡交流基金会（以下简称海基会）联系寄送公证书副本和查证公证书，由中国公证员协会或省、自治区、直辖市公证员协会（或公证员协会筹备组，以下同）进行，任何个人、公证处或省以下公证员协会不得向海基会寄送公证书副本或答复查证事项。

各公证员协会应有专人负责登记、寄收公证书副本、答复查证函，结算费用和统计分析资料等工作。

第三条　根据协议的约定，应寄送的公证书副本包括：

1. 用于继承的亲属关系公证书、委托公证书，以及根据案情需要办理的出生、死亡、婚姻等公证书；

2. 收养、婚姻、出生、死亡、学历、委托书公证书；

3. 用于大陆居民赴台湾定居，或台湾居民赴大陆定居的亲属关系、婚姻、出生等公证书；

4. 用于减免所得税而办理的扶养亲属公证证明，包括亲属关系、谋生能力、病残、成年在学公证书、缴纳保险费或缴纳医药费公证书；

5. 财产权利证明公证书，指公民、法人或其他组织所享有的财产权利公证证明，包括物权、债权、继承权等有形财产和专利、著作、商标等无形财产权。

第四条　发往台湾属于协议约定相互寄送副本范围的公证书应办理一份副本（该副本须使用公证专用水印纸，无需粘贴公证书封面和封底，不需加盖副本章），由经办公证处在送达公证书的同日将副本径寄省（区、市）公证员协会。公证员协会在收到公证书副本后，应登记并在 3 日内寄往海峡交流基金会法律服务处。

第五条　各公证员协会收到海基会寄来的在大陆使用的公证书副本，应进行登记并根据公证书用途转寄公证书使用部门。

第六条　海基会的查证函寄到中国公证员协会的，中国公证员协会应当在 3 日内转出证的公证处，同时抄送公证处所在的省（区、市）公证员协会。公证处在收到查证函后，应当在 10 日内将查证结果报中国公证员协会，同时抄报省（区、市）公证员协会，由中国公证员协会答复海基会。

海基会的查证函直接寄给有关省（区、市）公证员协会的，省（区、市）公证员协会应当在 3 日内转出证的公证处。公证处收到查证请求书后应当在 10 日内将查证结果报省（区、市）公证员协会。对于查证属实的公证书，由省（区、市）公证员协会登记后直接答复海基会；凡是有问题的公证书，省（区、市）公证员协会应当将情况报告中国公证员协会，经同意后由省（区、市）公证员协会答复海基会。

公证处不能在规定时间答复的应说明原因，无正当理由超过期限的，应承担延误时间造成的损失责任。

第七条 对海基会要求查证的公证书，必须符合协议第3条第1项所约定的事由，凡不是该7种情形之一的不予查证。对第7种“其他需要查明事项”，须报中国公证员协会同意后再转公证处查证。对此项转办时限可放宽至5日。

查证事由不是协议第3条第1项约定的7种情况之一的，应将情况报中国公证员协会后，退回海基会。

第八条 海基会的查证函未写明查证事由，或在要求查证的公证书上加盖其他证明印章的，报告中国公证员协会后写明拒绝理由退回海基会。

第九条 海基会将查证函直接寄到公证处，或通过当事人、其他单位转交的，公证处不予答复。同时应当将情况报告中国公证员协会和省（区、市）公证员协会，由中国公证员协会统一向海基会交涉。

第十条 公证书使用部门需要向台湾出证机关进行查证的，应将需要查证的公证书复印件寄送所在的省（区、市）公证员协会或中国公证员协会，并说明要求查证的事由。公证员协会审查认为符合协议第3条第1项规定的情形的，应登记并出具查证函转寄海基会。海基会答复后，应将查证结果即转公证书使用部门。

寄送查证函时，不得在公证书副本上加盖任何其他印章。

第十一条 公证书副本寄送函、查证函和查证回函必须依照附件文书格式的要求书写。

第十二条 办理寄送副本的公证事项，应按附件所列标准加收公证书副本费、邮寄费、手续费。由公证处统一向当事人收取，再分别与省（区、市）公证员协会和中国公证员协会结算。

根据协议第3条第4项的约定，提出查证公证书一方应向接受查证一方支付适当费用。公证员协会和公证处应将海基会的每一项查证所需费用，按照附件所列标准逐一记账。在公证处上报查证情况时，应同时将该项查证是否进行了实际调查，应收调查费一并上报，以便统一结算，并按规定比例分配。

寄送公证书副本费用的收入、支出和查证费用的支出和收入需单独做账、单独结算、出具收据，不得与公证费收据相混，不得列为公证费收入。

凡要求海基会查证台湾出具的公证书的，依据附件所列的费用标准向海基会支付。所需费用由公证员协会向提出查证的单位或当事人收取。

第十三条 本实施办法所规定的时限应自收到公证书副本或查证函之日起计算，不包括邮局寄送时间。

第十四条 本实施办法自1993年5月29日起施行。

司法部
关于增加寄送公证书副本种类事宜的通知

1994年12月17日　　　　司发通〔1994〕091号

各省、自治区、直辖市司法厅（局）：

根据《两岸公证书使用查证协议》第二条规定，海峡两岸关系协会、中国公证员协会与财团法人海峡交流基金会商定，于一九九五年一月二十日开始增加寄送涉及病历、税务、经历、专业证书等四项公证书副本。请速发本省、自治区、直辖市公证员协会（筹备组）和办理涉台业务的公证处执行。

海峡两岸知识产权保护合作协议

（2010 年 6 月 29 日）

为保障海峡两岸人民权益，促进两岸经济、科技与文化发展，海峡两岸关系协会与财团法人海峡交流基金会就两岸知识产权（智慧财产权）保护合作事宜，经平等协商，达成协议如下：

一、合作目标

双方同意本着平等互惠原则，加强专利、商标、著作权及植物新品种权（植物品种权）（以下简称品种权）等两岸知识产权（智慧财产权）保护方面的交流与合作，协商解决相关问题，提升两岸知识产权（智慧财产权）的创新、应用、管理及保护。

二、优先权利

双方同意依各自规定，确认对方专利、商标及品种权第一次申请日的效力，并积极推动作出相应安排，保障两岸人民的优先权权益。

三、保护品种

双方同意在各自公告的植物品种保护名录（植物种类）范围内受理对方品种权的申请，并就扩大植物品种保护名录（可申请品种权之植物种类）进行协商。

四、审查合作

双方同意推动相互利用专利检索与审查结果、品种权审查和测试等合作及协商。

五、业界合作

双方同意促进两岸专利、商标等业界合作，提供有效、便捷服务。

六、认证服务

双方同意为促进两岸著作权贸易，建立著作权认证合作机制，于一方音像（影音）制品于他方出版时，得由一方指定之相关协会或团体办理著作权认证，并就建立图书、软件（电脑程式）等其他作品、制品认证制度交换意见。

七、协处机制

双方同意建立执法协处机制，依各自规定妥善处理下列知识产权（智慧财产权）保护事宜：

（一）打击盗版及仿冒，特别是查处经由网络（网路）提供或帮助提供盗版图书、音像（影音）及软件（电脑程式）等侵权网站，以及在市场流通的盗版及仿冒品；

（二）保护驰名（著名）商标、地理标志或著名产地名称，共同防止恶意抢注行为，并保障权利人行使申请撤销被抢注驰名（著名）商标、地理标志或著名产地名称的权利；

（三）强化水果及其他农产品虚伪产地标识（示）之市场监管及查处措施；

（四）其他知识产权（智慧财产权）保护事宜。

在处理上述权益保护事宜时，双方可相互提供必要的资讯，并通报处理结果。

八、业务交流

双方同意开展知识产权（智慧财产权）业务交流与合作事项如下：

（一）推动业务主管部门人员进行工作会晤、考察参访、经验和技术交流、举办研讨会等，开展相关业务培训；

（二）交换制度规范、数据文献资料（资料库）及其他相关资讯；

（三）推动相关文件电子交换合作；

（四）促进著作权集体管理组织交流与合作；

（五）加强对相关企业、代理人及公众的宣导；

（六）双方同意之其他合作事项。

九、工作规划

双方同意分别设置专利、商标、著作权及品种权等工作组，负责商定具体工作规划及方案。

十、保密义务

双方同意对于在执行本协议相关活动中所获资讯予以保密。但依请求目的使用者，不在此限。

十一、限制用途

双方同意仅依请求目的使用对方提供之资料。但双方另有约定者，不在此限。

十二、文书格式

双方同意交换、通报、查询资讯及日常业务联系等，使用商定的文书格式。

十三、联系主体

本协议议定事项，由双方业务主管部门指定的联络人相互联系实施。必要时，经双方同意得指定其他单位进行联系。

本协议其他相关事宜，由海峡两岸关系协会与财团法人海峡交流基金会联系。

十四、协议履行与变更

双方应遵守协议。

本协议变更，应经双方协商同意，并以书面形式确认。

十五、争议解决

因适用本协议所生争议，双方应尽速协商解决。

十六、未尽事宜

本协议如有未尽事宜，双方得以适当方式另行商定。

十七、签署生效

本协议签署后，双方应各自完成相关程序并以书面通知对方。本协议自双方均收到对方通知后次日起生效。

本协议于六月二十九日签署，一式四份，双方各执两份。

海峡两岸关系协会　　　　　　　　财团法人海峡交流基金会

会长　陈云林　　　　　　　　　　董事长　江丙坤

海峡两岸投资保护和促进协议

（2012年8月9日）

为保护海峡两岸投资者权益，促进相互投资，创造公平投资环境，增进两岸经济繁荣，依据《海峡两岸经济合作框架协议》第五条规定，海峡两岸关系协会与财团法人海峡交流基金会经平等协商，达成协议如下：

第一条　定义

本协议内：

一、“投资”指一方投资者依照另一方的规定，在该另一方所投入的具有投资特性的各种资产，包括但不限于：

（一）动产、不动产及其他财产权利；

（二）企业的股份或出资额及其他形式的参股；

（三）金钱请求权或其他具有经济价值的履行请求权；

（四）知识产权、企业名称及商号、商誉；

（五）交钥匙、工程建造、管理、生产、收益分配及其他类似合同权利；

（六）经营特许权，包括培育、耕作的特许权利，以及勘探、开采、提炼或开发自然资源的特许权利；

（七）各种担保债券、信用债券、贷款及其他形式的债。

投资特性指资本或其他资源的投入、对收益或利润的期待和对风险的承担。作为投资的资产发生任何符合投资所在地相关规定的形式上变化，不影响其作为投资的特性。

二、“投资者”指在另一方从事投资的一方自然人或一方企业：

（一）一方自然人指持有一方身份证明文件的自然人；

（二）一方企业指根据一方规定在该方设立的实体，包括公司、信托、商行、合伙或其他组织；

（三）根据第三方规定设立，但由本款第一项或第二项的投资者所有或控制的任何实体，亦属一方企业。

三、“收益”指投资所产生的收入，包括利润、股息、利息、资本利得、提成费和其他合法收入。

四、“措施”指包括任何影响投资者或投资的规定、政策或其他行政行为。

五、“两岸投资争端解决机构”指本协议生效后，经双方确认并书面通知的仲裁机构、调解中心及其他调解机构。

第二条　适用范围和例外

一、本协议应适用于一方对另一方投资者及其投资采取或维持的措施。

二、本协议应适用于一方投资者在另一方于本协议生效前或生效后的投资，但不适用于本协议生效前已解决的本协议第十三条第一款所指的“投资争端”。

三、本协议适用于任一方各级主管部门及该类部门授权行使行政职权的机构所采取或维持的措施。

四、一方可采取、维持或执行其认为必要的任何措施，以确保其重大的安全利益。

五、一方基于非任意与非不合理歧视的原则，且对贸易或投资不构成隐性限制，可于下列情形采取或维持对投资的限制措施：

（一）为遵守与本协议不相抵触的规定所采取的必要措施；

（二）为保护人类、动物或植物的生命或健康所采取的必要措施；

（三）为保护可耗尽的自然资源所采取的必要措施。

六、一方基于审慎理由可采取或维持与金融服务有关的措施。该等措施包括但不限于：

（一）为保护投资者、存款人、保单持有人或金融服务提供者对其负有忠实义务的人所采取的措施；

（二）为确保金融体系运作与稳定所采取的措施。

七、本协议不适用于：

（一）公共采购；

（二）由一方提供的补贴或补助。

八、除下列情形外，本协议不适用于任一方的税收措施：

（一）如一方投资者以书面形式向另一方税收主管部门主张该另一方的税收措施涉及本协议第七条的规定，双方税收主管部门应于六个月内共同决定该措施是否构成征收。如该税收措施构成征收，则本协议应适用于该措施。

（二）如双方税收主管部门未能在六个月内一致认定该税收措施不构成征收，该一方投资者可依本协议第十三条及附件的规定寻求解决。

第三条　投资待遇

一、一方应确保给予另一方投资者及其投资公正与公平待遇，并提供充分保护与安全：

（一）“公正与公平待遇”指一方的措施应符合正当程序原则，且不得对另一方投资者拒绝公正与公平审理，或实行明显的歧视性或专断性措施。

（二）“充分保护与安全”指一方应采取合理、必要的措施，保护另一方投资者及其投资的安全。

一方违反本协议其他条款，不构成对本款的违反。

二、双方应加强投资者及相关人员在投资中的人身自由与安全保障，依各自规定的时限履行与人身自由相关的通知义务，完善既有通报机制。

三、一方对另一方投资者就其投资的运营、管理、维持、享有、使用、出售或其他处置所给予的待遇，不得低于在相似情形下给予该一方投资者及其投资的待遇。

四、一方对另一方投资者就其投资的设立、扩大、运营、管理、维持、享有、使用、出售或其他处置所给予的待遇，不得低于在相似情形下给予任何第三方投资者及其投资的待遇。

五、本条第三款及第四款不适用于一方现有的不符措施及其修改，但一方应逐步减少或消除该等不符措施，且对该等不符措施的任何修改或变更，不得增加对另一方投资者及其投资的限制。

六、另一方投资者不得援引本条第四款的规定，要求适用本协议以外的争端解决程序。

第四条　透明度

一、一方应依其规定及时公布或用其他方式使公众知悉普遍适用的或针对另一方与投资有关的规定、措施、程序等。

二、应另一方请求，一方应依其规定，就已公布并影响另一方投资者的规定、措施、程序的变化提供讯息。

第五条　逐步减少投资限制

一、双方同意，本着互利互惠的原则接受并保护相互投资。

二、双方同意，逐步减少或消除对相互投资的限制，创造公平的投资环境，努力促进相互投资。

第六条　投资便利化

一、双方同意逐步简化投资申请文件和审核程序。

二、双方同意相互提供投资便利，包括：

（一）一方对另一方投资者取得投资讯息、相关营运证照，以及人员进出和经营管理等提供便利；

（二）一方对另一方及其投资者举办说明会、研讨会及其他有利于投资的活动提供便利。

第七条　征收

一、除符合下列所有条件外，一方不得对另一方投资者在该一方的投资或收益采取征收（包括直接征收和间接征收）：

（一）基于公共利益；

（二）依照一方规定及正当程序；

（三）非歧视性且非任意的；

（四）依据本条第四款给予补偿。

二、间接征收指效果等同于直接征收的措施。确定一项或一系列措施是否构成间接征收应以事实为依据逐案评估，并应考虑以下因素：

（一）该措施对投资的经济影响，但仅对投资的经济价值有负面影响，不足以推断构成间接征收；

（二）该措施在范围或适用上对另一方投资者及其投资的歧视程度；

（三）该措施对另一方投资者明显、合理的投资期待的干预程度；

（四）该措施的采取是否出于善意并以公共利益为目的，且措施和目的之间是否符合比例原则。

三、双方为保护公众健康与安全、环境等正当公共福利所采取的非歧视性管制措施，不构成间接征收。

四、本条第一款所称的补偿应以征收时或征收为公众所知时（以较早者为准）被征收投资或收益的公平市场价值为基准，并应加计征收之日起至补偿支付之日止，按合理商业利率计算的利息。补偿的支付不应迟延，并应可有效实现、兑换及自由转移。

第八条　损失补偿

一方投资者在另一方的投资或收益，如因发生在该另一方的武装冲突、紧急状态或其他类似事件而遭受损失，另一方给予其恢复原状、补偿或其他解决方式的待遇，应不低于相似条件下给予该另一方投资者或任何第三方投资者的待遇中最优者。

第九条　代位

一、一方指定的机构根据其与投资有关的货币汇兑、征收等非商业风险的担保、保证或保险合同给付一方投资者后，可以在与投资者同等的范围内代位行使该投资者的权利和请求权，并承担该投资者与投资相应的义务。

二、一方应将其依本条第一款指定的机构及其变更通知另一方。

第十条　转移

一、一方应依其规定准许另一方投资者转移其投资及收益，包括但不限于：

（一）设立、维持和扩大投资的资本；

（二）利润、股息、利息、资本利得、提成费及其他与知识产权相关的费用；

（三）与投资合同相关的支付，包括贷款协议产生的相关款项；

（四）出售或清算全部或部分投资所得款项；

（五）自然人投资者与该项投资相关的收入和报酬；

（六）根据第七条和第八条所获得的款项；

（七）依本协议附件第三款所获得的补偿。

二、除本协议另有规定外，双方应保证本条第一款转移以可自由兑换的货币或双方同意且按当时规定可汇兑的货币，以转移当日的市场汇率不延迟地进行。

三、基于公平、公正、非歧视的原则，一方可于下列情况下，诚信适用相关规定阻止或延迟转移，不受本条第一款及第二款的限制：

（一）破产、无力偿还或保护债权人利益；

（二）有价证券、期货、期权和其他衍生品的发行、买卖、交易、处理；

（三）刑事犯罪侦查或行政处罚调查中的必要保全措施；

（四）现金或其他货币工具必要的转移申报；

（五）确保司法裁判或行政处罚决定的执行。

四、一方对外收支出现或可能出现严重失衡时，可依规定或惯例暂时限制转移，但实施该等限制应遵循公平、非歧视和善意的原则。

第十一条　拒绝授予利益

第三方的自然人或企业所有或控制的一方企业如在该一方未从事实质性商业经营，则另一方有权拒绝授予该企业在本协议项下的利益。

第十二条　本协议双方的争端解决

双方关于本协议解释、实施和适用的争端，应依《海峡两岸经济合作框架协议》第十条规定处理。

第十三条　投资者与投资所在地一方争端解决

一、一方投资者主张另一方相关部门或机构违反本协议规定的义务，致该投资者受到损失所产生的争端（以下称“投资争端”），可依下列方式解决：

（一）争端双方友好协商解决；

（二）由投资所在地或其上级的协调机制协调解决；

（三）由本协议第十五条所设投资争端协处机制协助解决；

（四）因本协议所产生的投资者与投资所在地一方的投资补偿争端，可由投资者提交两岸投资争端解决机构通过调解方式解决，两岸投资争端解决机构应每半年将投资补偿争端的处理情况通报本协议第十五条的投资工作小组；

（五）依据投资所在地一方行政复议或司法程序解决。

二、投资者根据本条第一款第四项解决投资补偿争端，适用本协议附件的规定。

三、协议生效后，双方应尽快交换并公布本条第一款第四项规定的两岸投资争端解决机构名单。双方经协商可调整该机构名单。

四、如投资者已选择依本条第一款第五项解决，除非符合投资所在地一方相关规定，投资者不得再就同一争端提交两岸投资争端解决机构调解。

五、本协议生效前已进入司法程序的本条第一款所指的“投资争端”，除非当事双方同意并符合投资所在地一方相关规定，不适用本条第一款第四项规定的调解程序。

第十四条　投资商事争议

一、双方确认，一方投资者与另一方自然人、法人、其他组织依相关规定及当事人意思自治原则签订商事合同时，可约定商事争议的解决方式和途径。

二、一方投资者与另一方自然人订立商事合同时，可就有关投资所产生的商事争议订立仲裁条款。如未订立仲裁条款，可于争议发生后协商提交仲裁解决。

三、一方投资者与另一方法人或其他组织订立商事合同时，可就有关投资所产生的商事争议订立仲裁条款。如未订立仲裁条款，可于争议发生后协商提交仲裁解决。

四、商事争议的当事双方可选择两岸的仲裁机构及当事双方同意的仲裁地点。如商事合同中未约定仲裁条款，可于争议发生后协商提交两岸的仲裁机构，在当事双方同意的仲裁地点解决争议。

五、双方确认，商事合同当事人可依据相关规定申请仲裁裁决的认可与执行。

第十五条　联系机制

一、双方同意由两岸经济合作委员会投资工作小组负责处理本协议相关事宜，由双方业务主管部门各自指定的联络人负责联络。

二、投资工作小组设立下列工作机制，处理与本协议相关的特定事项：

（一）投资争端协处机制：协助处理投资者与投资所在地一方的投资争端，并相互通报处理情况；

（二）投资咨询机制：交换投资讯息、开展投资促进、推动投资便利化、提供纠纷处理及与本协议相关事项的咨询；

（三）经双方同意的其他与本协议相关的工作机制。

第十六条　文书格式

基于本协议所进行的业务联系，应使用双方商定的文书格式。

第十七条 修正

本协议的修正，应经双方协商同意，并以书面形式确认。

第十八条 生效

本协议签署后，双方应各自完成相关程序并以书面通知另一方。本协议自双方均收到对方通知后次日起生效。

本协议于八月九日签署，一式四份，双方各执两份。本协议的附件构成本协议的一部分。四份文本中对应表述的不同用语所含意义相同，四份文本具有同等效力。

海峡两岸关系协会　　　　财团法人海峡交流基金会
会长　陈云林　　　　　　董事长　江丙坤

附件：

投资补偿争端调解程序

一、调解原则及程序

（一）一方投资者依据本协议第十三条第一款第四项提出调解申请后，两岸投资争端解决机构应依其规则受理申请，启动调解程序。两岸投资争端解决机构应客观、公正、公平及合理地处理投资补偿争端。争端双方应积极、诚信参与调解，不得无故拖延。

（二）除争端双方另有约定外，调解过程不公开。

（三）除争端双方同意公开的事项外，两岸投资争端解决机构及其工作人员、调解员对投资争端案件应保守秘密。

二、调解成立

（一）调解员应保持中立，促使争端双方达成合意。

（二）争端双方经调解达成合意，调解员应根据合意内容制作调解协议，由争端双方及调解员在调解协议上签字或盖章，并加盖两岸投资争端解决机构印章。

（三）双方应确保建立、完善与调解协议执行相关的制度。投资者可依据执行地一方相关规定申请调解协议的执行。

三、补偿方式

投资补偿争端的补偿方式以下列类型为限：

（一）金钱补偿及适当利息；

（二）返还财产，或以补偿金和相应利息代替财产返还；

（三）争端双方同意的其他合法补偿方式。

四、调解请求权的消灭

自投资者知道或应当知道另一方违反本协议义务之日起，如超过三年未行使调解请求权，则该请求权消灭。但因不可抗力导致的延误，不计入前述三年期间内。

五、调解信息的使用限制

如投资补偿争端依本协议第十三条第一款第四项所规定的程序仍无法解决，除争端双方另有约定外，任何一方均不得在其后就同一争端进行的行政或司法程序中，援引对方当事人和调解员在前述程序中所做出的任何陈述、承认和让步，作为不利于对方当事人的资料或证据。

六、调解规则的通报

两岸投资争端解决机构的调解规则应向本协议第十五条的投资工作小组进行通报。

二、涉台司法互助相关法律规定及资料

（一）送达文书和调查取证

最高人民法院
关于人民法院办理海峡两岸送达文书和调查取证司法互助案件的规定

法释〔2011〕15号

（2010年12月16日最高人民法院审判委员会第1506次会议通过
2011年6月14日最高人民法院公告公布
自2011年6月25日起施行）

为落实《海峡两岸共同打击犯罪及司法互助协议》（以下简称协议），进一步推动海峡两岸司法互助业务的开展，确保协议中涉及人民法院有关送达文书和调查取证司法互助工作事项的顺利实施，结合各级人民法院开展海峡两岸司法互助工作实践，制定本规定。

一、总 则

第一条 人民法院依照协议，办理海峡两岸民事、刑事、行政诉讼案件中的送达文书和调查取证司法互助业务，适用本规定。

第二条 人民法院应当在法定职权范围内办理海峡两岸司法互助业务。

人民法院办理海峡两岸司法互助业务，应当遵循一个中国原则，遵守国家法律的基本原则，不得违反社会公共利益。

二、职责分工

第三条 人民法院和台湾地区业务主管部门通过各自指定的协议联络人，建立办理海峡两岸司法互助业务的直接联络渠道。

第四条 最高人民法院是与台湾地区业务主管部门就海峡两岸司法互助业务进行联络的一级窗口。最高人民法院台湾司法事务办公室主任是最高人民法院指定的协议联络人。

最高人民法院负责：就协议中涉及人民法院的工作事项与台湾地区业务主管部门开展磋商、协调和交流；指导、监督、组织、协调地方各级人民法院办理海峡两岸司法互助业务；就海峡两岸调查取证司法互助业务与台湾地区业务主管部门直接联络，并在必要时具体办理调查取证司法互助案件；及时将本院和台湾地区业务主管部门指定的协议联络人的姓名、联络方式及变动情况等工作信息通报高级人民法院。

第五条 最高人民法院授权高级人民法院就办理海峡两岸送达文书司法互助案件，建立与台湾地区业务主管部门联络的二级窗口。高级人民法院应当指定专人作为经最高人民法院授权的二级联络窗口联络人。

高级人民法院负责：指导、监督、组织、协调本辖区人民法院办理海峡两岸送达文书和调查取证司法互助业务；就办理海峡两岸送达文书司法互助案件与台湾地区业务主管部门直接联络，并在必要时具体办理送达文书和调查取证司法互助案件；登记、统计本辖区人民法院办理的海峡两岸送达文书司法互助案件；定期向最高人民法院报告本辖区人民法院办理海峡两岸送达文书司法互助业务情况；及时将本院联络人的姓名、联络方式及变动情况报告最高人民法院，同时通报台湾地区联络人和下级人民法院。

第六条　中级人民法院和基层人民法院应当指定专人负责海峡两岸司法互助业务。

中级人民法院和基层人民法院负责：具体办理海峡两岸送达文书和调查取证司法互助案件；定期向高级人民法院层报本院办理海峡两岸送达文书司法互助业务情况；及时将本院海峡两岸司法互助业务负责人员的姓名、联络方式及变动情况层报高级人民法院。

三、送达文书司法互助

第七条　人民法院向住所地在台湾地区的当事人送达民事和行政诉讼司法文书，可以采用下列方式：

（一）受送达人居住在大陆的，直接送达。受送达人是自然人，本人不在的，可以交其同住成年家属签收；受送达人是法人或者其他组织的，应当由法人的法定代表人、其他组织的主要负责人或者该法人、其他组织负责收件的人签收。

受送达人不在大陆居住，但送达时在大陆的，可以直接送达。

（二）受送达人在大陆有诉讼代理人的，向诉讼代理人送达。但受送达人在授权委托书中明确表明其诉讼代理人无权代为接收的除外。

（三）受送达人有指定代收人的，向代收人送达。

（四）受送达人在大陆有代表机构、分支机构、业务代办人的，向其代表机构或者经受送达人明确授权接受送达的分支机构、业务代办人送达。

（五）通过协议确定的海峡两岸司法互助方式，请求台湾地区送达。

（六）受送达人在台湾地区的地址明确的，可以邮寄送达。

（七）有明确的传真号码、电子信箱地址的，可以通过传真、电子邮件方式向受送达人送达。

采用上述方式均不能送达或者台湾地区当事人下落不明的，可以公告送达。

人民法院需要向住所地在台湾地区的当事人送达刑事司法文书，可以通过协议确定的海峡两岸司法互助方式，请求台湾地区送达。

第八条 人民法院协助台湾地区法院送达司法文书，应当采用民事诉讼法、刑事诉讼法、行政诉讼法等法律和相关司法解释规定的送达方式，并应当尽可能采用直接送达方式，但不采用公告送达方式。

第九条 人民法院协助台湾地区送达司法文书，应当充分负责，及时努力送达。

第十条 审理案件的人民法院需要台湾地区协助送达司法文书的，应当填写《〈海峡两岸共同打击犯罪及司法互助协议〉送达文书请求书》附录部分，连同需要送达的司法文书，一式二份，及时送交高级人民法院。

需要台湾地区协助送达的司法文书中有指定开庭日期等类似期限的，一般应当为协助送达程序预留不少于6个月的时间。

第十一条 高级人民法院收到本院或者下级人民法院《〈海峡两岸共同打击犯罪及司法互助协议〉送达文书请求书》附录部分和需要送达的司法文书后，应当在7个工作日内完成审查。经审查认为可以请求台湾地区协助送达的，高级人民法院联络人应当填写《〈海峡两岸共同打击犯罪及司法互助协议〉送达文书请求书》正文部分，连同附录部分和需要送达的司法文书，立即寄送台湾地区联络人；经审查认为欠缺相关材料、内容或者认为不需要请求台湾地区协助送达的，应当立即告知提出请求的人民法院补充相关材料、内容或者在说明理由后将材料退回。

第十二条 台湾地区成功送达并将送达证明材料寄送高级人民法院联络人，或者未能成功送达并将相关材料送还，同时出具理由说明给高级人民法院联络人的，高级人民法院应当在收到之日起7个工作日内，完成审查并转送提出请求的人民法院。经审查认为欠缺相关材料或者内容的，高级人民法院联络人应当立即与台湾地区联络人联络并请求补充相关材料或者内容。

自高级人民法院联络人向台湾地区寄送有关司法文书之日起满4个月，如果未能收到送达证明材料或者说明文件，且根据各种情况不足以认定已经送达的，视为不能按照协议确定的海峡两岸司法互助方式送达。

第十三条 台湾地区请求人民法院协助送达台湾地区法院的司法文书并通过其联络人将请求书和相关司法文书寄送高级人民法院联络人的，高级人民法院应当在7个工作日内完成审查。经审查认为可以协助送达的，应当立即转送有关下级人民法院送达或者由本院送达；经审查认为欠缺相关材料、内容或者认为不宜协助送达的，高级人民法院联络人应当立即向台湾地区联络人说明情况并告知其补充相关材料、内容或者将材料送还。

具体办理送达文书司法互助案件的人民法院应当在收到高级人民法院转送的材料之日起5个工作日内，以“协助台湾地区送达民事（刑事、行政诉讼）司法文书”案由立案，指定专人办理，并应当自立案之日起15日内完成协助送达，最迟不得超过2个月。

收到台湾地区送达文书请求时，司法文书中指定的开庭日期或者其他期限逾期的，人民法院亦应予以送达，同时高级人民法院联络人应当及时向台湾地区联络人说明情况。

第十四条 具体办理送达文书司法互助案件的人民法院成功送达的，应当由送达人在《〈海峡两岸共同打击犯罪及司法互助协议〉送达回证》上签名或者盖章，并在成功送达之日起7个工作日内将送达回证送交高级人民法院；未能成功送达的，应当由送达人在《〈海峡两岸共同打击犯罪及司法互助协议〉送达回证》上注明未能成功送达的原因并签名或者盖章，在确认不能送达之日起7个工作日内，将该送达回证和未能成功送达的司法文书送交高级人民法院。

高级人民法院应当在收到前款所述送达回证之日起7个工作日内完成审查，由高级人民法院联络人在前述送达回证上签名或者盖章，同时出具《〈海峡两岸共同打击犯罪及司法互助协议〉送达文书回复书》，连同该送达回证和未能成功送达的司法文书，立即寄送台湾地区联络人。

四、调查取证司法互助

第十五条 人民法院办理海峡两岸调查取证司法互助业务，限于与台湾地区法院相互协助调取与诉讼有关的证据，包括取得证言及陈述；提供书证、物证及视听资料；确定关系人所在地或者确认其身份、前科等情况；进行勘验、检查、扣押、鉴定和查询等。

第十六条 人民法院协助台湾地区法院调查取证，应当采用民事诉讼法、刑事诉讼法、行政诉讼法等法律和相关司法解释规定的方式。

在不违反法律和相关规定、不损害社会公共利益、不妨碍正在进行的诉讼程序的前提下，人民法院应当尽力协助调查取证，并尽可能依照台湾地区请求的内容和形式予以协助。

台湾地区调查取证请求书所述的犯罪事实，依照大陆法律规定不认为涉嫌犯罪的，人民法院不予协助，但有重大社会危害并经双方业务主管部门同意予以个案协助的除外。台湾地区请求促使大陆居民至台湾地区作证，但未作出非经大陆主管部门同意不得追诉其进入台湾地区之前任何行为的书面声明的，人民法院可以不予协助。

第十七条 审理案件的人民法院需要台湾地区协助调查取证的，应当填写《〈海峡两岸共同打击犯罪及司法互助协议〉调查取证请求书》附录部分，连同相关材料，一式三份，及时送交高级人民法院。

高级人民法院应当在收到前款所述材料之日起 7 个工作日内完成初步审查，并将审查意见和《〈海峡两岸共同打击犯罪及司法互助协议〉调查取证请求书》附录部分及相关材料，一式二份，立即转送最高人民法院。

第十八条 最高人民法院收到高级人民法院转送的《〈海峡两岸共同打击犯罪及司法互助协议〉调查取证请求书》附录部分和相关材料以及高级人民法院审查意见后，应当在7个工作日内完成最终审查。经审查认为可以请求台湾地区协助调查取证的，最高人民法院联络人应当填写《〈海峡两岸共同打击犯罪及司法互助协议〉调查取证请求书》正文部分，连同附录部分和相关材料，立即寄送台湾地区联络人；经审查认为欠缺相关材料、内容或者认为不需要请求台湾地区协助调查取证的，应当立即通过高级人民法院告知提出请求的人民法院补充相关材料、内容或者在说明理由后将材料退回。

第十九条 台湾地区成功调查取证并将取得的证据材料寄送最高人民法院联络人，或者未能成功调查取证并将相关材料送还，同时出具理由说明给最高人民法院联络人的，最高人民法院应当在收到之日起7个工作日内完成审查并转送高级人民法院，高级人民法院应当在收到之日起7个工作日内转送提出请求的人民法院。经审查认为欠缺相关材料或者内容的，最高人民法院联络人应当立即与台湾地区联络人联络并请求补充相关材料或者内容。

第二十条 台湾地区请求人民法院协助台湾地区法院调查取证并通过其联络人将请求书和相关材料寄送最高人民法院联络人的，最高人民法院应当在收到之日起7个工作日内完成审查。经审查认为可以协助调查取证的，应当立即转送有关高级人民法院或者由本院办理，高级人民法院应当在收到之日起7个工作日内转送有关下级人民法院办理或者由本院办理；经审查认为欠缺相关材料、内容或者认为不宜协助调查取证的，最高人民法院联络人应当立即向台湾地区联络人说明情况并告知其补充相关材料、内容或者将材料送还。

具体办理调查取证司法互助案件的人民法院应当在收到高级人民法院转送的材料之日起5个工作日内，以“协助台湾地区民事（刑事、行政诉讼）调查取证”案由立案，指定专人办理，并应当自立案之日起1个月内完成协助调查取证，最迟不得超过3个月。因故不能在期限届满前完成的，应当提前函告高级人民法院，并由高级人民法院转报最高人民法院。

第二十一条　具体办理调查取证司法互助案件的人民法院成功调查取证的，应当在完成调查取证之日起7个工作日内将取得的证据材料一式三份，连同台湾地区提供的材料，并在必要时附具情况说明，送交高级人民法院；未能成功调查取证的，应当出具说明函一式三份，连同台湾地区提供的材料，在确认不能成功调查取证之日起7个工作日内送交高级人民法院。

高级人民法院应当在收到前款所述材料之日起7个工作日内完成初步审查，并将审查意见和前述取得的证据材料或者说明函等，一式二份，连同台湾地区提供的材料，立即转送最高人民法院。

最高人民法院应当在收到之日起7个工作日内完成最终审查，由最高人民法院联络人出具《〈海峡两岸共同打击犯罪及司法互助协议〉调查取证回复书》，必要时连同相关材料，立即寄送台湾地区联络人。

证据材料不适宜复制或者难以取得备份的，可不按本条第1款和第2款的规定提供备份材料。

五、附 则

第二十二条 人民法院对于台湾地区请求协助所提供的和执行请求所取得的相关资料应当予以保密。但依据请求目的使用的除外。

第二十三条 人民法院应当依据请求书载明的目的使用台湾地区协助提供的资料。但最高人民法院和台湾地区业务主管部门另有商定的除外。

第二十四条 对于依照协议和本规定从台湾地区获得的证据和司法文书等材料，不需要办理公证、认证等形式证明。

第二十五条 人民法院办理海峡两岸司法互助业务，应当使用统一、规范的文书样式。

第二十六条 对于执行台湾地区的请求所发生的费用，由有关人民法院负担。但下列费用应当由台湾地区业务主管部门负责支付：

（一）鉴定费用；

（二）翻译费用和誊写费用；

（三）为台湾地区提供协助的证人和鉴定人，因前往、停留、离开台湾地区所发生的费用；

（四）其他经最高人民法院和台湾地区业务主管部门商定的费用。

第二十七条 人民法院在办理海峡两岸司法互助案件中收到、取得、制作的各种文件和材料，应当以原件或者复制件形式，作为诉讼档案保存。

第二十八条 最高人民法院审理的案件需要请求台湾地区协

助送达司法文书和调查取证的，参照本规定由本院自行办理。

专门人民法院办理海峡两岸送达文书和调查取证司法互助业务，参照本规定执行。

第二十九条　办理海峡两岸司法互助案件和执行本规定的情况，应当纳入对有关人民法院及相关工作人员的工作绩效考核和案件质量评查范围。

第三十条　此前发布的司法解释与本规定不一致的，以本规定为准。

附录 1：

最高人民法院研究室负责人就《关于人民法院办理海峡两岸送达文书和调查取证司法互助案件的规定》答记者问

（2011 年 6 月 17 日）

问：能否介绍一下《规定》出台的背景和意义？

答：2008 年，台湾局势出现重大积极变化。2009 年 4 月 26 日，海峡两岸关系协会与台湾海峡交流基金会签署了《海峡两岸共同打击犯罪及司法互助协议》并于同年 6 月 25 日起生效。《协议》生效后，最高人民法院高度重视，积极贯彻落实，并与台湾地区业务主管部门举行了多次工作会谈，就《协议》执行中双方关切的问题进行交流磋商，在一些重要问题上达成了共识。地方各级人民法院按照最高人民法院的部署，扎实稳妥地推动这项工作，人民法院涉台司法互助工作蓬勃展开。

《协议》为两岸之间开展司法互助、服务两岸司法审判工作提供了一个崭新的制度性框架，海峡两岸司法互助工作具有高度的专业性和政策性，但由于种种原因，实践中还存在转递环节多、效率不够高、操作不尽规范等问题。有鉴于此，我们在广泛调研和充分论证的基础上起草了《规定》及其配套文件《人民法院办理海峡两岸司法互助案件文书样式（试行）》，一并于2011年6月25日《协议》生效两周年之际起施行。《规定》共分为5章30条，文书样式24种。《规定》将《协议》的有关内容以司法解释的形式加以转化，进一步提升了《协议》的操作性，为人民法院办理海峡两岸司法互助案件提供了更加明确具体的法律依据，对人民法院开展涉台司法互助工作提出了更高的要求。我们相信，《规定》的出台，有利于服务两岸法院审判工作，保障两岸人民福祉，推动两岸关系和平发展。

问：人民法院办理海峡两岸司法互助业务应当坚持哪些基本原则？

答：《规定》第2条第1款规定，人民法院应当在法定职权范围内办理海峡两岸司法互助业务。所谓“法定职权范围内”，结合《规定》的相关条文，一是指人民法院对自身办理的案件向台湾地区请求协助；二是指人民法院对台湾地区法院办理的案件提供协助；三是指人民法院为台湾地区提供协助时要符合国家有关法律特别是诉讼法的规定。

《规定》第2条第2款参照此前有关司法解释的规定，对人民法院办理涉台案件一贯遵循的原则作了重申。

问：如何启动《规定》提出的人民法院办理海峡两岸送达文书司法互助案件的二级联络窗口？

答：《规定》在《协议》确定的以最高人民法院为对台联络

的一级窗口基础上，以最高人民法院授权各高级人民法院的方式，就办理送达文书司法互助案件开通了对台联络的二级窗口。自2011年6月25日起，送达文书司法互助案件的办理工作将由各高级人民法院负责审查转送，不再通过最高人民法院进行，这等于在大陆方面减省了一道工作程序，可以有效提高涉台司法互助工作效率。今后，经最高人民法院授权的各高级人民法院联络人可以就送达文书司法互助案件的具体办理与台湾地区联络人直接联系。对于调查取证司法互助案件，因其比较复杂且数量不是很大，仍须通过最高人民法院审查转送和对台联络。

问：两岸法院都比较关注海峡两岸司法互助案件的时效性问题，请问《规定》对此有哪些工作要求?

答：《协议》对送达文书司法互助规定了3个月的时限，对调查取证未规定时限。但我们起草《规定》的基本考虑之一就是要切实提高司法互助效率。为此，就协助台湾地区送达文书和调查取证，《规定》对具体办理法院分别明确规定了2个月和3个月的最长办理时限，而且分别要求一般应当在15日和1个月内完成，这等于是我们主动提出并提高了办理时限要求。同时，《规定》参照过去一些司法解释对人民法院办理司法协助案件转递时限的要求，对人民法院办理涉台司法互助的审查、转送等工作时限也统一规定为7个工作日；对于立案期限，则规定为5个工作日。这些时限要求，充分体现了人民法院切实落实《协议》有关尽最大努力及时向对方提供协助的精神。我们认为，《规定》实施后，人民法院办理涉台司法互助案件的效率将会更进一步提高。

问：为确保人民法院办理涉台司法互助案件的规范性，《规定》确定了哪些工作举措?

答:《规定》对各级人民法院办理涉台送达文书和调查取证司法互助案件的职责分工、具体办理程序、审查转递时限和相关保障措施等进行了全面规范。尤其是,考虑到涉台司法互助工作具有高度的专业性和办理程序的特殊性,不能简单套用办理一般案件的文书格式,我们在起草《规定》的同时,根据《协议》第19条有关文书格式的要求,又起草了《文书样式》,设计了人民法院在办理海峡两岸司法互助业务过程中常用和具有代表性的24种文书样式,以确保各级人民法院办理涉台司法互助案件的规范和质效。

附录2:

《最高人民法院〈关于人民法院办理海峡两岸送达文书和调查取证司法互助案件的规定〉》和《人民法院办理海峡两岸司法互助案件文书样式(试行)》的理解与适用*

胡云腾　郃中林　田心则

最高人民法院《关于人民法院办理海峡两岸送达文书和调查取证司法互助案件的规定》(法释〔2011〕15号,以下简称《规定》)及其配套文件《人民法院办理海峡两岸司法互助案件文书样式(试行)》(法〔2011〕202号,以下简称《文书样式》)均于2011年6月25日起施行。为帮助各方面理解和适用

* 载《人民司法》2011年第13期。

好《规定》和《文书样式》，现就其制定背景和有关内容的把握说明如下。

一、《规定》和《文书样式》的制定背景

2009年4月26日，海峡两岸关系协会和台湾海峡交流基金会受权在江苏南京签署了《海峡两岸共同打击犯罪及司法互助协议》(以下简称《协议》)，并自同年6月25日起生效，海峡两岸司法互助工作由此进入了制度化、规范化运作的时代。《协议》生效以来，最高人民法院和地方各级人民法院高度重视并积极贯彻落实，切实采取各种措施加强涉台司法互助工作，取得显著成效。据统计，截至2011年5月底，台湾方面请求人民法院协助送达文书案件10216件，其中80%以上已完成协助；台湾方面请求协助调查取证案件186件，人民法院已完成协助127件。人民法院请求台湾方面协助送达文书案件201件，台湾方面已完成协助161件；人民法院请求协助调查取证案件9件，台湾方面已完成协助7件。大量涉台司法互助案件的有效办理，有力服务了两岸司法审判工作，切实维护了两岸当事人合法权益，也获得了两岸民众及各界人士的充分认可和普遍称赞。

《协议》为两岸之间开展司法互助、服务两岸司法审判工作提供了一个崭新的制度性框架，但由于种种原因，《协议》在执行过程中出现了一些亟待解决的基础性问题，实践中也反映出了各种各样的操作性问题。就人民法院工作而言，归纳起来，主要有以下几个方面：一是作为人民法院办案依据，《协议》需要以适当形式予以转化实施，同时《协议》的执行尚需进一步补充完善操作性的规程并明确一些保障性措施。二是《协议》生效以来涉台送达文书和调查取证均通过最高人民法院作为一级联络窗

口，然后层转有关法院具体负责办理，影响了案件办理效率。三是有的法院和法官对协议的执行不很熟悉，对涉台司法互助途径利用不够充分。四是各地法院在办理涉台司法互助案件中文书格式不尽统一，用语不够规范。

有鉴于此，为推动人民法院涉台司法互助工作更加规范有序、优质高效地开展，有效解决《协议》执行中面临的一些法律依据和实际操作问题，确保《协议》有关人民法院送达文书和调查取证司法互助工作的稳步实施，最高人民法院于2009年协议生效后不久即启动了《规定》和《文书样式》的起草工作。2009年11月，在最高人民法院与台湾地区业务主管部门为落实协议举行的第一次工作会谈中，最高人民法院就有关文件起草工作计划向台湾方面作了通报，双方就其中可能涉及的一些重大问题交换了意见。2010年2月，最高人民法院在广泛调研的基础上起草出《规定（稿）》和《文书样式（稿）》并于同年3月在与台湾地区业务主管部门举行的第二次工作会谈中，将文件有关内容和起草考虑向台湾方面作了通报，双方就人民法院开通文书送达司法互助案件二级联络窗口事宜达成初步共识。此后，最高人民法院对文稿多次修改，并在广泛征求全国各高级人民法院和中央有关部门意见后修改形成《规定》和《文书样式》送审稿，于2010年12月16日由最高人民法院审判委员会第1506次会议审议获原则通过；同日在与台湾地区业务主管部门举行的第三次工作会谈中，双方就人民法院开通文书送达司法互助案件二级联络窗口正式达成共识。根据审委会审议意见，最高人民法院又分别于2010年12月和2011年5月书面征求了本院有关部门意见，并多次与中央有关部门进行沟通和协调，同时在2011年4月与台湾地区业务主管部门举行的第四次工作会谈中将《规定》稿全文和《文书样式》中的对台文书样式稿通报给台湾地区司法主管机构和法务主管部门的协议联络人，欢迎其提出意见和建议。综合各方面意见，《规定》和《文书样式》最终修改定稿，于2011年6月14日公布，自2011年6月25日协议生效两周年之际起施行。

二、《规定》的主要内容及其理解与适用

(一)《规定》的框架体例

《规定》共分五部分30条，全面规范了人民法院办理海峡两岸送达文书和调查取证司法互助业务应当遵守的基本原则、职责分工、具体办理程序、审查转送流程及时限、相关保障措施等。《规定》第一部分“总则”共两条，主要规定了《规定》的适用范围和人民法院办理海峡两岸司法互助业务应当坚持的基本原则。第二部分“职责分工”共4条，对各级人民法院在办理海峡两岸司法互助业务中的职责分工进行了明确划分。第三部分“送达文书司法互助”包括三方面内容，其中第7条至第9条是关于人民法院办理海峡两岸送达文书司法互助案件的一般性规定，主要规定了人民法院向住所地在台湾地区的当事人送达司法文书和协助台湾方面送达司法文书可以采用的送达方式；第10条至第12条是关于人民法院请求台湾方面送达文书的办理程序规定；第13条和第14条是关于人民法院协助台湾方面送达文书的办理程序规定。第四部分“调查取证司法互助”亦包括三方面内容，其中第15条和第16条是关于人民法院办理海峡两岸调查取证司法互助案件的一般性规定，主要规定了人民法院办理海峡两岸调查取证司法互助的业务范围、方式以及协助台湾方面调查取证的条件；第17至第19条是关于人民法院请求台湾方面调查取证的办

理程序规定；第20条和第21条是关于人民法院协助台湾方面调查取证的办理程序规定。第五部分“附则”共9条，主要包括四方面内容。一是对协议规定的保密义务、限制用途、互免证明、文书格式和协助费用等内容予以转化性规定；二是规定了档案管理和业绩考评等保障性措施；三是对最高人民法院和专门人民法院的参照适用作出规定；四是明确了相关司法解释之间的效力衔接问题。

（二）关于《规定》的适用范围

《协议》第1条规定，海峡两岸双方司法互助的领域为民事、刑事领域，并不包括行政诉讼领域。但在协议商谈过程中，双方实际已就行政诉讼案件司法互助问题达成了基本共识，而且在实践中也已就此实际开展了相互协助。为此，《规定》第1条明确将人民法院涉台司法互助工作范围扩展到行政诉讼领域。

根据《协议》第1条“合作事项”的规定，协议中涉及人民法院工作的主要事项，除了文书送达和调查取证司法互助业务之外，还包括认可及执行民事判决与仲裁裁决（仲裁判断）。考虑到最高人民法院已分别于1998年和2009年制定并公布了《关于人民法院认可台湾地区有关法院民事判决的规定》（法释〔1998〕11号）和《关于人民法院认可台湾地区有关法院民事判决的补充规定》（法释〔2009〕4号），另外还分别于1999年和2001年就认可台湾地区有关法院民事调解书和支付令的问题作出两项批复，这四项司法解释已经对人民法院认可台湾地区民事判决和仲裁裁决的范围和程序等问题进行了全面规范，因此《规定》中没有再重复规定裁判认可和执行问题。

（三）关于基本原则的把握和处理

《规定》第2条规定：人民法院应当在其法定职权范围内办

理海峡两岸司法互助业务，同时应当遵循“一个中国”原则，遵守国家法律的基本原则，不得违反社会公共利益。所谓“法定职权范围内”，一是指人民法院只有对自身审理的案件才可以向台湾方面请求协助，不接受大陆其他机关委托向台湾方面请求协助；二是指在向台湾方面提供协助时，要结合《规定》第8条、第13条、第15条和第20条的规定，为台湾地区法院而非其他机关提供协助；三是指人民法院为台湾方面提供协助，应当符合诉讼法等国家有关法律以及相关司法解释的规定。

（四）关于开通二级联络窗口

《规定》在最高人民法院作为涉台司法互助一级联络窗口基础上，以最高人民法院授权各高级人民法院的方式，就办理送达文书司法互助案件开通了对台联络的二级窗口。自2011年6月25日起，送达文书司法互助案件即由各高级人民法院负责审查转送，减省了通过最高人民法院审查转递这一道工作程序，这有利于提高工作效率。

需要注意的是，二级窗口的开通是最高人民法院商台湾地区业务主管部门达成的共识，今后各高级人民法院可以以二级联络窗口联络人的名义，就送达文书司法互助具体案件的办理与台湾方面联络人直接联系，但不能就相关规则的确定等抽象性、普遍性问题直接对台磋商联络。对于调查取证司法互助案件，因其复杂性和敏感性较强且数量不很多，仍须通过最高人民法院审查转送和对台联络，但高级人民法院负有初步审查把关的职责。

（五）关于办理程序

对于送达文书司法互助案件，《规定》设置了两道基本程序，即对于请求台湾方面协助案件，在案件审理法院提出请求后，由高级人民法院审查并转送台湾方面办理；对于台湾方面请求协助案件，由高级人民法院审查后，直接转交中级或基层人民法院具体负责办理。对于调查取证司法互助案件，《规定》设置了三道基本程序，即对于请求台湾方面协助案件，在案件审理法院提出请求后，经高级人民法院进行初步审查后报最高人民法院，由最高人民法院进行最终审查并转送台湾方面办理；对于台湾方面请求协助案件，由最高人民法院审查后，转请高级人民法院转交中级或基层人民法院具体负责办理。无论送达文书还是调查取证，有关结果回复均应按照原程序回溯进行。这样，对于基层人民法院而言，无论是请求还是回复程序，均减省了经中级人民法院层转这一环节，这也有利于提高工作效率。同时，对于台湾方面请求协助的事项，最高人民法院或高级人民法院认为有必要的，也可以自行负责办理。

（六）关于办理时限和期间确定

协议对送达文书司法互助规定了3个月的时限，对调查取证未规定时限。为提高司法互助工作效率，《规定》就协助台湾方面送达文书和调查取证对具体办理法院分别明确规定了15日和1个月的一般办理时限以及2个月和3个月的最长办理时限。同时，《规定》对办理涉台司法互助的审查、转送等工作环节，参照已有司法解释对人民法院办理司法协助案件转递时限的要求，统一规定了7个工作日的时限，这包含本院内部的审核签批时间；对于立案期限，则规定为5个工作日。这些时限要求，充分体现了协议要求尽最大努力及时予以协助的精神。此外，《规定》根据协议规定的3个月协助送达期限和文件在途时间因素，对于人民法院司法文书指定开庭日期等类似期限设定了一般情况下不少于6个月的时间要求，并对可以认定视为不能按照司法互助方式送达作了4个月的期限规定，即保障受送达人有充分的时间准备和进行诉讼程序，也避免案件因非正常原因久拖不决。

需要注意的是，成功协助和完成协助是两个不同的概念。人民法院在收到台湾方面的协助请求后，应当及时开展协助。遇有送达地址不存在或受送达人已搬离送达地址且不能确定其新地址等可以即时确认不能成功送达的情形时，应当立即按照《规定》有关不能成功协助的处理程序作出处理，不应等待规定的办理期限届满才作出相应处理。

（七）关于立案办理和案由确定

涉台司法互助案件属于特殊程序案件。就向台湾方面提供协助而言，系因台湾方面的请求而启动人民法院的案件办理程序，具体办理案件的人民法院应当依照《规定》立案办理。这样既可以保证办理程序的规范，便于案件管理和工作量计算，也与台湾地区法院为大陆人民法院提供司法互助作为一类案件立案办理的工作模式相协调。对于上级人民法院的审查和转送环节，《规定》未要求立案办理。

对于立案案由的确定，参照2011年修订的《民事案件案由规定》有关适用特殊程序案件案由的确定规则，《规定》明确了“协助台湾地区送达民事（刑事、行政诉讼）司法文书”和“协助台湾地区民事（刑事、行政诉讼）调查取证”两种基本案由。根据请求方台湾地区法院的案件诉讼程序性质，在实际确定时可以分为六种具体案由加以确定。此外，根据前述《民事案件案由规定》，对于申请认可和执行台湾地区法院民事判决和台湾地区仲裁裁决的案件，应分别以“申请认可和执行台湾地区法院民事判决”和“申请认可和执行台湾地区仲裁裁决”案由立案办理。

（八）关于送达方式问题

2008年最高人民法院发布的《关于涉台民事诉讼文书送达的若干规定》（以下简称《送达规定》）第3条第1款规定：人民法院向住所地在台湾地区的当事人送达民事诉讼文书，可以采用下列方式：(1) 受送达人居住在大陆的，直接送达。受送达人是自然人，本人不在的，可以交其同住成年家属签收；受送达人是法人或者其他组织的，应当由法人的法定代表人、其他组织的主要负责人或者该法人、组织负责收件的人签收；受送达人不在大陆居住，但送达时在大陆的，可以直接送达；(2) 受送达人在大陆有诉讼代理人的，向诉讼代理人送达。受送达人在授权委托书中明确表明其诉讼代理人无权代为接收的除外；(3) 受送达人有指定代收人的，向代收人送达；(4) 受送达人在大陆有代表机构、分支机构、业务代办人的，向其代表机构或者经受送达人明确授权接受送达的分支机构、业务代办人送达；(5) 受送达人在台湾地区的地址明确的，可以邮寄送达；(6) 有明确的传真号码、电子信箱地址的，可以通过传真、电子邮件方式向受送达人送达；(7) 按照两岸认可的其他途径送达。此外，《送达规定》第7条对第3条第1款第7项规定的按照两岸认可的其他途径送达的程序、第9条至第11条对人民法院按照两岸认可的有关途径代为送达台湾地区法院的民事诉讼文书的程序作出了规定。

依照协议采用两岸司法互助方式送达司法文书，属于《送达规定》第3条第1款第7项规定的“按照两岸认可的其他途径送达”。最高人民法院在起草《规定》的过程中，高度重视《规定》与《送达规定》内容的衔接，同时依据协议修正了《送达规定》中的相应内容。在二者的关系上，考虑到《送达规定》公布施行时两岸尚未签署协议，而《规定》则是为落实协议就司法互助送达方式作出的专门规定，因此，《送达规定》与《规定》不一致的内容，应以《规定》为准。此外，《送达规定》仅规范涉台民事诉讼文书的送达，而《规定》还包括涉台刑事和行政诉讼文书的送达，适用范围更宽。

在送达方式上，与《送达规定》相比，《规定》第7条第1款将司法互助方式放到了邮寄送达和传真电邮送达之前规定；第3款规定可以采用司法互助方式向台湾地区送达刑事司法文书。此外，参照《送达规定》第3条第2款的规定，《规定》第7条第2款同样规定，人民法院只有在采用该条第1款规定的7种方式均不能送达或者台湾地区当事人下落不明的，才可以公告送达。《规定》第7条总的精神是要以司法互助送达方式为向台湾地区送达的主渠道，鼓励并要求人民法院尽可能使用司法互助途径。因此，如果需要向台湾地区送达司法文书，应当首先选择司法互助方式；对于民事和行政诉讼司法文书，至少首次送达要采用司法互助方式，而且不允许人民法院未经采用司法互助方式即行公告送达；对于刑事司法文书，则应均采用司法互助途径，不宜采用邮寄送达或者传真电邮送达方式；采用司法互助方式送达但未成功的，在同一案件的后续程序中针对同一地址或者相同身份信息可以不再通过司法互助途径送达。

根据协议，双方各自依已方规定相互协助送达文书。由于两岸目前尚未就“受请求方适用已方规定的方式送达而该送达方式与请求方法律规定的送达方式不同时应当如何确定送达效力”这一协议执行中出现的问题达成共识，《规定》第8条特别要求，人民法院协助台湾方面送达文书应当采取大陆的法定送达方式时，要尽可能采用直接送达方式，以保证送达效力的确认和避免不必要的质疑。对于请求台湾方面协助送达文书案件，应尽可能充分、详尽地提供受送达人及其关系人的具体、明确信息，使台湾方面能最大限度成功送达。

目前人民法院协助台湾方面送达文书时通常直接使用台湾方面附送的“签收回证”。但由于两岸分属不同法域，对送达文书也有不同规定，上述做法可能产生难以确认是否成功送达的问题。为此，《规定》明确要求人民法院在协助送达台湾地区司法文书时，统一使用《〈海峡两岸共同打击犯罪及司法互助协议〉送达回证》。同时要注意，在代收人代收的情况下，务必要在送达回证的代收理由栏中注明代收人与受送达人的关系，否则就会导致台湾地区法院难以确认是否属于有效送达。

（九）关于调查取证有关问题

实践表明，通过司法互助途径进行调查取证，不仅可以免除或减少公证认证手续，而且程序规范、结果也相对可靠。今后人民法院应当充分利用司法互助方式向台湾方面调查取证。在案件审理中适用《最高人民法院关于审理涉台民商事案件法律适用问题的规定》时，如果遇到需要查明台湾地区有关法律规定的情形，也可以按照调查取证司法互助方式向台湾方面提出请求。

根据《规定》第16条第3款，对于请求大陆居民赴台作证，台湾方面还应出具非经大陆主管部门同意不得追诉其进入台湾地区之前任何行为的书面声明，否则，人民法院可不予协助。人民法院在实践操作中还要注意，在协助台湾方面调查取证时，无论台湾方面请求促使大陆居民赴台湾地区作证，还是台湾方面请求促使台湾居民回台湾地区作证，人民法院都应当征询被请求作证者的意愿，并将有关情况按照原途径告知台湾方面，人民法院不能对证人采取任何强制措施；如台湾方面请求提供由国家机关持有并且可以公开的书证、物证及视听资料，人民法院可以函请相关国家机关提供并告知其使用目的；台湾方面请求提供非由国家机关持有的书证、物证及视听资料，只要不违反国家有关法律规定，人民法院可以在取得后向台湾方面提供，出证人声明其中涉及商业秘密和个人隐私的，人民法院在回复中应当予以特别说明。事实上，这些实践操作注意事项，在台湾地区法务主管部门2011年1月3日所发布实施的《海峡两岸调查取证及罪赃移交作业要点》(以下简称《作业要点》) 中，也有类似规定。

需要注意的是，根据《规定》第16条第2款和第3款，协助调查取证的方式应当依照国家有关诉讼法的规定，对于违反法律和相关规定、损害社会公共利益、妨碍正在进行的诉讼程序的，以及对台湾方面请求书中所述的犯罪事实依照国家法律规定不认为涉嫌犯罪且双方未达成特别协议的，人民法院不予协助。对此，前述台湾方面的《作业要点》中也作出了类似规定。

（十）关于附则的规定

根据《规定》第24条关于“互免证明”的规定，凡是根据《规定》通过海峡两岸司法互助方式从台湾方面获得的证据和司法文书等材料，人民法院不应要求办理公证、认证等形式证明。这表明，通过司法互助方式从台湾方面获得的证据材料具有证据力，人民法院可以在案件审判中使用，但是该证据材料是否具有证明力则需要结合全案其他证据并依照法定程序进行综合审查判断，而不能直接将该证据材料作为定案依据。

考虑到《规定》对人民法院办理海峡两岸司法互助业务提出了许多规范性和时限性要求，为了促使各级人民法院严格依照《规定》开展好这项工作，《规定》第27条和第29条分别从诉讼档案管理和工作业绩考核两方面对《规定》的执行作出保障性规定。其中第29条要求应当将办理海峡两岸司法互助案件和执行

《规定》的情况，纳入对有关人民法院和工作人员的工作绩效考核和案件质量评查范围。根据《规定》这一要求，各级人民法院应当建立和完善科学合理、严格有效的涉台司法互助案件考评工作机制，既应当采取措施鼓励各级人民法院积极通过司法互助途径解决审理涉台案件中的送达难和调查取证难问题，也应当充分调动有关部门和人员办理涉台司法互助案件的工作积极性与主动性。为此，各级人民法院在开展工作绩效考核和案件质量评查时，应当在案件审理期限和案件平均审理天数这些考核指标中将通过司法互助方式送达或者调查取证的期限予以扣除。

三、《文书样式》的主要内容及其理解与适用

（一）关于基本内容

《文书样式》共设计了人民法院办理海峡两岸司法互助业务过程中常用的和具有代表性的 24 种文书样式（其中样式 1《送达文书请求书》和样式 11《调查取证请求书》分别包含正文和附录两部分）。全部文书样式按照送达文书和调查取证、提出请求和接受请求的不同，共分为四部分（即对应四类涉台司法互助案件），分别为：请求台湾地区送达文书案件（5 种样式）；协助台湾地区送达文书案件（5 种样式）；请求台湾地区调查取证案件（7 种样式）；协助台湾地区调查取证案件（7 种样式）。每一类中除了对台的请求书、回复书、说明函和催办函等以外，对上下级人民法院之间转递、审查环节的主要文书样式亦予以规范。《文书样式》标明为“试行”，主要是考虑到人民法院海峡两岸司法互助工作是一项刚刚开展不久的工作，既需要及时规范文书样式，也需要在不断积累和总结工作经验的基础上予以修订完善。特别是《协议》第 19 条规定：双方同意就提出请求、答复

请求、结果通报等文书，使用双方商定之文书格式。因此，今后还需根据实践情况就办理海峡两岸司法互助案件的文书样式与台湾地区有关主管机关进行磋商协调，修改完善，力争双方尽可能使用统一的文书格式。

（二）关于文书标题

按照目前两岸实践中的做法，凡是向对方出具的司法互助文书标题均冠以“海峡两岸共同打击犯罪及司法互助协议”的前缀，以体现出此类案件的特殊性，《文书样式》对此予以明确认可和固定。《文书样式》中的文书标题后缀基本分为两种，一种为“书”，一种为“函”。凡是正式向台湾方面提出司法互助请求的文书或者回复台湾方面司法互助请求的文书，均使用“书”的名称。除此之外的海峡两岸之间以及上下级法院之间的往来文书均使用“函”的名称。这也与目前两岸间有关文书标题的称谓基本一致。

（三）关于文书文号

《文书样式》中的所有文书均对应使用相应的文号。文号设计的基本考虑为：第一，要方便统计，即根据文号即可统计出相应案件的办理量。第二，要方便识别，即根据文号即可判断出该种文书的性质。如“(××××) ×法助请台（送）字第××号”即指人民法院请求台湾方面协助送达文书，而“（××××) ×法助台请(送) 字第××号”则指台湾方面请求人民法院协助送达文书。第三，适当参考台湾方面办理此类案件的文书编号。根据以上考虑，《文书样式》中设计了16种文号。其中，使用“助”字是为了体现司法互助，同时台湾方面对此类案件亦编“助”字号；“(送) ”字文号和“(调) ”字文号存在对应关系，分别表明是送达文书司法互助案件和调查取证司法互助案件，台湾方面文号中亦使用相应表述。文号中的其他用词含义为：“请”意为请求协助、“复”意为回复请求、“补”意为请求或者要求补充材料、“催”意为逾期未复而催办、“还”意为送还材料。

（四）关于文书落款

根据协议的规定和两岸就落实协议达成的共识以及目前两岸司法互助中的实践作法，双方均以协议联络人的名义相互提出请求和进行回复。因此，《文书样式》中的对台文书均以联络人名义落款，并由联络人签名或者盖章，并不需要加盖人民法院印章(但请求书附录部分和送达回证除外，即仍需要案件审理法院和送达法院加盖印章)。

考虑到海峡两岸司法互助案件属于一类特殊程序案件，按照人民法院办案文书的一般做法，参照《送达规定》有关委托函等均应当加盖人民法院院印的规定，同时考虑到文书样式的公开性和规范性，《文书样式》中上下级人民法院之间的往来文书落款均为人民法院的名称并需加盖院印。

（五）关于文书样式的参照适用

各级人民法院对于办理海峡两岸司法互助案件中需要制作的文书在《文书样式》中没有对应文书样式的，可以参照适用最相类似的文书样式，并可根据案件的具体情况作出适当变通处理。如，高级人民法院二级联络窗口联络人或者代理联络人信息变更时，应当以《〈海峡两岸共同打击犯罪及司法互助协议〉重要讯息通报书》［文号可以编为：（××××）×法助台（通）字第××号］的方式通报台湾地区业务主管部门联络人。

最高人民法院
关于印发《人民法院办理海峡两岸司法互助案件文书样式（试行）》的通知

2011 年 6 月 14 日　　　　法〔2011〕202 号

各省、自治区、直辖市高级人民法院，解放军军事法院，新疆维吾尔自治区高级人民法院生产建设兵团分院：

为落实《海峡两岸共同打击犯罪及司法互助协议》（以下简称《协议》），最高人民法院制定了《关于人民法院办理海峡两岸送达文书和调查取证司法互助案件的规定》（以下简称《规定》），经2010 年 12 月 16 日最高人民法院审判委员会第 1506 次会议通过，现已公布，并将于 2011 年 6 月 25 日起施行。为更好地指导各级人民法院落实《协议》和执行《规定》，规范和统一人民法院办理海峡两岸司法互助案件文书格式，进一步提高人民法院办理海峡两岸司法互助案件质量和效率，特制定《人民法院办理海峡两岸司法互助案件文书样式（试行）》（以下简称《文书样式》），现印发给你们，请遵照适用。同时，就适用《文书样式》中的有关问题说明如下：

一、制作对台文书注意事项

1. 人民法院制作的对台文书包括需要台湾地区协助送达的司法文书一律使用简体汉字。其中，请求书、回复书和说明函、请求函等对台司法互助案件文书的标题使用小二号黑体字，正文使用小三号仿宋国标（仿宋_GB2312）字体。

2. 使用空白 A4 纸张打印，不使用带有人民法院名称的公文用纸，亦不加盖人民法院印章，均以最高人民法院联络人或者高级人民法院联络人名义落款并由联络人签名或盖章，不得以代理联络人名义出具对台文书。但是，请求书附录部分和送达回证分别需要案件审理法院和送达法院加盖人民法院印章。

3. 在表述或者填写人民法院名称时，一般不在法院全称前冠以“中华人民共和国”字样。

4. 日期使用公元纪年，其中正文中的日期可使用阿拉伯数字，落款日期一律使用汉字小写数字。

5. 协助台湾地区送达司法文书，一律使用《〈海峡两岸共同打击犯罪及司法互助协议〉送达回证》，不使用办理一般诉讼案件所用的《送达回证》，也不再使用台湾地区随司法文书附送的《签收回证》。

二、文书样式内容填写说明

1. 《文书样式》中“（）”内的内容系根据案件具体情况的选择性或者示例性表述。属于选择性内容的，应当就括弧内外的对应表述择一使用；属于示例性内容的，可以根据具体情况作原样保留或者适当变通。

2. 《文书样式》中“［］”内的内容系对填写内容的指示性说明，不得在正式文书中出现。

三、文书样式的参照适用

对于办理海峡两岸司法互助案件中需要制作的文书在《文书

样式》中没有对应文书样式的，参照适用最相类似的文书样式，并可根据案件的具体情况作出适当变通处理。如，高级人民法院联络人或者代理联络人信息变更时，应当以《〈海峡两岸共同打击犯罪及司法互助协议〉重要讯息通报书》［文号编为：（××××）×法助台（通）字第××号］方式通报台湾地区联络人。

在适用《文书样式》中有何问题，请及时报告最高人民法院。

特此通知。

附：

人民法院办理海峡两岸司法互助案件文书样式（试行）*

第一部分 请求台湾地区送达文书案件

样式 1-1

海峡两岸共同打击犯罪及司法互助协议送达文书请求书

（××××）×法助请台（送）字第××号

×××检察官（法官）惠鉴：

××省（自治区、直辖市）××××人民法院所受理之（××××）××字第××号［案号］×××诉×××［当事人］××［案由］案，有请贵方协助送达司法文书之必要。

根据《海峡两岸共同打击犯罪及司法互助协议》第七条之规定，惠请就本请求书附录所述之司法文书×件予以协助送达。

请在完成送达后，将送达证明材料，或者在未能成功送达时附具理由说明连同未能成功送达之司法文书寄回我处。

寄送名址：邮政编码：××××××；地址：××省（自治区、直

* 此部分文书样式中所有对台文书的落款均根据 2012 年 4 月 20 日最高人民法院办公厅《关于启用高级人民法院涉台司法互助工作对台文书专用章的通知》所附样式予以修正。同时，对个别表述参考《人民法院办理涉港澳司法协助案件文书样式（试行）》予以微调。——编者注

辖市）××市××区××路××号×××高级人民法院台湾司法事务办公室；收件人：×××法官［联络人或代理联络人姓名和职衔］。

如有任何问题，请即与本人联系。

专此布达，并颁时绥。

海峡两岸共同打击犯罪及司法互助协议
×××高级人民法院联络人

×× ×印

（此处加盖对台文书专用章）

（此处加盖协议联络人名章）

××××年××月××日

样式 1-2

海峡两岸共同打击犯罪及司法互助协议送达文书请求书

（附录）

（案件审理法院院印）

审理法院	××省（自治区、直辖市）××××人民法院
案号	
案由	
当事人	原告（上诉人）：×××（公诉机关：××××人民检察院） 被告（被上诉人）：×××（被告人：×××） 第三人：×××

续上表

受送达人	姓名（名称）：
送达地址及联络方式	送达地址：[如有可能，一并写明邮政编码] 联络方式：[尽可能提供受送达人固定和移动电话、电子信箱、家庭成员及社会关系的联络方式等信息]
需要送达之司法文书及件数	□受理案件通知书　　□出庭通知书 □应诉通知书　　□裁定书 □起诉或反诉状副本　　□判决书 □答辩状副本　　□调解书 □举证通知书　　□传票 □原告（被告）证据[注明系原件或复印件]，×件 □其他[注明文件名称]（以上未注明件数即指一件）
案件联络人及联络方式	职务：×××人民法院××审判庭书记员（法官） 姓名：××× 电话：+86（0）××　××××××× 传真：+86（0）××　×××××××
备注	1. 案件审理法院《请求台湾地区送达文书函》文号：(××××）×法助请台（送）字第××号 2. 其他：
填写日期	××××年××月××日

样式 2

××××人民法院
请求台湾地区送达文书函

（××××）×法助请台（送）字第××号

×××高级人民法院：

我院受理的（××××）××字第××号［案号］×××诉×××［当事人］××［案由］案，需要台湾地区协助送达有关司法文书。

根据《最高人民法院关于人民法院办理海峡两岸送达文书和调查取证司法互助案件的规定》第十条之规定，现随函送上本案《〈海峡两岸共同打击犯罪及司法互助协议〉送达文书请求书》附录部分及需要台湾地区协助送达的司法文书各一式二份，请予审查，并请高级人民法院联络人请求台湾地区协助送达。

联络方式：邮政编码：××××××；地址：××省（自治区、直辖市）××市××区××路××号××××人民法院××庭（室）；收件人：×××法官（书记员）［指本院海峡两岸司法互助工作负责人员］。

特此函请。

（××××人民法院院印）

××××年××月××日

样式3

×××高级人民法院
台湾地区完成送达文书函

（××××）×法助请台（送）复字第××号

××××人民法院：

关于你院（××××）×法助请台（送）字第××号函请求台湾地区协助送达（××××）××字第××号［案号］×××诉×××［当事人］××［案由］案司法文书事，经台湾××××法院协助，业已完成。

根据《最高人民法院关于人民法院办理海峡两岸送达文书和调查取证司法互助案件的规定》第十二条之规定，现将送达证明材料×件×页（台湾地区未能成功送达的××号说明函及相关材料×件×页）随函转送你院。

特此函复。

（×××高级人民法院院印）
××××年××月××日

样式4

海峡两岸共同打击犯罪及司法互助协议
送达文书补充材料请求函

（××××）×法助请台（送）补字第××号

×××检察官（法官）惠鉴：

贵方××号［填写文号］送达文书回复书（说明函）收悉。

对回复书（说明函）所附（述）之×××，因欠缺……惠请贵方补充提供……请将补充提供之相关材料寄至我处。

寄送名址：邮政编码：××××××；地址：××省（自治区、直辖市）××市××区××路××号×××高级人民法院台湾司法事务办公室；收件人：×××法官［联络人或代理联络人姓名和职衔］。

如有任何问题，请即与本人联系。

专此布达，并颂时绥。

海峡两岸共同打击犯罪及司法互助协议 ×××高级人民法院联络人

×× ×印

（此处加盖对台文书专用章）

（此处加盖协议联络人名章）

××××年××月××日

样式 5

海峡两岸共同打击犯罪及司法互助协议
送达文书催办函

（××××）×法助请台（送）催字第××号

×××检察官（法官）惠鉴：

我方（××××）×法助请台（送）字第××号送达文书请求书自××××年××月××日寄送贵方，至今已逾三个月，我方尚未收到贵方回复。

根据《海峡两岸共同打击犯罪及司法互助协议》第七条第二款之规定，受请求方应于收到请求书之日起三个月内及时协助送达。惠请贵方尽速协助完成上述请求书所述之请求事项并即时回复我方。

联系方式：邮政编码：××××××；地址：××省（自治区、直辖市）××市××区××路××号×××高级人民法院台湾司法事务办公室；收件人：×××法官［联络人或代理联络人姓名和职衔］。

如有任何问题，请即与本人联系。

专此布达，并颂时绥。

海峡两岸共同打击犯罪及司法互助协议 ×××高级人民法院联络人

×× ×印

（此处加盖对台文书专用章）

（此处加盖协议联络人名章）

××××年××月××日

第二部分　协助台湾地区送达文书案件

样式6

×××高级人民法院协助台湾地区送达文书函

（××××）×法助台请（送）字第××号

××××人民法院：

根据《最高人民法院关于人民法院办理海峡两岸送达文书和调查取证司法互助案件的规定》第十三条之规定，现随函转去台湾地区××号送达文书请求书及所附需要你院协助送达的台湾××××法院“××年度××字第××号××××事件”×××诉×××案（“××年度××字第××号×××××一案”）的司法文书×件，请在收到本函之日起五个工作日内完成立案手续，并应当在立案之日起十五日内完成协助送达，最迟不得超过两个月。

成功送达的，应当由送达人在《〈海峡两岸共同打击犯罪及司法互助协议〉送达回证》上签名或者盖章，并在成功送达之日起七个工作日内将送达回证送交高级人民法院；未能成功送达的，应当由送达人在《〈海峡两岸共同打击犯罪及司法互助协议〉送达回证》上注明未能成功送达的原因并签名或者盖章，在确认不能送达之日起七个工作日内将该送达回证和未能成功送达的司法文书送交高级人民法院。

联络方式：邮政编码：××××××；地址：××省（自治区、直辖市）××市××区××路××号×××高级人民法院××庭（室）；收件人：×××法官［联络人或代理联络人姓名和职衔］。

特此函转。

（×××高级人民法院院印）

××××年××月××日

样式 7

海峡两岸共同打击犯罪及司法互助协议
协助送达文书补充材料说明函

（××××）×法助台请（送）补字第××号

×××检察官（法官）惠鉴：

贵方××号［填写文号］送达文书请求书收悉。

对请求书所附台湾××××法院“××年度××字第××号××××事件”×××诉×××案（“××年度××字第××号×××××一案”）之司法文书，因欠缺……，我方不能即时提供协助。

根据《海峡两岸共同打击犯罪及司法互助协议》第十三条之规定，惠请贵方补充提供……，以便我方能够及时开展协助。

寄送名址：邮政编码：××××××；地址：××省（自治区、直辖市）××市××区××路××号×××高级人民法院台湾司法事务办公室；收件人：×××法官［联络人或代理联络人姓名和职衔］。

如有任何问题，请即与本人联系。

专此布达，并颂时绥。

海峡两岸共同打击犯罪及司法互助协议 × × × 高 级 人 民 法 院 联 络 人

×× ×印

（此处加盖对台文书专用章）

（此处加盖协议联络人名章）

××××年××月××日

样式8

海峡两岸共同打击犯罪及司法互助协议协助送达文书送还材料说明函

（××××）×法助台请（送）还字第××号

×××检察官（法官）惠鉴：

贵方××号［填写文号］送达文书请求书收悉。

对请求书所附之……因……（不符合《海峡两岸共同打击犯罪及司法互助协议》有关提供司法互助之相关规定，）人民法院不宜协助（无法完成请求事项）。

根据《海峡两岸共同打击犯罪及司法互助协议》第十五条（第十四条）之规定，现将清单所列之相关材料×件送还。惠请谅解。

如有任何问题，请即与本人联系。

专此布达，并颂时绥。

海峡两岸共同打击犯罪及司法互助协议 ××× 高级人民法院联络人

×× ×印

（此处加盖对台文书专用章）　　（此处加盖协议联络人名章）

××××年××月××日

附：送还材料清单

1. ……［注明名称及件数，下同］

2. ……

……

样式 9

海峡两岸共同打击犯罪及司法互助协议
送达回证

（送达法院院印）

送达法院案号	（××××）×法助台请（送）字第××号
台湾地区请求书编号	
台湾地区审理法院及案号案由	台湾××××法院“××年度××字第××号××××事件”×××诉×××案（“××年度××字第××号×××××一案”）

续上表

<table>
<tr><td>送达文书名称和件数</td><td colspan="3">(1. ……，×件；
2. ……，×件；
……)</td></tr>
<tr><td>受送达人</td><td colspan="3"></td></tr>
<tr><td>指定送达地址</td><td colspan="3"></td></tr>
<tr><td>实际送达地址</td><td colspan="3">□同上址。
□改送地址（如未注明即同上址）：</td></tr>
<tr><td>受送达人签名或盖章</td><td colspan="3">年　　月　　日</td></tr>
<tr><td>代收人签名或盖章
及代收理由</td><td colspan="3">签名或盖章：
代收理由（请注明与受送达人的关系）：
年　　月　　日</td></tr>
<tr><td>未成功送达原因</td><td colspan="3"></td></tr>
<tr><td>送达人签名或盖章</td><td></td><td>高级人民法院
联络人签名或盖章</td><td></td></tr>
<tr><td>备注</td><td colspan="3">1. 高级人民法院《协助台湾地区送达文书函》文号：
(××××) ×法助台请（送）字第××号
2. 其他：</td></tr>
</table>

样式 10

海峡两岸共同打击犯罪及司法互助协议
送达文书回复书

(××××) ×法助台请 (送) 复字第××号

×××检察官 (法官) 惠鉴:

贵方××号 [填写文号] 送达文书请求书收悉。

对请求协助送达台湾××××法院“××年度××字第××号××××事件”×××诉×××案 (“××年度××字第××号×××××一案”) 之司法文书, 经××省 (自治区、直辖市) ××××人民法院协助, 已成功 (未能成功) 送达。

根据《海峡两岸共同打击犯罪及司法互助协议》第七条第三款之规定, 现将送达回证 (和相关材料×件) 随函寄送贵方 [(未能成功送达时), 一并送还请求送达之司法文书×件。惠请谅解]。

如有任何问题, 请即与本人联系。

专此布达, 并颂时绥。

海峡两岸共同打击犯罪及司法互助协议 ××× 高级人民法院联络人

×× ×印

(此处加盖对台文书专用章)

(此处加盖协议联络人名章)

××××年××月××日

附：1.《海峡两岸共同打击犯罪及司法互助协议》送达回证
　　2. ……

第三部分　请求台湾地区调查取证案件

样式 11-1

海峡两岸共同打击犯罪及司法互助协议
调查取证请求书

（××××）法助请台（调）字第××号

×××检察官（法官）惠鉴：

××省（自治区、直辖市）××××人民法院所受理之（××××）××字第××号［案号］×××诉×××［当事人］××［案由］案，有请贵方协助调查取证之必要。

根据《海峡两岸共同打击犯罪及司法互助协议》第八条之规定，惠请就本请求书附录所述之（下列）调查取证事项协助调查取证。随附……（原件）……（复印件）等相关材料×份供参。

在完成调查取证后，请将取得的证据材料，或者在未能成功调查取证时附具理由说明连同前已寄送贵方之相关材料寄回我处。

寄送名址：邮政编码：100745；地址：北京市东城区东交民巷27号最高人民法院台湾司法事务办公室；收件人：×××法官［联络人或代理联络人姓名和职衔］。

如有任何问题，请即与本人联系。

专此布达，并颂时绥。

海峡两岸共同打击犯罪及司法互助协议 ××× 高级人民法院联络人

×× ×印

（此处加盖对台文书专用章）

（此处加盖协议联络人名章）

××××年××月××日

样式 11-2

海峡两岸共同打击犯罪及司法互助协议调查取证请求书

（附录）

（案件审理法院院印）

审理法院	××省（自治区、直辖市）×××人民法院
案号	（××××）××字第××号
案由	
当事人	原告（上诉人）：×××（公诉机关：××××人民检察院） 被告（被上诉人）：×××（被告人：×××） 第三人：×××
案情摘要	[说明案件基本事实、与请求事项关联事实、所涉及的法律条文和目前审理进展情况等]

续上表

请求目的	□取得证言及陈述 □提供书证、物证及视听资料 □确定关系人所在地或者确认其身份、前科等情况 □勘验、检查、扣押、鉴定和查询 □其他调查取证事项
请求调查取证事项及具体说明	(1. 针对×××，请求询问及调取下列事项： (1) …… (2) …… 2. 针对……请求协助查明下列事项： (1) …… (2) …… 3. 请求确认×××之身份及协寻其所在，并询问及调取下列事项：(1) …… (2) …… ……) [应分别或逐一说明被调查人的身份信息和联络方式，如姓名、出生日期、职务、地址、固定和移动电话、证件号码等足以确认和联络的相关信息；作证或陈述的时间、地点、费用负担方式；书证、物证及视听资料所在及请求提供的范围；勘验、检查、扣押、鉴定和查询的对象及所在；需要调查问题的要点、待证事由、取证程序和方法的特殊要求等]
所附相关材料清单	(1. …… [注明系原件或复制件及页数，下同] 2. …… ……)

续上表

案件联络人及联络方式	职务：×××人民法院××审判庭书记员（法官） 姓名：××× 电话：+86（0）×× ××××××× 传真：+86（0）×× ×××××××
备注	1. 为配合本案审理程序之进行，请于×个月内查复协助调查之结果 2. 案件审理法院《请求台湾地区调查取证函》文号：（××××）×法助请台（调）字第××号 3. 其他：
填写日期	××××年××月××日

样式 12

××××人民法院
请求台湾地区调查取证函

（××××）×法助请台（调）字第××号

×××高级人民法院：

我院受理的（××××）××字第××号［案号］×××诉×××［当事人］××［案由］案，需要台湾地区协助调查取证。

根据《最高人民法院关于人民法院办理海峡两岸送达文书和调查取证司法互助案件的规定》第十七条第一款之规定，现随函送上本案《〈海峡两岸共同打击犯罪及司法互助协议〉调查取证请求书》

附录部分及相关材料各一式三份，请高级人民法院予以审查并转送最高人民法院，由最高人民法院联络人请求台湾地区协助调查取证。

联络方式：邮政编码：××××××；地址：××省（自治区、直辖市）××市××区××路××号××××人民法院××庭（室）；收件人：×××法官（书记员）［指本院海峡两岸司法互助工作负责人员］。

特此函请。

（××××人民法院院印）
××××年××月××日

样式 13

×××高级人民法院
请求台湾地区调查取证函

（××××）×法助请台（调）字第××号

最高人民法院：

××××人民法院就其受理的（××××）××字第××号［案号］×××诉×××［当事人］××［案由］案，以（××××）×法助请台（调）字第××号函，请求我院转送最高人民法院，由最高人民法院联络人请求台湾地区协助调查取证。

根据《最高人民法院关于人民法院办理海峡两岸送达文书和调查取证司法互助案件的规定》第十七条第二款之规定，我院经初步审查认为，本案有必要请求台湾地区协助调查取证。（需要说明的是……）

现随函送上本案《〈海峡两岸共同打击犯罪及司法互助协议〉调查取证请求书》附录部分及相关材料各一式二份，请最高人民法院予以审查，并请最高人民法院联络人请求台湾地区协助调查取证。

特此函请。

（×××高级人民法院院印）

××××年××月××日

样式 14

最高人民法院
台湾地区完成调查取证函

（××××）法助请台（调）复字第××号

×××高级人民法院：

××省（自治区、直辖市）××××人民法院所受理的（××××）××字第××号［案号］×××诉×××［当事人］××［案由］案，该院和你院曾分别以（××××）×法助请台（调）字第××号和（××××）×法助请台（调）字第××号函请本院联络人请求台湾地区协助调查取证。经台湾××××法院协助，业已完成。

根据《最高人民法院关于人民法院办理海峡两岸送达文书和调查取证司法互助案件的规定》第十九条之规定，现将台湾地区××号调查取证回复书（台湾地区未能成功调查取证的××号说明函）和相关材料×件随函附送你院，并请在收到之日起七个工作日内转送案件审理法院。

特此函复。

（最高人民法院院印）

××××年××月××日

样式15

×××高级人民法院

台湾地区完成调查取证函

（××××）×法助请台（调）复字第××号

××××人民法院：

你院所受理的（××××）××字第××号［案号］×××诉×××［当事人］××［案由］案，你院曾以（××××）×法助请台（调）字第××号函，请本院转送最高人民法院，由最高人民法院联络人请求台湾地区协助调查取证。

现接最高人民法院（××××）法助请台（调）复字第××号函，称经台湾××××法院协助，业已完成。

根据《最高人民法院关于人民法院办理海峡两岸送达文书和调查取证司法互助案件的规定》第十九条之规定，现将随函转来的台湾地区××号调查取证回复书（台湾地区未能成功调查取证的××号说明函）和相关材料×件转送你院。

特此函复。

（×××高级人民法院院印）

××××年××月××日

样式 16

海峡两岸共同打击犯罪及司法互助协议
调查取证补充材料请求函

（××××）法助请台（调）补字第××号

×××检察官（法官）惠鉴：

贵方××号［填写文号］调查取证回复书收悉。

对回复书所附（述）之×××，因欠缺……，惠请贵方补充提供……请将补充提供之相关材料寄至我处。

寄送名址：邮政编码：100745；地址：北京市东城区东交民巷27号最高人民法院台湾司法事务办公室；收件人：×××法官［联络人或代理联络人姓名和职衔］。

如有任何问题，请即与本人联系。

专此布达，并颂时绥。

海峡两岸共同打击犯罪及司法互助协议 ×××高级人民法院联络人

×× ×印

（此处加盖对台文书专用章）　（此处加盖协议联络人名章）

××××年××月××日

样式 17

海峡两岸共同打击犯罪及司法互助协议
调查取证催办函

（××××）法助请台（调）催字第××号

×××检察官（法官）惠鉴：

我方（××××）法助请台（调）字第××号调查取证请求书自××××年××月××日寄送贵方，至今已逾×个月，我方尚未收到贵方回复。

因案件审理之需要，惠请贵方尽速协助完成上述请求书所述之请求事项并即时回复我方。

联系方式：邮政编码：100745；地址：北京市东城区东交民巷 27 号最高人民法院台湾司法事务办公室；收件人：×××法官［联络人或代理联络人姓名和职衔］。

如有任何问题，请即与本人联系。

专此布达，并颂时绥。

海峡两岸共同打击犯罪及司法互助协议 ×××高级人民法院联络人	×× ×印

（此处加盖对台文书专用章）

（此处加盖协议联络人名章）

××××年××月××日

第四部分　协助台湾地区调查取证案件

样式 18

最高人民法院
协助台湾地区调查取证函

（××××）法助台请（调）字第××号

×××高级人民法院：

根据《最高人民法院关于人民法院办理海峡两岸送达文书和调查取证司法互助案件的规定》第二十条第一款之规定，现随函转去台湾地区××号调查取证请求书及所附台湾××××法院“××年度××字第××号××××事件”×××诉×××案（“××年度××字第××号×××××一案”）相关材料×件，请在收到本函之日起七个工作日内转送你院辖区有关下级人民法院办理或者由你院办理，并就该请求书所述全部（第×项）调查取证事项（如下调查取证事项）提供协助。（：1. ……2. ……）

具体办理调查取证司法互助案件的人民法院应当在收到上述材料之日起五个工作日内完成立案手续，并应当在立案之日起一个月内完成协助调查取证，最迟不得超过三个月。因故不能完成的，应当在期限届满前函告高级人民法院，并由高级人民法院转报最高人民法院。

成功调查取证的，应当在完成调查取证之日起七个工作日内将取得的证据材料一式三份，连同台湾地区提供的材料，并在必要时附具情况说明，送交高级人民法院；未能成功调查取证的，应当出具说明函一式三份，连同台湾地区提供的材料，在确认不能成功调查取证之日起七个工作日内送交高级人民法院。高级人民法院应当在收到之日起七个工作日内完成初步审查，并将审查意见和前述取得的证据材料或者说明函等，一式二份，连同台湾地区提供的材料，立即转送最高人民法院。证据材料不适宜复制或者难以取得备份的，可不提供备份材料。

联络方式：邮政编码：100745；地址：北京市东城区东交民巷27号最高人民法院台湾司法事务办公室；收件人：×××法官[联络人或代理联络人姓名和职衔]。

特此函转。

（最高人民法院院印）

××××年××月××日

样式19

×××高级人民法院

协助台湾地区调查取证函

（××××）×法助台请（调）字第××号

××××人民法院：

现接最高人民法院（××××）法助台请（调）字第××号函，要求就台湾地区××号调查取证请求书所述请求事项提供协助。

根据《最高人民法院关于人民法院办理海峡两岸送达文书和

调查取证司法互助案件的规定》第二十条第一款之规定，现请你院负责具体办理上述调查取证司法互助案件。

随函转去台湾地区调查取证请求书及台湾××××法院“××年度××字第××号××××事件”×××诉×××案（“××年度××字第××号×××××一案”）相关材料×件，请就该请求书所述全部（第×项）调查取证事项（如下调查取证事项）提供协助，并应当在收到本函之日起五个工作日内完成立案手续后，在立案之日起一个月内完成协助调查取证，最迟不得超过三个月；因故不能完成的，应当在期限届满前函告高级人民法院。（：1. ……；2. ……）

成功调查取证的，应当在完成调查取证之日起七个工作日内将取得的证据材料一式三份，连同台湾地区提供的材料，并在必要时附具情况说明，送交高级人民法院；未能成功调查取证的，应当出具说明函一式三份，连同台湾地区提供的材料，在确认不能成功调查取证之日起七个工作日内送交高级人民法院。证据材料不适宜复制或者难以取得备份的，可不提供备份材料。

联络方式：邮政编码：××××××；地址：××省（自治区、直辖市）××市××区××路××号×××高级人民法院××庭（室）；收件人：×××法官［联络人或代理联络人姓名和职衔］。

特此函转。

（×××高级人民法院院印）

××××年××月××日

样式 20

海峡两岸共同打击犯罪及司法互助协议
协助调查取证补充材料说明函

（××××）法助台请（调）补字第××号

×××检察官（法官）惠鉴：

贵方××号［填写文号］调查取证请求书收悉。

对请求书所附台湾××××法院“××年度××字第××号××××事件”×××诉×××案（“××年度××字第××号×××××一案”）之请求调查取证事项，因欠缺……我方不能即时提供协助。

根据《海峡两岸共同打击犯罪及司法互助协议》第十三条之规定，惠请贵方补充提供……，以便我方能够及时开展协助。

寄送名址：邮政编码：100745；地址：北京市东城区东交民巷 27 号最高人民法院台湾司法事务办公室；收件人：×××法官［联络人或代理联络人姓名和职衔］。

专此布达，并颂时绥。

海峡两岸共同打击犯罪及司法互助协议 ×××高级人民法院联络人	×× ×印

（此处加盖对台文书专用章）

（此处加盖协议联络人名章）

××××年××月××日

样式 21

海峡两岸共同打击犯罪及司法互助协议
协助调查取证送还材料说明函

（××××）法助台请（调）还字第××号

×××检察官（法官）惠鉴：

贵方××号［填写文号］调查取证请求书收悉。

对请求书所附之调查取证请求事项，因……（不符合《海峡两岸共同打击犯罪及司法互助协议》有关提供司法互助之规定，）人民法院不宜协助（无法完成请求事项）。

根据《海峡两岸共同打击犯罪及司法互助协议》第十五条（第十四条）之规定，现将清单所列之相关材料×件送还。惠请谅解。

专此布达，并颂时绥。

海峡两岸共同打击犯罪及司法互助协议 ×××高级人民法院联络人	×× ×印

（此处加盖对台文书专用章）　　（此处加盖协议联络人名章）

××××年××月××日

附：送还材料清单

1. ……［注明名称及件数，下同］
2. ……

……

样式 22

××××人民法院
完成协助台湾地区调查取证函

（××××）×法助台请（调）复字第××号

×××高级人民法院：

就最高人民法院（××××）法助台请（调）字第××号函和你院（××××）×法助台请（调）字第××号函所要求提供协助的台湾地区××号［填写文号］调查取证请求书所述台湾××××法院“××年度××字第××号××××事件”×××诉×××案（“××年度××字第××号×××××一案”）之调查取证事项，我院已成功（因……未能成功）调查取证。

根据《最高人民法院关于人民法院办理海峡两岸送达文书和调查取证司法互助案件的规定》第二十一条第一款之规定，现随函送上清单所列取得的相关材料（和/或调查取证情况说明）一式三份（其中，×××证据材料因不适宜复制/难以取得备份，仅提供一份）以及台湾地区提供的材料，请高级人民法院予以审查，并转送最高人民法院。

（××××人民法院院印）

××××年××月××日

附：相关材料清单

1.（调查取证情况说明）（一式三份）

2.……（一式三份）

3.……（一式三份）

……

样式 23

×××高级人民法院
完成协助台湾地区调查取证函

（××××）×法助台请（调）复字第××号

最高人民法院：

就你院（××××）法助台请（调）字第××号函所要求提供协助的台湾地区××号［填写文号］调查取证请求书所述台湾××××法院“××年度××字第××号××××事件”×××诉×××案（“××年度××字第××号×××××一案”）之调查取证事项，现××××人民法院以（××××）×法助台请（调）复字第××号函复称，其已成功（因……未能成功）调查取证。

我院经初步审查认为：……

根据《最高人民法院关于人民法院办理海峡两岸送达文书和调查取证司法互助案件的规定》第二十一条第二款之规定，现将××××人民法院（××××）×法助台请（调）复字第××号函及其随函附送取得的相关材料（和/或调查取证情况说明）一式二份（其中，×××证据材料因不适宜复制/难以取得备份，仅提供一份）以及台湾地区提供的材料送上，请最高人民法院予以审查，并请最高人民法院联络人回复台湾地区。

（×××高级人民法院院印）
××××年××月××日

样式24

海峡两岸共同打击犯罪及司法互助协议
调查取证回复书

（××××）法助台请（调）复字第××号

×××检察官（法官）惠鉴：

贵方××号［填写文号］调查取证请求书收悉。

对请求书所附台湾××××法院“××年度××字第××号××××事件”×××诉×××案（“××年度××字第××号×××××一案”）之调查取证事项，经××省（自治区、直辖市）××××人民法院协助，已成功调查取证（因……未能成功调查取证）。

根据《海峡两岸共同打击犯罪及司法互助协议》第八条之规定，现将相关材料×件［和××省（自治区、直辖市）××××人民法院调查取证情况说明］随函寄送贵方。（根据《海峡两岸共同打击犯罪及司法互助协议》第十四条之规定，现将有关调查取证情况说明如下：……［现将××省（自治区、直辖市）××××人民法院调查取证情况说明随函寄送贵方］。惠请谅解。）

专此布达，并颂时绥。

海峡两岸共同打击犯罪及司法互助协议 × × × 高 级 人 民 法 院 联 络 人

×× ×印

（此处加盖对台文书专用章）

（此处加盖协议联络人名章）

××××年××月××日

附：相关材料清单

1. ……

2. ……

……

最高人民法院办公厅
关于启用高级人民法院涉台司法互助工作对台文书专用章的通知

2012年4月20日　　　　　　　　　　法办发〔2012〕111号

各省、自治区、直辖市高级人民法院，新疆维吾尔自治区高级人民法院生产建设兵团分院：

根据《最高人民法院关于人民法院办理海峡两岸送达文书和调查取证司法互助案件的规定》（法释〔2011〕15号）第五条的规定，最高人民法院授权高级人民法院就办理海峡两岸送达文书司法互助案件，建立与台湾地区业务主管部门联络的二级窗口。按照上述司法解释及有关配套文件的规定，高级人民法院协议联络人负责就送达文书司法互助案件与台湾地区业务主管部门协议联络人直接联络，并以二级窗口联络人名义对台出具有关文书。

为进一步规范高级人民法院协议联络人对台文书签章工作，我院决定统一制作下发高级人民法院涉台司法互助工作对台文书专用章（印章随后寄出）。自2012年6月25日起，高级人民法院协议联络人在制作对台文函时，落款处不再使用打印版的“×××高级人民法院联络人”，直接加盖涉台司法互助工作对台文书专用章，同时在其后平行加盖高级人民法院协议联络人个人名章，不再打印联络人姓名，也不再使用个人手写签名。个人名章应专用于对台文书，不得另作他用，内容应使用清晰可辨的简体汉字，规格大小应与专用章相匹配（2.5 厘米见方），其制作费用由所在法院负担。

请各高级人民法院妥善保管涉台司法互助工作对台文书专用章，如有遗失或毁损，请及时报告最高人民法院港澳台司法事务办公室。

特此通知。

附：对台文书专用章使用示例

海峡两岸共同打击犯罪及司法互助
协议送达文书请求书

（××××）×法助请台（送）字第××号

×××检察官（法官）惠鉴：

××省（自治区、直辖市）××××人民法院所受理之（××××）××字第××号［案号］×××诉×××［当事人］××［案由］案，有请贵方协助送达司法文书之必要。

根据《海峡两岸共同打击犯罪及司法互助协议》第七条之规定，惠请就本请求书附录所述之司法文书×件予以协助送达。

请在完成送达后，将送达证明材料或者在未能成功送达时附具理由说明连同未能成功送达之司法文书寄回我处。

寄送名址：邮政编码：××××××；地址：××省（自治区、直辖市）××市××区××路××号×××高级人民法院××庭（室）；收件人：×××法官［联络人或代理联络人姓名和职衔］。

如有任何问题，请即与本人联系。

专此布达，并颂时绥。

海峡两岸共同打击犯罪及司法互助协议
××× 高 级 人 民 法 院 联 络 人

××
×印

（此处加盖对台文书专用章）

（此处加盖协议联络人名章）

××××年××月××日

最高人民法院
关于授权高级人民法院就办理以送达文书为唯一目的的请求台湾地区调查取证司法互助案件直接与台湾地区业务主管部门联络的通知

2015 年 12 月 11 日　　　　　　　　　　法〔2015〕362 号

各省、自治区、直辖市高级人民法院，解放军军事法院，新疆维吾尔自治区高级人民法院生产建设兵团分院：

自《海峡两岸共同打击犯罪及司法互助协议》（以下简称协议）签署以来，各级人民法院依据《最高人民法院关于人民法院办理海峡两岸送达文书和调查取证司法互助案件的规定》，办理了大量涉台司法互助案件。根据《最高人民法院关于做好开通人民法院办理海峡两岸司法互助案件二级联络窗口相关工作的通知》（法〔2011〕203 号）有关要求，自 2011 年 6 月 25 日起，大陆方面正式启动人民法院办理海峡两岸送达文书司法互助案件的二级联络窗口，即由最高人民法院授权各高级人民法院就办理海峡两岸送达文书司法互助案件直接与台湾地区业务主管部门联络。

为进一步提高两岸司法互助工作效率，尽可能减少案件材料周转环节，根据协议第二条之规定，近期最高人民法院与台湾地区业务主管部门经会商达成共识，对于大陆法院以送达文书为唯一目的的请求台湾地区调查取证司法互助案件，可以由大陆方面二级联络窗口直接与台湾地区业务主管部门联络办理，同时分别作为调查取证和送达文书两个案件进行统计和管理。据此，最高人民法院决定，自2016年1月1日起，对于人民法院办理的送达文书唯一目的的请求台湾地区调查取证的司法互助案件，即仅有受送达人姓名及其台湾地区身份证号码而没有其在台湾地区的送达地址，请求台湾方面协助查明地址并同时请求根据查明的地址协助送达相关文书的案件（以下简称以送达为目的的调查取证案件），由最高人民法院授权各高级人民法院二级联络窗口直接与台湾地区业务主管部门联络办理，无需再级最高人民法院审查转递；同时，对以送达为目的的调查取证案件，应当分别作为请求台湾地区调查取证和请求台湾地区送达文书两个案件进行统计和管理，同时编立两个文书文号（即分别根据请求调查取证案件和请求送达文书案件各自的序号编立文号）。

在办理以送达为目的的调查取证案件时，各高级人民法院要切实担负起审查把关和监督指导职责，尤其要注意审查案件办理时限和文书表述规范问题。对于拟提交台湾方面的材料，要认真审查案件审理法院制作的司法文书和调查取证及送达文书请求书及其附录中的表述和填写是否规范、引用的法律条文是否准确，所附材料是否完整等；对于台湾地区完成调查取证及送达协助的回复材料，审查发现问题的，要在第一时间与台湾方面联络人沟通，同时立即照转案件审理法院并说明有关沟通情况。

此外，以送达为目的的调查取证案件，与一般的请求台湾地区送达文书案件对台寄送材料的名址不同，各高级人民法院要注意区分，并严格按照本通知所附名址信息，针对不同案件类型选择相应名址对台寄送材料。

为规范和统一人民法院办理以送达为目的的调查取证案件文

书格式，最高人民法院特制定《人民法院办理海峡两岸司法互助案件文书样式（试行）》之补充文书样式（样式 11－3、样式 11－4、样式 12－1、样式 14－1)，一并下发使用。

地方各级人民法院在开展涉台司法互助工作中遇有重要问题，一般应当逐级书面请示或者报告我院，也可视情电话咨询我院台湾司法事务办公室（电话：010－67557767，联系人：张鑫萌)。

以上通知，请遵照执行。

附件：

《人民法院办理海峡两岸司法互助案件文书样式（试行）》补充文书样式

样式 11－3

海峡两岸共同打击犯罪及司法互助协议
调查取证及送达文书请求书

（××××）×法助请台（调）字第××号
（××××）×法助请台（送）字第××号

×××检察官（法院）惠鉴：

××省（自治区、直辖市）××××人民法院所受理之（××××）××××号［案号］×××诉×××［当事人］××［案由］案，请求贵市协助调查取证及送达文书之必要。

根据《海峡两岸共同打击犯罪及司法互助协议》第七条和第八条之规定，惠请就本请求书附录所述之×××（性别，××××年×月×日出生，台湾地区身份证号码：××××××××××）的所在地址之调查取证事项协助调查取证，并请依据调取的地址，协助向其送达起诉状、原告提供的证据材料……［请求书附录所述之司法文书］各1件共×张×页。随附×××所持台湾居民来往大陆通行证（台湾地区身份证）复印件1份供参。另附送达回证原件1件×页。

在完成协助后，请将取得的证据材料和送达证明材料或者在未能成功协助时附具理由说明连同前已寄送贵方之相关材料寄回我处。

寄送名址：邮政编码：××××××；地址：××省（自治区、直辖市）××市××区××路××号×××高级人民法院××庭（室）；收件人：×××法官［联络人姓名和职衔］。

如有任何问题，请即与本人联系。

专此布达，并颂时绥。

×××高级人民法院联系人：×××法官

［加盖高级人民法院联络人对台专用章和联络人个人名章］

××××年××月××日

样式 11-4

海峡两岸共同打击犯罪及司法互助协议
调查取证及送达文书请求书
（附录）

（案件审理法院院印）

审理法院	××省（自治区、直辖市）××××人民法院
案号	（××××）××××号
案由	
当事人	原告（上诉人）：×××（公诉机关：××××人民检察院） 被告（被上诉人）：×××（被告人：×××） 第三人：×××
案情摘要	[说明案件基本事实、与请求事项关联事实、所涉及的法律条文和目前审理进展情况等]
请求目的	□取得证言及陈述 □提供书供、物证及视听资料 □确定关系人所在地或者确认其身份、前科等情况 □勘验、检查、扣押、鉴定和查询 □其他调查取证事项 □根据查明的地址协助送达相关文书
请求事项及具体说明	针对×××，性别，××××年×月×日出生，台湾地区身份证号码：××××××××××的有关信息，请求协助确认×××之身份及调取查询其所在地址，并请依据调取查询的地址，协助向其送达相关司法文书。

续上表

需要送达之司法文书及件数	□起诉或反诉状副本 □原告（被告）证据［注明系原件或复印件］，×件 □受理案件通知书 □应诉通知书 □告知合议庭组成人员通知书 □举证通知书 □出庭通知书 □判决书 □裁定书 □调解书 □答辩状副本 □传票 □其他［注明文件名称］（以上未注明件数即指一件）
案件联系人及联系方式	职务：×××人民法院××审判庭书记号（法官） 姓名：××× 电话：++86（0）××××××××× 传真：++86（0）×××××××××
备注	1. 为配合本案审理程序之进行，请于×个月内查复协助取证之结果 2. 案件审理法院《请求台湾地区调查取证及送达文书函》文号：（××××）×法助请台（调）字第××号和（××××）×法助请台（送）字第××号 3. 其他：
填写日期	××××年××月××日

样式 12-1（案件审理法院用）

×××人民法院
请求台湾地区调查取证及送达文书函

（××××）×法助请台（调）字第××号
（××××）×法助请台（送）字第××号

×××高级人民法院：

我院受理的（××××）××××号［案号］×××诉×××［当事人］××［案由］案，需要台湾地区协助调查取证及送达文书。

根据《最高人民法院关于人民法院办理海峡两岸送达文书和调查取证司法互助案件的规定》第十条和第十七条第一款之规定，现随函送上本案《〈海峡两岸共同打击犯罪及司法互助协议〉调查取证及送达文书请求书》附录部分及相关材料各一式三份，请高级人民法院予以审查并由高级人民法院联络人请求台湾地区协助调查取证及送达文书。

联络方式：邮政编码：××××××；地址：××省（自治区、直辖市）××市××区××路××号××××人民法院××庭（室）；收件人：×××法官（书记员）。

此致

××××人民法院（院印）
××××年××月××日

样式 14-1

×××高级人民法院
台湾地区完成调查取证及送达文书函

（××××）×法助请台（调）复字第××号
（××××）×法助请台（送）复字第××号

×××人民法院：

××省（自治区、直辖市）××××人民法院所受理的（××××）××××号［案号］×××诉×××［当事人］××［案由］案，你院曾以（××××）×法助请台（调）字第××号和（××××）×法助请台（送）字第××号函请本院联络人请求台湾地区协助调查取证及送达文书。经台湾××××法院协助，业已完成。

根据《最高人民法院关于人民法院办理海峡两岸送达文书和调查取证司法互助案件的规定》第十二条和第十九条之规定，现将台湾地区××号调查取证及送达文书回复书（台湾地区未能成功协助的××号说明函）和相关材料×件共×页随函附送你院。

此复

×××高级人民法院（院印）
××××年××月××日

（二）裁判认可和执行

最高人民法院
关于认可和执行台湾地区法院民事判决的规定

法释〔2015〕13号

（2015年6月2日最高人民法院审判委员会第1653次会议通过
2015年6月29日最高人民法院公告公布　自2015年7月1日起施行）

为保障海峡两岸当事人的合法权益，更好地适应海峡两岸关系和平发展的新形势，根据民事诉讼法等有关法律，总结人民法院涉台审判工作经验，就认可和执行台湾地区法院民事判决，制定本规定。

第一条　台湾地区法院民事判决的当事人可以根据本规定，作为申请人向人民法院申请认可和执行台湾地区有关法院民事判决。

第二条　本规定所称台湾地区法院民事判决，包括台湾地区法院作出的生效民事判决、裁定、和解笔录、调解笔录、支付命令等。

申请认可台湾地区法院在刑事案件中作出的有关民事损害赔偿的生效判决、裁定、和解笔录的，适用本规定。

申请认可由台湾地区乡镇市调解委员会等出具并经台湾地区法院核定，与台湾地区法院生效民事判决具有同等效力的调解文书的，参照适用本规定。

第三条　申请人同时提出认可和执行台湾地区法院民事判决申请的，人民法院先按照认可程序进行审查，裁定认可后，由人民法院执行机构执行。

申请人直接申请执行的，人民法院应当告知其一并提交认可申请；坚持不申请认可的，裁定驳回其申请。

第四条　申请认可台湾地区法院民事判决的案件，由申请人住所地、经常居住地或者被申请人住所地、经常居住地、财产所在地中级人民法院或者专门人民法院受理。

申请人向两个以上有管辖权的人民法院申请认可的，由最先立案的人民法院管辖。

申请人向被申请人财产所在地人民法院申请认可的，应当提供财产存在的相关证据。

第五条　对申请认可台湾地区法院民事判决的案件，人民法院应当组成合议庭进行审查。

第六条　申请人委托他人代理申请认可台湾地区法院民事判决的，应当向人民法院提交由委托人签名或者盖章的授权委托书。

台湾地区、香港特别行政区、澳门特别行政区或者外国当事人签名或者盖章的授权委托书应当履行相关的公证、认证或者其他证明手续，但授权委托书在人民法院法官的见证下签署或者经中国大陆公证机关公证证明是在中国大陆签署的除外。

第七条　申请人申请认可台湾地区法院民事判决，应当提交申请书，并附有台湾地区有关法院民事判决文书和民事判决确定证明书的正本或者经证明无误的副本。台湾地区法院民事判决为缺席判决的，申请人应当同时提交台湾地区法院已经合法传唤当事人的证明文件，但判决已经对此予以明确说明的除外。

申请书应当记明以下事项：

（一）申请人和被申请人姓名、性别、年龄、职业、身份证件号码、住址（申请人或者被申请人为法人或者其他组织的，应当记明法人或者其他组织的名称、地址、法定代表人或者主要负责人姓名、职务）和通讯方式；

（二）请求和理由；

（三）申请认可的判决的执行情况；

（四）其他需要说明的情况

第八条 对于符合本规定第四条和第七条规定条件的申请，人民法院应当在收到申请后七日内立案，并通知申请人和被申请人，同时将申请书送达被申请人；不符合本规定第四条和第七条规定条件的，应当在七日内裁定不予受理，同时说明不予受理的理由；申请人对裁定不服的，可以提起上诉。

第九条 申请人申请认可台湾地区法院民事判决，应当提供相关证明文件，以证明该判决真实并且已经生效。

申请人可以申请人民法院通过海峡两岸调查取证司法互助途径查明台湾地区法院民事判决的真实性和是否生效以及当事人得到合法传唤的证明文件；人民法院认为必要时，也可以就有关事项依职权通过海峡两岸司法互助途径向台湾地区请求调查取证。

第十条 人民法院受理认可台湾地区法院民事判决的申请之前或者之后，可以按照民事诉讼法及相关司法解释的规定，根据申请人的申请，裁定采取保全措施。

第十一条 人民法院受理认可台湾地区法院民事判决的申请后，当事人就同一争议起诉的，不予受理。

一方当事人向人民法院起诉后，另一方当事人向人民法院申请认可的，对于认可的申请不予受理。

第十二条　案件虽经台湾地区有关法院判决，但当事人未申请认可，而是就同一争议向人民法院起诉的，应予受理。

第十三条　人民法院受理认可台湾地区法院民事判决的申请后，作出裁定前，申请人请求撤回申请的，可以裁定准许。

第十四条　人民法院受理认可台湾地区法院民事判决的申请后，应当在立案之日起六个月内审结。有特殊情况需要延长的，报请上一级人民法院批准。

通过海峡两岸司法互助途径送达文书和调查取证的期间，不计入审查期限。

第十五条　台湾地区法院民事判决具有下列情形之一的，裁定不予认可：

（一）申请认可的民事判决，是在被申请人缺席又未经合法传唤或者在被申请人无诉讼行为能力又未得到适当代理的情况下作出的；

（二）案件系人民法院专属管辖的；

（三）案件双方当事人订有有效仲裁协议，且无放弃仲裁管辖情形的；

（四）案件系人民法院已作出判决或者中国大陆的仲裁庭已作出仲裁裁决的；

（五）香港特别行政区、澳门特别行政区或者外国的法院已就同一争议作出判决且已为人民法院所认可或者承认的；

（六）台湾地区、香港特别行政区、澳门特别行政区或者外国的仲裁庭已就同一争议作出仲裁裁决且已为人民法院所认可或者承认的。

认可该民事判决将违反一个中国原则等国家法律的基本原则

或者损害社会公共利益的，人民法院应当裁定不予认可。

第十六条 人民法院经审查能够确认台湾地区法院民事判决真实并且已经生效，而且不具有本规定第十五条所列情形的，裁定认可其效力；不能确认该民事判决的真实性或者已经生效的，裁定驳回申请人的申请。

裁定驳回申请的案件，申请人再次申请并符合受理条件的，人民法院应予受理。

第十七条 经人民法院裁定认可的台湾地区法院民事判决，与人民法院作出的生效判决具有同等效力。

第十八条 人民法院依据本规定第十五条和第十六条作出的裁定，一经送达即发生法律效力。

当事人对上述裁定不服的，可以自裁定送达之日起十日内向上一级人民法院申请复议。

第十九条 对人民法院裁定不予认可的台湾地区法院民事判决，申请人再次提出申请的，人民法院不予受理，但申请人可以就同一争议向人民法院起诉。

第二十条 申请人申请认可和执行台湾地区法院民事判决的期间，适用民事诉讼法第二百三十九条的规定，但申请认可台湾地区法院有关身份关系的裁决除外。

申请人仅申请认可而未同时申请执行的，申请执行的期间自人民法院对认可申请作出的裁定生效之日起重新计算。

第二十一条 人民法院在办理申请认可和执行台湾地区法院民事判决案件中作出的法律文书，应当依法送达案件当事人。

第二十二条 本规定自2015年7月1日起施行。《最高人民法院关于人民法院认可台湾地区有关法院民事判决的规定》（法释〔1998〕11号）、《最高人民法院关于当事人持台湾地区有关法院民事调解书或者有关机构出具或确认的调解协议书向人民法院申请认可人民法院应否受理的批复》（法释〔1999〕10号）、《最高人民法院关于当事人持台湾地区有关法院支付命令向人民法院申请认可人民法院应否受理的批复》（法释〔2001〕13号）和《最高人民法院关于人民法院认可台湾地区有关法院民事判决的补充规定》（法释〔2009〕4号）同时废止。

附录1：

《关于认可和执行台湾地区法院民事判决的规定》的理解与适用*

邰中林　李赛敏

《最高人民法院关于认可和执行台湾地区法院民事判决的规定》（法释〔2015〕13号，以下简称本解释）于2015年6月29日发布，同年7月1日起施行。为正确理解和准确适用这一司法解释，现对有关问题说明如下。

一、关于制定背景

两岸间民事裁判的相互认可和执行，对于保障两岸民众权益和增进两岸互信合作，意义重大。1998年以来，就认可和执行台湾地区民事裁判问题，最高人民法院先后发布了《关于人民法院认可台湾地区有关法院民事判决的规定》（法释〔1998〕11号，

* 载《人民法院（应用）》2016年第7期。

以下简称98年《规定》)、《关于当事人持台湾地区有关法院民事调解书或者有关机构出具或确认的调解协议书向人民法院申请认可人民法院应否受理的批复》(法释〔1999〕10号)、《关于当事人持台湾地区有关法院支付命令向人民法院申请认可人民法院应否受理的批复》(法释〔2001〕13号)和《关于人民法院认可台湾地区有关法院民事判决的补充规定》(法释〔2009〕4号,以下简称《补充规定》)四个司法解释。上述司法解释较为全面、系统地规定了台湾地区有关法院民事判决及仲裁裁决在大陆的认可和执行问题,有效减轻了两岸当事人诉累,也为两岸经贸发展和人员往来提供了法律制度保障。

近年来,随着两岸关系的和平发展和大陆有关民事诉讼法律制度的持续完善,前述四个司法解释在对于可申请认可和执行的台湾裁判范围、申请认可与执行案件管辖连结点、与修订后的民事诉讼法衔接等方面,已不能充分满足两岸交流交往和审判实践的需要。为全面总结有关涉台裁判认可的审判经验,更好地解决审判实践中遇到的有关法律适用问题,使有关司法解释更加系统化、清晰化,最高人民法院决定在整合并修订前述四个司法解释的基础上,针对台湾地区法院判决与仲裁裁决在申请认可与执行条件等方面的差异,分别制定新的司法解释,即本解释和《最高人民法院关于认可和执行台湾地区仲裁裁决的规定》(以下简称《认可台湾仲裁裁决规定》)。

二、关于认可范围

关于可向人民法院申请认可与执行的台湾地区民事判决的范围,是本司法解释所作重要修改之一。与原有规定相比,在关于可申请认可与执行的台湾地区判决的范围方面,本解释第2条主要作了三处调整。

1. 适度拓宽了可向人民法院申请认可与执行的台湾地区法院民事判决的范围，将台湾地区法院在刑事附带民事诉讼中作出的民事损害赔偿裁判包括和解笔录，和由台湾地区乡镇市调解委员会等出具并经台湾地区法院核定的与台湾地区生效民事判决具有同等效力的调解文书，一并纳入可申请认可与执行的范围。这样就将在台湾地区具有民事裁判性质和效力的几乎所有法律文书均纳入了认可和执行的范围。

在不同法域间裁判认可与执行中，判决指法院就诉讼各方权利义务或他们所提出的诉讼请求作出的最后决定，也称法律决定。由于各国和各地区法律制度不同，在司法实践中，判决往往以不同的名目出现，只要其本质上是具有审判权的司法机关通过特定民事诉讼程序，赋予当事人诉讼权利和实体权利的裁决，都是判决，其称谓无关紧要。① 换言之，在两岸民商事裁判的认可与执行实践中，最关键也最为核心的问题是裁判本身的效力。在过去几年的人民法院司法实践中，已经出现当事人申请认可台湾地区法院所作出的刑事附带民事和解笔录和由台湾地区乡镇市调解委员会出具并经台湾地区法院核定的调解书的案件，且根据台湾地区有关规定，这些文书均与台湾地区民事确定判决有同一之效力。此外，除乡镇市调解委员会出具的调解文书外，台湾地区至少还有四类调解文书经台湾地区有关法院核定后也与民事确定判决有同一之效力。这四类调解文书是：(1) 依据台湾地区“著作权法”第 82 条规定，由著作权审议及调解委员会就著作权中

---

① 钱锋：《外国法院民商事判决承认与执行研究》，中国民主法制出版社 2008 年版，第 5 页。

介团体与利用人间，对使用著作标的报酬争议或著作权、制版权争议之调解；(2) 依据台湾地区“证券投资人及期货交易人保护法”第22条规定，由证券投资人及期货交易人保护机构（为财团法人组织）所设之调处委员会，就证券投资人或期货交易人与发行人、证券商、交易所、柜台买卖中心、结算机构或其他关系人间，因有价证券之募集、发行、买卖或期货交易及其他相关事宜所生民事争议进行之调处；(3) 依据台湾地区“公害纠纷处理法”第14条第1款规定，由“直辖市”、县（市）政府设置之公害纠纷调处委员会所进行之公害纠纷调处；(4) 依据台湾地区“消费者保护法”及“消费争议调解办法”，由“直辖市”或县（市）消费争议调解委员会就消费争议事件作出的调解。为避免将来出现当事人持这类调解文书向人民法院申请认可和执行而人民法院无受理依据的情况，本解释第2条第3款中加了“等”字，以使该款在一定程度上具有兜底条款的性质。

在具体适用本解释第2条第3款时应注意两点：第一，鉴于本款所列调解文书均非台湾地区法院所作出，依台湾地区有关规定，只有在经台湾地区法院核定后方具有与台湾地区生效民事判决同一之效力，故在审查过程中必须审核此类调解文书是否已经台湾地区法院核定（实践中，此类调解文书最后一栏标注有“上调解书业经本院依法审核，准予核定。”字样，其后为“某某年度核字第某某号”及核定法官签字或盖章，并加盖法院印章）。第一，为稳妥起见，如出现当事人申请认可台湾地区乡镇市调解委员会以外其他调解组织出具的调解文书之情形，受案人民法院应及时逐级层报最高人民法院台湾司法事务办公室掌握情况，以便及时对各地人民法院作出审判指导。

2. 对台湾地区部分法律文书的称谓作出文字修改，将“调解书”改为“调解笔录、和解笔录”，将“支付令”改为“支付命令”。根据台湾地区民事诉讼相关规定和台湾地区法院的司法实践，与大陆《民事诉讼法》中“调解书”相对应的概念为“和解笔录”“调解笔录”，且和解笔录、调解笔录均与生效判决具有相同的效力；与大陆“支付令”对应的概念在台湾地区称为“支付命令”。根据台湾地区有关民事诉讼的规定，台湾地区有诉讼上和解和诉前调解程序两种制度。诉讼上和解是指，法院在诉讼中随时可以试行让当事人和解，试行和解成立者作成和解笔录，和解笔录与确定判决有同一效力。诉前调解程序包括强制调解（即具有特定情形的案件于起诉前应经法院调解）和任意调解（即不具有特定情形的案件也可在起诉前申请法院调解）两种，一般在法官主持下进行，调解经当事人合意成立，调解成立者作成调解程序笔录，与诉讼上和解有同一效力。

3. 将对台湾地区仲裁的认可与执行排除于本规定适用范围之外。就具体审查条件而言，仲裁裁决与法院判决在申请认可与执行方面存在一定差异，部分审查条件甚至可能相互冲突。在认可与执行程序中，对仲裁裁决简单套用对法院判决的审查条件显有不妥。因此，本解释将台湾地区仲裁排除在适用范围之外，本解释施行以后，有关台湾地区仲裁裁决的认可与执行，应当适用《认可台湾仲裁裁决规定》。

三、关于案件管辖

“原告就被告”是《民事诉讼法》确定地域管辖的一项基本原则，但98年《规定》第3条却规定此类案件由申请人住所地、经常居住地或者被执行财产所在地中级人民法院受理。之所以作此规定，很大程度上是因为在当时的时代背景下，此类案件的申请人一般为大陆居民、被申请人一般为台湾地区居民。

随着两岸经贸关系日益密切、人员往来日益频繁，台湾地区居民申请人民法院认可与执行台湾地区法院民事判决的案件近年来也频频出现，但这些案件却因为98年《规定》对管辖连结点的限定性规定而难以为人民法院所受理。为更好地保护两岸当事人合法权益，参照《最高人民法院关于内地与香港特别行政区法院相互认可和执行当事人协议管辖的民商事案件判决的安排》（以下简称《涉港判决安排》）第4条和《关于内地与澳门特别行政区相互认可和执行民商事判决的安排》（以下简称《涉澳判决安排》）第4条，本解释第4条第1款扩大了此类案件的管辖连结点，明确被申请人住所地、经常居住地中级人民法院也可受理此类案件。同时，该款还明确有关专门人民法院也可以管辖此类案件，主要是指有关海事法院、知识产权法院等专门人民法院。

四、关于受理条件

与2015年5月1日起实行的立案登记制改革的精神一致，本解释第6条和第7条对此类案件中申请人应提交的申请材料与人民法院的受理条件等方面作了相应调整，简化了申请人应提交的申请材料，放宽了此类案件的受理条件，以更方便当事人行使诉权。具体体现为：（1）与《最高人民法院关于适用民事诉讼法的解释》（以下简称《民事诉讼法解释》）第525条①、第526条②之精神保持一致，第6条明确在人民法院法官的见证下签署或者经中国大陆公证机关公证证明是在中国大陆签署的授权委托

① 现为2022年修正的《民事诉讼法解释》第523条。——编者注
② 现为2022年修正的《民事诉讼法解释》第524条。——编者注

书，可免于办理相关的公证、认证或者其他证明手续。(2) 不再在立案阶段强制要求申请人提交有关证明文件以证明台湾地区法律文书的真实性及已经生效，适当减轻申请人的立案负担。同时，通过第 9 条第 2 款之规定，指引申请人可以申请人民法院或者人民法院在必要时依职权通过两岸司法互助途径查明相关法律文书的真实性、是否生效及当事人是否得到合法传唤，进一步体现了人民法院司法为民、便民之精神。(3) 明确台湾地区法律文书是否违反一个中国原则并非立案审查条件，而作为认可审查条件。98 年《规定》第 4 条规定，申请人提出申请时应当提交不违反一个中国原则的台湾地区民事判决。实践中，是否违反一个中国原则的审查判断较为敏感而复杂，在立案阶段仅通过形式审查往往难以作出准确判断，需要在全面审查文书内容表述的基础上综合作出判断。故，本解释将此改为在第 15 条第 2 款有关不予认可的情形中加以规定。

还需说明的是，尽管本解释第 7 条第 2 款第 1 项规定此类案件的申请书应当记明申请人和被申请人性别、年龄、职业、身份证件号码、住址和通讯方式等身份信息，但此为倡导性规范而非强制性要求，如申请人提供的信息不全，也不应影响人民法院受理案件。

五、关于程序权利保障

为更好地保障当事人的程序性权利，本解释对原有司法解释作了两个方面的重要修改。

1. 明确此类案件中应列明被申请人，并明确规定应向被申请人送达相关司法文书。98 年《规定》未出现“被申请人”这一用语（但使用被告或当事人的概念），《最高人民法院关于认真贯彻执行〈关于人民法院认可台湾地区有关法院民事判决的规定〉的通知》及其所附文书样式中亦未列明被申请人的地位。对于此类案件是否应列明被申请人，实践中各地人民法院甚至同一法院不同合议庭都存在不同认识。此类案件与被申请人利益密切相关，如不通知其参加到此类案件的审查程序中来，则其根本无提出异议的机会，显然不利于保护其合法权益，也不符合所谓正当程序要求，况且《涉港判决安排》与《涉澳判决安排》均使用了“被申请人”这一用语？此外，2015 年《民事诉讼法解释》第 548 条①第 2 款关于外国法院判决及仲裁裁决的承认与执行程序之规定中也明确规定“人民法院应当将申请书送达被申请人。被申请人可以陈述意见”。因此，本解释也使用了“被申请人”一词，并在第 8 条规定决定立案应通知被申请人，同时将申请书送达被申请人；在第 21 条规定案件法律文书应当依法送达案件当事人，这当然也包括被申请人。

2. 增加程序救济途径，明确当事人对人民法院作出的裁定不服的，可以上诉或申请复议。首先，98 年《规定》第 6 条对于不符合受理条件的，仅规定要通知申请人；依据 2012 年修订后的《民事诉讼法》有关案件受理规定的精神，本解释第 8 条明确规定，对于不予受理要以裁定形式作出，并且申请人对裁定不服的可以提起上诉。其次，关于人民法院经审查后就是否认可台湾地区民事判决作出的裁定的效力，原有的四个司法解释及《民事诉讼法》中虽无明确规定，但司法实践中并无太大争议，2015 年《民事诉讼法解释》第 548 条第 3 款对此也予以确认，明确此类裁定一经送达即发生法律效力。鉴于《涉港判决安排》第 12

① 现为 2022 年修正的《民事诉讼法解释》第 546 条。——编者注

条与《涉澳判决安排》第12条第2款均规定，当事人对于此类裁定可以向上一级人民法院申请复议，为彰显对台湾同胞的同等保护，本解释第18条第2款也作出了基本相同的规定，并进一步明确申请复议期限为自裁定送达之日起10日内。

六、关于平行诉讼

两岸平行诉讼是两岸司法管辖积极冲突的必然结果。由于两岸并无协调管辖积极冲突的协议或规则，实践中两岸法院也通常不因对方法院可以管辖该案件而拒绝受理，两岸平行诉讼或者重复诉讼在所难免。然而，如一方当事人向大陆人民法院起诉，而另一方当事人申请大陆人民法院认可台湾地区法院就同一争议作出的判决时，人民法院必须确定一个处理规则。

依98年《规定》第12条和第16条之规定，当两岸出现平行诉讼时，只要台湾地区法院先行作出判决并且当事人向大陆人民法院申请认可该判决，人民法院就必须中止审理，转而审查认可台湾地区判决的申请，这实际上意味着大陆人民法院通过在一定程度上主动放弃管辖来解决因管辖积极冲突而产生的两岸平行诉讼问题，优先考虑对方判决作出日期，明显有过度扩张台湾地区民事判决效力之嫌。相比较而言，《涉港判决安排》与《涉澳判决安排》均无类似规定；中国法院处理国际平行诉讼时也不采取这种做法；台湾地区对大陆民事判决也未采取这种做法。

综合考虑两岸相互认可与执行民事判决现状，参考内地与港澳以及国际上处理平行诉讼的一般做法，本解释在两岸平行诉讼处理规则方面作了适度调整。根据本解释第11条，只要人民法院已经受理认可申请，就不再受理就同一争议提起的诉讼；反之亦然。即不论是当事人起诉或申请认可，人民法院只进行其在先启动的程序，这样更便于人民法院的操作和当事人的运用。

七、关于审查结果

人民法院依据何种标准来审查决定是否对台湾地区民事判决予以认可，与此类案件中当事人的利益休戚相关，也是本解释需要重点解决的问题。本解释在第15条、第16条对此作出了具体规定。与原规定相比，主要作了以下五方面的调整：

1. 区分裁定不予认可与裁定驳回申请，审查结果设置更为科学。对于相关台湾地区民事判决是否予以裁定认可，是人民法院进行审查后的处理结果，人民法院作出的此种裁定具有终局性，一经送达即生效。98年《规定》第9条第1项将“申请认可的民事判决的效力未确定的”作为裁定不予认可的情形之一，这意味着即便日后该判决生效，当事人亦无法再次向人民法院申请认可，只能在大陆另行起诉，这显然不利于保护当事人合法权益。因此，本解释将其作为裁定驳回申请的情形，在第16条第1款中单独加以规定，同时在本条第2款明确在此情形下，待条件成就后申请人可再次申请认可。

2. 尊重当事人意思自治，被告作为申请人时不再审查台湾地区法院审判程序的正当性。为保护被告的正当程序权利，避免被告受其在被不当剥夺了应诉答辩之权利的情形下作出的裁判的羁束，98年《规定》第9条第2项规定，对于在被告缺席又未经合法传唤或者在被告无诉讼行为能力又未得到适当代理的情况下作出的台湾地区民事判决，人民法院应裁定不予认可。然而，实践中，向人民法院申请认可的台湾地区民事判决中，有相当一部分是在被告缺席的情况下作出的，而此类案件中又很少有被告能提供台湾地区法院通知其参加诉讼的相关材料以证明自己受到合法传唤，故被告是否经合法传唤成为人民法院审查此类案件的难点。鉴于对台湾地区法院民事判决的认可与执行本质上仍属于区际司法协助范畴，根据民事诉讼中的处分原则，在被告作为申请人向人民法院申请认可台湾地区法院有关判决的情形下，已无必要再审查其是否得到合法传唤或适当代理，故本解释第 15 条第 1 款第 1 项作上述调整，将 98 年《规定》第 9 条第 2 项中的“被告”修改为“被申请人”。

3. 调整 98 年《规定》第 9 条第 4 项，在“仲裁协议”前加“有效”二字作限定，同时增加“且无放弃仲裁管辖情形”这一条件，使因存在仲裁管辖而不予认可的情形更加周延。当事人之间存在仲裁协议并且该仲裁协议合法有效是排斥法院管辖权的前提条件，如仅存在仲裁协议但该协议未生效或者无效，自然不能排斥法院管辖权。此外，即便存在有效仲裁协议，但当事人放弃仲裁管辖的，法院也可行使管辖权（根据台湾地区“仲裁法”第 4 条第 1 项，如当事人之间存在有效仲裁协议，一方向法院起诉而另一方应诉答辩的，台湾地区法院仍可行使管辖权）。因此，本解释第 15 条第 1 款第 3 项将因存在仲裁管辖而裁定不予认可的情形限定为“案件双方当事人订有有效仲裁协议，且无放弃仲裁管辖情形的”。

4. 将 98 年《规定》第 9 条第 5 项分拆为本解释第 15 条第 1 款第 4 项、第 5 项、第 6 项三项，并在具体表述上作文字调整，使其更为明确。

第一，本解释第 15 条第 1 款第 4 项“案件系人民法院已作出判决或者中国大陆的仲裁庭已作出仲裁裁决的”表述源于 98 年《规定》第 9 条第 5 项前半句“案件系人民法院已作出判决”，与原有规定相比增加了“中国大陆的仲裁庭已作出仲裁裁决的”

这一情形。之所以作此修改，是因为如大陆有关仲裁机构就同一争议作出仲裁裁决，人民法院亦不应裁定认可台湾地区法院就同一争议作出的民事判决，而原有司法解释的规定未能涵盖这一情形。需要特别说明的是，本解释此处使用了“仲裁庭”而非“仲裁机构”的概念，主要是为将来大陆仲裁法律认可临时仲裁庭作出的裁决预留空间。

第二，本解释第15条第1款第5项“香港特别行政区、澳门特别行政区或者外国的法院已就同一争议作出判决且已为人民法院所认可或者承认的”表述源于98年《规定》第9条第5项中“外国、境外地区法院作出判决……已为人民法院所承认的”。与原有规定相比有两处变化：一是明确“外国、境外地区法院”为港澳特区及外国法院，并无实质性修改；二是限定该判决为“就同一争议作出”的。

第三，本解释第15条第1款第6项“台湾地区、香港特别行政区、澳门特别行政区或者外国的仲裁庭已就同一争议作出仲裁裁决且已为人民法院所认可或者承认的”表述源于98年《规定》第9条第5项中“境外仲裁机构作出仲裁裁决已为人民法院所承认的”。与原有规定相比有两处变化：一是明确“境外”仲裁机构为台湾、香港、澳门及外国的仲裁庭，并无实质性修改；二是基于如上相同之考虑，将原解释中的“仲裁机构”改为“仲裁庭”。

5. 将98年《规定》第9条第6项所规定的公共秩序保留原则调整为本解释第15条第2款，同时明确了在判断有关台湾地区法院民事判决是否违反一个中国等国家法律的基本原则或者损害社会公共利益时，应采用“结果说”，即只有在认可该判决的客观结果将导致危及国家法律基本原则或社会公共利益时方可适用。认可台湾地区法院民事判决是否“违反一个中国等国家法律的基本原则或者损害社会公共利益”，属于人民法院应当依职权查明的事项，故本解释将其单列为一款，以强调人民法院的依职权审查义务。

八、关于申请期限

对于此类案件的申请认可与执行期限，本解释根据2012年修正后的《民事诉讼法》及其司法解释作了较大修改。

1. 直接援引《民事诉讼法》关于执行期间的规定来确定申请认可和执行台湾地区民事判决的期间。98年《规定》第17条规定：“申请认可台湾地区有关法院民事判决的，应当在该判决发生效力后一年内提出。”2009年《补充规定》第9条第1款又将申请认可的期间改为两年，并于该条第2款规定该期间可以顺延。原有司法解释中一年或两年的期间规定均源于当时的《民事诉讼法》对于执行期间的规定，① 然而，这一期间规定又不同于《民事诉讼法》对于执行期间的规定——执行期间是可以中止、中断的可变期间，而原司法解释中申请认可与执行的期间为不变期间。将申请认可与执行台湾地区民事判决的期间规定为不变期间显然有所不妥，不利于保护当事人的合法权益。鉴于2015年《民事诉讼法解释》第547条②第1款规定申请承认和执行外国法院判决或外国仲裁裁决均适用《民事诉讼法》第239条③关于执行期间的规定，本解释第20条第1款也与之保持一致。

2. 明确申请认可台湾地区法院有关身份关系的判决不受前述期间限制。对于有关身份关系的判决，仅需人民法院的确认而不

① 张进先：《〈最高人民法院关于人民法院认可台湾地区有关法院民事判决的补充规定〉的理解与适用》，载《人民司法》2009年第13期。

② 现为2022年修正的《民事诉讼法解释》第545条。——编者注

③ 现为2021年修正的《民事诉讼法》第246条。——编者注

需要执行，因而无必要规定申请认可和执行的期间。《最高人民法院关于外国法院的离婚判决未经我人民法院确认，当事人能否向我婚姻登记机关登记结婚的复函》曾明确规定“申请承认外国法院离婚判决，没有时间限制”。目前已经出现申请人在台湾地区法院民事判决生效两年后向大陆人民法院申请认可台湾地区法院有关婚姻、监护关系判决的案件，实践中一般也不以超过申请期间为由不予受理或认可，故本解释第 20 条第 1 款增加但书对此予以明确规定。

3. 进一步明确申请人仅申请认可而未同时申请执行时申请执行的期间计算。鉴于经人民法院裁定认可是申请执行台湾地区有关法院民事判决的前提条件，参照《民事诉讼法解释》第 547 条第 2 款，本解释第 20 条第 2 款规定，如申请人分别申请认可和执行，申请执行的期间从人民法院对认可申请作出的裁定生效之日起重新计算。换句话说，对于申请人同时申请认可和执行的，等于申请人从一开始就已提出申请执行，不存在申请执行期间的重新计算问题，应当依据本解释第 3 条的规定，在作出认可裁定后直接移交人民法院执行机构执行；而对于申请人仅申请认可而未同时申请执行的，其申请执行的期间计算并不能从申请认可时开始计算，而应自人民法院对认可申请作出的裁定生效之日起重新计算，这也符合一般案件先行裁判再行申请执行的基本逻辑与运行规律。

九、关于其他问题

本解释对于审判组织、保全措施、撤回申请的处理、审查期限、台湾地区民事判决被裁定认可后的效力等问题，基本保留了原有司法解释的规定，并根据最新法律和司法解释的相关规定作了一定的完善和调整。此外，在以下几个具体问题上作出了进一步的明确规定：

1. 进一步明确裁定认可是申请执行的前提条件。本解释第3条明确规定："申请人同时提出认可和执行台湾地区法院民事判决申请的，人民法院先按照认可程序进行审查，裁定认可后，由人民法院执行机构执行。申请人直接申请执行的，人民法院应当告知其一并提交认可申请；坚持不申请认可的，裁定驳回其申请。"这与《民事诉讼法解释》第546条①的规定精神是一致的，但相对更加清楚。

2. 审查期限的计算更为科学合理。本解释第14条第2款规定："通过海峡两岸司法互助途径送达文书和调查取证的期间，不计入审查期限。"这既符合案件审查时间的客观需要，也鼓励当事人和人民法院尽可能利用两岸司法互助途径，以确保程序的正当性和结果的公正性。

3. 明确申请认可和执行台湾地区法院民事判决案件收费问题。1998年6月17日《最高人民法院关于认真贯彻执行〈关于人民法院认可台湾地区有关法院民事判决的规定〉的通知》第5条规定此类案件不收取案件受理费，但之后的《诉讼费用交纳办法》又规定了此类案件的收费标准，实践中各地法院做法不一。本解释第22条对此加以统一和明确，即应当参照《诉讼费用交纳办法》的规定，交纳相关费用。

4. 关于新旧司法解释的衔接。本解释第23条规定本解释自2015年7月1日起施行，原有四个相关司法解释同时废止。这意味着，自2015年7月1日起，新受理的和已经受理尚未审结的申请认可执行台湾地区法院民事判决案件，均应当适用本解释。

---

① 现为2022年修正的《民事诉讼法解释》第544条。——编者注

附录 2：文书样式

1. 民事裁定书（认可和执行台湾地区法院民事判决用）

××××人民法院

民事裁定书

（××××）……认台……号

申请人：×××，……。

……

被申请人：×××，……。

……

（以上写明当事人和其他诉讼参加人的姓名或者名称等基本信息）

申请人×××申请认可和执行台湾地区××××法院……号民事判决/裁定/和解笔录/调解笔录/支付命令一案，本院于××××年××月××日立案。本院依法组成合议庭进行了审查，组织当事人进行了询问，现已审查终结。

×××申请称，……（简要写明申请人的请求、事实和理由）。

×××陈述意见称，……（简要写明被申请人的意见、事实和理由）。

本院经审查认为，……（写明争议焦点，依据认定的事实和相关法律，对请求进行分析评判，说明理由）。

依照《最高人民法院关于认可和执行台湾地区法院民事判决的规定》第十六条、……（写明法律、司法解释等法律依据）规定，裁定如下：

认可和执行台湾地区××××法院……号民事判决/裁定/和解笔录/调解笔录/支付命令。

案件申请费……元，由……负担（写明当事人姓名或者名称、负担金额）。

如不服本裁定，可以在裁定书送达之日起十日内向××××人民法院（写明上一级人民法院名称）申请复议。

审 判 长 ×××
审 判 员 ×××
审 判 员 ×××

××××年××月××日
（院印）
法官助理 ×××
书 记 员 ×××

【说明】

1. 本样式依据《最高人民法院关于认可和执行台湾地区法院民事判决的规定》第十六条、第十八条制定，供人民法院认可和执行台湾地区法院民事判决/裁定/和解笔录/调解笔录/支付命令用。

2. 根据《最高人民法院关于认可和执行台湾地区法院民事

判决的规定》第十六条规定，人民法院经审查能够确认台湾地区法院民事判决真实并且已经生效，而且不具有本规定第十五条所列情形的，裁定认可其效力。

【应用】

根据2018年修订的《中华人民共和国人民法院组织法》和2019年修订的《中华人民共和国法官法》的规定，在原样式院印之下、书记员之上增加“法官助理”。

【裁判依据】

《最高人民法院关于认可和执行台湾地区法院民事判决的规定》第十六条 人民法院经审查能够确认台湾地区法院民事判决真实并且已经生效，而且不具有本规定第十五条所列情形的，裁定认可其效力；不能确认该民事判决的真实性或者已经生效的，裁定驳回申请人的申请。

裁定驳回申请的案件，申请人再次申请并符合受理条件的，人民法院应予受理。

第十八条 人民法院依据本规定第十五条和第十六条作出的裁定，一经送达即发生法律效力。

当事人对上述裁定不服的，可以自裁定送达之日起十日内向上一级人民法院申请复议。

第十五条 台湾地区法院民事判决具有下列情形之一的，裁定不予认可：（一）申请认可的民事判决，是在被申请人缺席又未经合法传唤或者在被申请人无诉讼行为能力又未得到适当代理的情况下作出的；（二）案件系人民法院专属管辖的；（三）案件双方当事人订有有效仲裁协议，且无放弃仲裁管辖情形的；

（四）案件系人民法院已作出判决或者中国大陆的仲裁庭已作出仲裁裁决的；（五）香港特别行政区、澳门特别行政区或者外国的法院已就同一争议作出判决且已为人民法院所认可或者承认的；（六）台湾地区、香港特别行政区、澳门特别行政区或者外国的仲裁庭已就同一争议作出仲裁裁决且已为人民法院所认可或者承认的。

认可该民事判决将违反一个中国原则等国家法律的基本原则或者损害社会公共利益的，人民法院应当裁定不予认可。

2. 民事裁定书（不予认可和执行台湾地区法院民事判决用）

××××人民法院

民事裁定书

（××××）……认台……号

申请人：×××，……。

……

被申请人：×××，……。

……

（以上写明当事人和其他诉讼参加人的姓名或者名称等基本信息）

申请人×××申请认可和执行台湾地区××××法院……号民事判

决/裁定/和解笔录/调解笔录/支付命令一案，本院于××××年××月××日立案。本院依法组成合议庭进行了审查，组织当事人进行了询问，现已审查终结。

×××申请称，……（简要写明申请人的请求、事实和理由）。

×××陈述意见称，……（简要写明被申请人的意见、事实和理由）。

本院经审查认为，……（写明争议焦点，依据认定的事实和相关法律，对请求进行分析评判，说明理由）。

依照《最高人民法院关于认可和执行台湾地区法院民事判决的规定》第十五条、……（写明法律、司法解释等法律依据）规定，裁定如下：

不予认可和执行台湾地区××××法院……号民事判决/裁定/和解笔录/调解笔录/支付命令。

案件申请费……元，由……负担（写明当事人姓名或者名称、负担金额）。

如不服本裁定，可以在裁定书送达之日起十日内向××××人民法院（写明上一级人民法院名称）申请复议。

审　判　长　×××
审　判　员　×××
审　判　员　×××

××××年××月××日

（院印）

法官助理　×××
书　记　员　×××

【说明】

1. 本样式依据《最高人民法院关于认可和执行台湾地区法院民事判决的规定》第十五条、第十八条制定，供人民法院裁定不予认可和执行台湾地区法院民事判决用。

2. 根据《最高人民法院关于认可和执行台湾地区法院民事判决的规定》第十五条规定，人民法院经过审查，认为台湾地区法院民事判决具有该条款所列的六种情形之一，或认可该民事判决将违反一个中国原则等国家法律的基本原则或者损害社会公共利益，人民法院应当裁定不予认可。

【应用】

根据2018年修订的《中华人民共和国人民法院组织法》和2019年修订的《中华人民共和国法官法》的规定，在原样式院印之下、书记员之上增加“法官助理”。

【裁判依据】

《最高人民法院关于认可和执行台湾地区法院民事判决的规定》第十五条　台湾地区法院民事判决具有下列情形之一的，裁定不予认可：（一）申请认可的民事判决，是在被申请人缺席又未经合法传唤或者在被申请人无诉讼行为能力又未得到适当代理的情况下作出的；（二）案件系人民法院专属管辖的；（三）案件双方当事人订有有效仲裁协议，且无放弃仲裁管辖情形的；（四）案件系人民法院已作出判决或者中国大陆的仲裁庭已作出仲裁裁决的；（五）香港特别行政区、澳门特别行政区或者外国的法院已就同一争议作出判决且已为人民法院所认可或者承认的；（六）台湾地区、香港特别行政区、澳门特别行政区或者外国的仲裁庭已就同一争议作出仲裁裁决且已为人民法院所认可或者承认的。

认可该民事判决将违反一个中国原则等国家法律的基本原则或者损害社会公共利益的，人民法院应当裁定不予认可。

第十八条 人民法院依据本规定第十五条和第十六条作出的裁定，一经送达即发生法律效力。

当事人对上述裁定不服的，可以自裁定送达之日起十日内向上一级人民法院申请复议。

3. 民事裁定书（驳回认可和执行台湾地区法院民事判决申请用）

×××× 人民法院

民事裁定书

（××××）……认台……号

申请人：×××，……。

……

被申请人：×××，……。

……

（以上写明当事人和其他诉讼参加人的姓名或者名称等基本信息）

申请人×××申请认可和执行台湾地区××××法院……号民事判决/裁定/和解笔录/调解笔录/支付命令一案，本院于××××年××月××日立案。本院依法组成合议庭进行了审查。

×××申请称，……（简要写明申请人的请求、事实和理由）。

×××陈述意见称，……（简要写明被申请人的意见、事实和理由）。

本院经审查认为，……（写明驳回申请的事实和理由）。

依照《最高人民法院关于认可和执行台湾地区法院民事判决的规定》第三条、第十六条、……（写明法律、司法解释等法律依据）规定，裁定如下：

驳回×××的申请。

如不服本裁定，可以自裁定书送达之日起十日内向××××人民法院申请复议。

审　判　长　×××
审　判　员　×××
审　判　员　×××

××××年××月××日
（院印）
法官助理　×××
书　记　员　×××

【说明】

1. 本样式依据《最高人民法院关于认可和执行台湾地区法院民事判决的规定》第三条、第十六条制定，供人民法院裁定驳回当事人认可和执行台湾地区民事判决申请用。

2. 根据《最高人民法院关于认可和执行台湾地区法院民事判决的规定》规定，当申请人坚持不申请认可，而直接申请执行的，或者人民法院无法确认该民事判决的真实性或者是否已经生效的，人民法院应当裁定驳回其申请。裁定驳回申请的案件，申请人再次申请并符合受理条件的，人民法院应予受理。

【应用】

根据2018年修订的《中华人民共和国人民法院组织法》和2019年修订的《中华人民共和国法官法》的规定，在原样式院印之下、书记员之上增加“法官助理”。

【裁判依据】

《最高人民法院关于认可和执行台湾地区法院民事判决的规定》第三条 申请人同时提出认可和执行台湾地区法院民事判决申请的，人民法院先按照认可程序进行审查，裁定认可后，由人民法院执行机构执行。

申请人直接申请执行的，人民法院应当告知其一并提交认可申请；坚持不申请认可的，裁定驳回其申请。

第十六条 人民法院经审查能够确认台湾地区法院民事判决真实并且已经生效，而且不具有本规定第十五条所列情形的，裁定认可其效力；不能确认该民事判决的真实性或者已经生效的，裁定驳回申请人的申请。

裁定驳回申请的案件，申请人再次申请并符合受理条件的，人民法院应予受理。

4. 民事裁定书（不予受理认可和执行台湾地区法院民事判决申请用）

××××人民法院

民事裁定书

（××××）……认台……号

申请人：×××，……。

……

（以上写明当事人和其他诉讼参加人的姓名或者名称等基本信息）

××××年××月××日，申请人×××向本院申请认可和执行台湾地区××××法院于××××年××月××日作出的××××号民事判决/裁定/和解笔录/调解笔录/支付命令。本院依法组成合议庭进行了审查。

本院经审查认为，……（写明不予受理的理由）。

依照《最高人民法院关于认可和执行台湾地区法院民事判决的规定》第八条、第十一条、第十九条、……（写明法律、司法解释等法律依据）规定，裁定如下：

对×××的申请，本院不予受理。

如不服本裁定的，可以在裁定书送达之日起十日内，向本院提交上诉状，上诉于××××人民法院。

审　判　长　×××
审　判　员　×××
审　判　员　×××

××××年××月××日
（院印）
法官助理　×××
书　记　员　×××

【说明】

1. 本样式依据《最高人民法院关于认可和执行台湾地区法院民事判决的规定》第八条、第十一条、第十九条制定，供人民法院不予受理申请认可和执行台湾地区法院民事判决申请用。

2. 根据《最高人民法院关于认可和执行台湾地区法院民事判决的规定》，当申请人的申请不符合本规定第四条、第七条所要求的条件，或者一方当事人向人民法院起诉后，另一方当事人向人民法院申请认可的，或者申请人对人民法院裁定不予认可的台湾地区法院民事判决，再次向人民法院提出申请的，人民法院均不予受理。

【应用】

根据2018年修订的《中华人民共和国人民法院组织法》和2019年修订的《中华人民共和国法官法》的规定，在原样式院印之下、书记员之上增加“法官助理”。

【裁判依据】

《最高人民法院关于认可和执行台湾地区法院民事判决的规定》第八条 对于符合本规定第四条和第七条规定条件的申请，人民法院应当在收到申请后七日内立案，并通知申请人和被申请人，同时将申请书送达被申请人；不符合本规定第四条和第七条规定条件的，应当在七日内裁定不予受理，同时说明不予受理的理由；申请人对裁定不服的，可以提起上诉。

第十一条 人民法院受理认可台湾地区法院民事判决的申请后，当事人就同一争议起诉的，不予受理。

一方当事人向人民法院起诉后，另一方当事人向人民法院申请认可的，对于认可的申请不予受理。

第十九条 对人民法院裁定不予认可的台湾地区法院民事判决，申请人再次提出申请的，人民法院不予受理，但申请人可以就同一争议向人民法院起诉。

第四条 申请认可台湾地区法院民事判决的案件，由申请人住所地、经常居住地或者被申请人住所地、经常居住地、财产所在地中级人民法院或者专门人民法院受理。

申请人向两个以上有管辖权的人民法院申请认可的，由最先立案的人民法院管辖。

申请人向被申请人财产所在地人民法院申请认可的，应当提供财产存在的相关证据。

第七条 申请人申请认可台湾地区法院民事判决，应当提交申请书，并附有台湾地区有关法院民事判决文书和民事判决确定证明书的正本或者经证明无误的副本。台湾地区法院民事判决为缺席判决的，申请人应当同时提交台湾地区法院已经合法传唤当事人的证明文件，但判决已经对此予以明确说明的除外。

申请书应当记明以下事项：（一）申请人和被申请人姓名、性别、年龄、职业、身份证件号码、住址（申请人或者被申请人为法人或者其他组织的，应当记明法人或者其他组织的名称、地址、法定代表人或者主要负责人姓名、职务）和通讯方式；（二）请求和理由；（三）申请认可的判决的执行情况；（四）其他需要说明的情况。

5. 民事裁定书（准许撤回认可和执行台湾地区法院民事判决申请用）

××××人民法院

民事裁定书

（××××）……认台……号

申请人：×××，……。

……

被申请人：×××，……。

……

（以上写明当事人和其他诉讼参加人的姓名或者名称等基本信息）

申请人×××申请认可和执行台湾地区××××法院……号民事判决/裁定/和解笔录/调解笔录/支付命令一案，本院于××××年××月××日立案。本院依法组成合议庭进行了审查。申请人×××于××××年××月××日向本院提出撤回申请。……（写明撤回的理由）。

本院经审查认为，申请人×××撤回申请符合法律规定，应予准许。

依照《最高人民法院关于认可和执行台湾地区法院民事判决的规定》第十三条……（写明法律、司法解释等法律依据）规定，裁定如下：

准许×××撤回申请。

审　判　长　×××
审　判　员　×××
审　判　员　×××

××××年××月××日
（院印）
法官助理　×××
书　记　员　×××

【说明】

本样式依据《最高人民法院关于认可和执行台湾地区法院民事判决的规定》第十三条制定，供人民法院裁定准许申请人撤回认可和执行台湾地区法院民事判决申请用。

【应用】

根据2018年修订的《中华人民共和国人民法院组织法》和2019年修订的《中华人民共和国法官法》的规定，在原样式院印之下、书记员之上增加“法官助理”。

【裁判依据】

《最高人民法院关于认可和执行台湾地区法院民事判决的规定》第十三条 人民法院受理认可台湾地区法院民事判决的申请后，作出裁定前，申请人请求撤回申请的，可以裁定准许。

最高人民法院
关于认可和执行台湾地区仲裁裁决的规定

法释〔2015〕14 号

（2015 年 6 月 2 日最高人民法院审判委员会第 1653 次会议通过
2015 年 6 月 29 日最高人民法院公告公布　自 2015 年 7 月 1 日起施行）

为保障海峡两岸当事人的合法权益，更好地适应海峡两岸关系和平发展的新形势，根据民事诉讼法、仲裁法等有关法律，总结人民法院涉台审判工作经验，就认可和执行台湾地区仲裁裁决，制定本规定。

第一条　台湾地区仲裁裁决的当事人可以根据本规定，作为申请人向人民法院申请认可和执行台湾地区仲裁裁决。

第二条　本规定所称台湾地区仲裁裁决是指，有关常设仲裁机构及临时仲裁庭在台湾地区按照台湾地区仲裁规定就有关民商事争议作出的仲裁裁决，包括仲裁判断、仲裁和解和仲裁调解。

第三条　申请人同时提出认可和执行台湾地区仲裁裁决申请的，人民法院先按照认可程序进行审查，裁定认可后，由人民法院执行机构执行。

申请人直接申请执行的，人民法院应当告知其一并提交认可申请；坚持不申请认可的，裁定驳回其申请。

第四条　申请认可台湾地区仲裁裁决的案件，由申请人住所地、经常居住地或者被申请人住所地、经常居住地、财产所在地中级人民法院或者专门人民法院受理。

申请人向两个以上有管辖权的人民法院申请认可的，由最先立案的人民法院管辖。

申请人向被申请人财产所在地人民法院申请认可的，应当提供财产存在的相关证据。

第五条 对申请认可台湾地区仲裁裁决的案件，人民法院应当组成合议庭进行审查。

第六条 申请人委托他人代理申请认可台湾地区仲裁裁决的，应当向人民法院提交由委托人签名或者盖章的授权委托书。

台湾地区、香港特别行政区、澳门特别行政区或者外国当事人签名或者盖章的授权委托书应当履行相关的公证、认证或者其他证明手续，但授权委托书在人民法院法官的见证下签署或者经中国大陆公证机关公证证明是中国大陆签署的除外。

第七条 申请人申请认可台湾地区仲裁裁决，应当提交以下文件或者经证明无误的副本：

（一）申请书；

（二）仲裁协议；

（三）仲裁判断书、仲裁和解书或者仲裁调解书。

申请书应当记明以下事项：

（一）申请人和被申请人姓名、性别、年龄、职业、身份证件号码、住地（申请人或者被申请人为法人或者其他组织的，应当记明法人或者其他组织的名称、地址、法定代表人或者主要负责人姓名、职务）和通讯方式；

（二）申请认可的仲裁判断书、仲裁和解书或者仲裁调解书的案号或者识别资料和生效日期；

（三）请求和理由；

（四）被申请人财产所在地、财产状况及申请认可的仲裁裁决的执行情况；

（五）其他需要说明的情况。

第八条　对于符合本规定第四条和第七条规定条件的申请，人民法院应当在收到申请后七日内立案，并通知申请人和被申请人，同时将申请书送达被申请人；不符合本规定第四条和第七条规定条件的，应当在七日内裁定不予受理，同时说明不予受理的理由；申请人对裁定不服的，可以提起上诉。

第九条　申请人申请认可台湾地区仲裁裁决，应当提供相关证明文件，以证明该仲裁裁决的真实性。

申请人可以申请人民法院通过海峡两岸调查取证司法互助途径查明台湾地区仲裁裁决的真实性；人民法院认为必要时，也可以就有事项依职权通过海峡两岸司法互助途径向台湾地区请求调查取证。

第十条　人民法院受理认可台湾地区仲裁裁决的申请之前或者之后，可以按照民事诉讼法及相关司法解释的规定，根据申请人的申请，裁定采取保全措施。

第十一条　人民法院受理认可台湾地区仲裁裁决的申请后，当事人就同一争议起诉的，不予受理。

当事人未申请认可，而是就同一争议向人民法院起诉的，亦不予受理，但仲裁协议无效的除外。

第十二条　人民法院受理认可台湾地区仲裁裁决的申请后，作出裁定前，申请人请求撤回申请的，可以裁定准许。

第十三条　人民法院应当尽快审查认可台湾地区仲裁裁决的申请，决定予以认可的，应当在立案之日起两个月内作出裁定；决定不予认可或者驳回申请的，应当在作出决定前按有关规定自立案之日起两个月内上报最高人民法院。

通过海峡两岸司法互助途径送达文书和调查取证的期间，不计入审查期限。

第十四条 对申请认可和执行的仲裁裁决，被申请人提出证据证明有下列情形之一的，经审查核实，人民法院裁定不予认可：

（一）仲裁协议一方当事人依对其适用的法律在订立仲裁协议时属于无行为能力的；或者依当事人约定的准据法，或当事人没有约定适用的准据法而依台湾地区仲裁规定，该仲裁协议无效的；或者当事人之间没有达成书面仲裁协议的，但申请认可台湾地区仲裁调解的除外；

（二）被申请人未接到选任仲裁员或进行仲裁程序的适当通知，或者由于其他不可归责于被申请人的原因而未能陈述意见的；

（三）裁决所处理的争议不是提交仲裁的争议，或者不在仲裁协议范围之内；或者裁决载有超出当事人提交仲裁范围的事项的决定，但裁决中超出提交仲裁范围的事项的决定与提交仲裁事项的决定可以分开的，裁决中关于提交仲裁事项的决定部分可以予以认可；

（四）仲裁庭的组成或者仲裁程序违反当事人的约定，或者在当事人没有约定时与台湾地区仲裁规定不符的；

（五）裁决对当事人尚无约束力，或者业经台湾地区法院撤销或者驳回执行申请的。

依据国家法律，该争议事项不能以仲裁解决的，或者认可该仲裁裁决将违反一个中国原则等国家法律的基本原则或损害社会公共利益的，人民法院应当裁定不予认可。

第十五条　人民法院经审查能够确认台湾地区仲裁裁决真实，而且不具有本规定第十四条所列情形的，裁定认可其效力；不能确认该仲裁裁决真实性的，裁定驳回申请。

裁定驳回申请的案件，申请人再次申请并符合受理条件的，人民法院应予受理。

第十六条　人民法院依据本规定第十四条和第十五条作出裁定，一经送达即发生法律效力。

第十七条　一方当事人向人民法院申请认可或者执行台湾地区仲裁裁决，另一方当事人向台湾地区法院起诉撤销该仲裁裁决，被申请人申请中止认可或者执行并且提供充分担保的，人民法院应当中止认可或者执行程序。

申请中止认可或者执行的，应当向人民法院提供台湾地区法院已经受理撤销仲裁裁决案件的法律文书。

台湾地区法院撤销该仲裁裁决的，人民法院应当裁定不予认可或者裁定终结执行；台湾地区法院驳回撤销仲裁裁决请求的，人民法院应当恢复认可或者执行程序。

第十八条　对人民法院裁定不予认可的台湾地区仲裁裁决，申请人再次提出申请的，人民法院不予受理。但当事人可以根据双方重新达成的仲裁协议申请仲裁，也可以就同一争议向人民法院起诉。

第十九条　申请人申请认可和执行台湾地区仲裁裁决的期间，适用民事诉讼法第二百三十九条的规定。

申请人仅申请认可而未同时申请执行的，申请执行的期间自人民法院对认可申请作出的裁定生效之日起重新计算。

第二十条　人民法院在办理申请认可和执行台湾地区仲裁裁决案件中所作出的法律文书，应当依法送达案件当事人。

第二十一条 申请认可和执行台湾地区仲裁裁决，应当参照《诉讼费用交纳办法》的规定，交纳相关费用。

第二十二条 本规定自2015年7月1日起施行。

本规定施行前，根据《最高人民法院关于人民法院认可台湾地区有关法院民事判决的规定》（法释〔1998〕11号），人民法院已经受理但尚未审结的申请认可和执行台湾地区仲裁裁决的案件，适用本规定。

附录1：

《关于认可和执行台湾地区仲裁裁决的规定》的理解与适用*

郤中林 陈宏宇

《最高人民法院关于认可和执行台湾地区仲裁裁决的规定》（法释〔2015〕14号，以下简称本解释）于2015年6月29日发布，同年7月1日起施行。为正确理解和准确适用这一司法解释，现对有关问题说明如下。

一、关于制定背景

大陆和台湾地区仲裁裁决的相互认可和执行，对保障双方民众权益、推动两岸经贸往来，意义重大。就认可和执行台湾地区仲裁裁决问题，最高人民法院并未单独发布过专门司法解释予以

* 载《人民司法（应用）》2016年第7期。

规范，仅在1998年发布的《关于人民法院认可台湾地区有关法院民事判决的规定》（法释〔1998〕11号，以下简称98年《规定》）第19条规定："申请认可台湾地区有关法院民事裁定和台湾地区仲裁机构裁决的，适用本规定。"根据该条规定，人民法院在司法实践中已办理若干起认可和执行台湾地区仲裁裁决的案件。但是，对仲裁裁决直接套用对法院判决认可和执行的规则，明显忽略了仲裁裁决与法院判决在认可和执行方面的差异，特别是审查条件上的差异（其中有些审查条件甚至相冲突）。近年来，法学理论和司法实务界均呼吁，对台湾地区仲裁裁决的认可和执行，不宜再简单套用98年《规定》，而应单独制定司法解释。在司法实践中，内地与港澳之间对法院判决和仲裁裁决的认可和执行也是分别签署安排的。鉴此，最高人民法院决定，对台湾地区仲裁裁决的认可和执行问题，单独制定本解释。

二、本解释概况

本解释共22条，其中，有关申请主体、申请认可和执行的处理顺序、案件管辖、审判组织、委托代理、受理条件、保全措施、撤回申请、驳回申请、裁定效力、申请期间、送达、诉讼费用、解释生效等内容，多源于98年《规定》和《最高人民法院关于人民法院认可台湾地区有关法院民事判决的补充规定》（法释〔2009〕4号），并与同步发布的《关于认可和执行台湾地区法院民事判决的规定》（法释〔2015〕13号，以下简称《认可台湾民事判决规定》）基本保持一致。有关适用范围、不予认可的理由、审查期限及不予认可报审程序、司法对仲裁的支持和监督、撤销仲裁裁决的影响等仲裁裁决的认可和执行中所特有的内容，本解释参照内地与港澳特区相互认可和执行仲裁裁决的两个安排，并适度参考《承认及执行外国仲裁裁决公约》（1958 年纽约公约）的规定，同时结合本解释只适用于台湾地区仲裁裁决认可和执行的情况，作出富有特色的针对性规定。本文重点就本解释中有关仲裁裁决认可和执行所特有的相关问题予以说明，有关申请主体等条款的理解问题，可参考《〈关于认可和执行台湾地区法院民事判决的规定〉的理解与适用》一文。

三、关于适用范围

本解释第 2 条规定："本规定所称台湾地区仲裁裁决是指，有关常设仲裁机构及临时仲裁庭在台湾地区按照台湾地区仲裁规定就有关民商事争议作出的仲裁裁决，包括仲裁判断、仲裁和解和仲裁调解。"该条款明确了可予认可和执行的台湾地区仲裁裁决的认定标准及其外延，较之于 98 年《规定》进一步扩大了认可和执行的范围。就台湾地区仲裁裁决的认定，要注意以下几点：

1. 关于台湾地区仲裁裁决的认定标准。台湾地区"仲裁法"第 47 条规定，在台湾境外作出的裁决以及在台湾依据外国法律作成的裁决系外国仲裁裁决。根据该条之"立法理由"，该条所称之外国法律，包含外国仲裁法规、外国仲裁机构仲裁规则及国际组织仲裁规则。按照台湾地区"仲裁法"被认定为外国仲裁裁决的，自不宜列入本解释的适用范围。鉴此，本条明确了认定台湾地区仲裁裁决的两个必备因素：一是仲裁地因素，即在台湾地区作出；二是仲裁程序规则适用因素，即适用台湾地区仲裁规定，该仲裁规定既包括台湾地区"仲裁法"，亦包括台湾地区的相关仲裁规则。

2. 关于台湾地区仲裁裁决的外延。按照台湾地区"仲裁法”，仲裁庭就仲裁事项可作出仲裁判断、仲裁和解和仲裁调解，其并无大陆“仲裁裁决”之概念。基于表述方便和易于为大陆人士理解的考虑，本解释采用“台湾地区仲裁裁决”之概念，明确其包括仲裁判断、仲裁和解和仲裁调解三种形式，并将三者均纳入本解释适用范围。

第一，关于仲裁判断。仲裁判断即为仲裁庭作出的判断，等同于大陆《仲裁法》中仲裁裁决的概念。台湾地区“仲裁法”第37条规定：“仲裁人之判断，于当事人间，与法院之确定判决，有同一效力。”将台湾地区的仲裁判断列入本解释的适用范围，自无争议。

第二，关于仲裁和解。台湾地区“仲裁法”第44条规定了仲裁和解，即“仲裁事件，于仲裁判断前，得为和解”；“和解成立者，由仲裁人作成和解书。前项和解，与仲裁判断有同一效力。”该仲裁和解类似于大陆《仲裁法》第51条所规定的由仲裁庭作出的调解（该调解与仲裁裁决具有同等法律效力）。二者的共性在于，在当事人订有仲裁协议的前提下，达成与仲裁判断或仲裁裁决具有同等法律效力的和解书或调解书。故，台湾地区的仲裁和解可纳入本解释的适用范围。

第三，关于仲裁调解。台湾地区“仲裁法”第45条规定了仲裁调解，即“未依本法订立仲裁协议者，仲裁机构得依当事人之声请，经他方同意后，由双方选定仲裁人进行调解。调解成立者，由仲裁人作成调解书”；“前项调解成立者，其调解与仲裁和解有同一效力。”按照台湾地区“仲裁法”第45条、第44条和第37条，可推导出所谓的仲裁调解与法院之确定判决有同一效力。故，台湾地区的仲裁调解亦可纳入本解释的适用范围。

本解释起草过程中曾有意见提出，虽然大陆《仲裁法》中没有与台湾地区“仲裁法”第45条的仲裁调解书相对应的概念，但是《最高人民法院关于建立健全诉讼与非诉讼相衔接的矛盾纠纷解决机制的若干意见》（法发〔2009〕45号）第9条规定：“没有仲裁协议的当事人申请仲裁委员会对民事纠纷进行调解的，由该仲裁委员会专门设立的调解组织按照公平中立的调解规则进行调解后达成的有民事权利义务内容的调解协议，经双方当事人签字或者盖章后，具有民事合同性质。”台湾地区“仲裁法”第45条规定的仲裁调解与上述意见第9条规定的调解协较为类似，二者共性在于，当事人未达成仲裁协议的前提下，仲裁庭（或其下设的调解机构）促成调解，达成协议。根据该上述意见第9条的规定，调解协议并不具有强制执行力。在大陆尚未赋予与台湾地区的仲裁调解具有类似地位的调解协议以强制执行力的情况下，暂不宜将台湾地区的仲裁调解纳入本解释的适用范围。上述观点虽有一定道理，但基于以下两点考虑，最终将台湾地区仲裁调解纳入本解释适用范围。一是大陆司法实践中亦有通过司法确认赋予上述意见第9条中调解协议以强制执行力的做法，在一定意义上该司法确认与本解释规定的认可审查具有相同的功能。二是在台湾地区“仲裁法”实际赋予仲裁调解与法院之确定判决有同一效力的情况下，将台湾地区仲裁调解纳入本解释的适用范围，作为大陆人民法院可以认可和执行的对象，有利于减少两岸当事人的诉累，保障当事人的合法权益。

3. 所谓台湾地区仲裁裁决既包括机构仲裁裁决，也包括临时仲裁裁决。98年《规定》第19条将可向人民法院申请认可和执行的仲裁裁决限定为“台湾地区仲裁机构裁决”，从而排除了临时仲裁裁决的适用。目前，大陆《仲裁法》虽未规定临时仲裁问题，但是根据《承认及执行外国仲裁裁决公约》《最高人民法院关于适用民事诉讼法的解释》第545条①以及内地与港澳特区两个认可和执行仲裁裁决安排的规定，当事人可就境外的临时仲裁裁决在我国（内地）申请认可和执行。台湾地区允许临时仲裁，因此同样会产生当事人就台湾地区临时仲裁裁决在大陆申请认可和执行的问题。本解释对此没有延续98年《规定》的限制，而是采用我国（内地）对外国（港澳）临时仲裁裁决的一贯做法，明确将台湾地区临时仲裁裁决纳入本解释的适用范围。

4. 所谓台湾地区仲裁裁决仅限于就有关民商事争议作出的仲裁裁决，不包括有关解决行政争议的仲裁裁决。台湾地区“仲裁法”第1条第2款规定，可仲裁的争议以“依法得和解者为限”。就该条款，有台湾地区学者认为：“不仅民事争议，若行政上给付的争议可能和解的，亦可以仲裁方式解决。”② 这一点与大陆《仲裁法》第3条有关依法应当由行政机关处理的行政争议不能仲裁的规定明显不同。根据《海峡两岸共同打击犯罪及司法互助协议》第10条“相互认可及执行民事确定裁判与仲裁裁决（仲裁判断）”的约定，本解释仅适用于民商事仲裁裁决，而不适用于有关涉及行政争议的仲裁裁决。对于台湾地区就行政争议作出的仲裁裁决的认可和执行问题，需要在两岸有明确协议或共识基础上，大陆有关方面另行以适当方式加以规范。

四、关于司法对仲裁的支持

大陆《仲裁法》第5条规定：“当事人达成仲裁协议，一方向人民法院起诉的，人民法院不予受理，但仲裁协议无效的除

---

① 现为2022年修正的《民事诉讼法解释》第543条。——编者注

② 吴光明：《仲裁权之探讨——海峡两岸之比较研究》，载《仲裁法理论与判决研究》，我国台湾地区翰芦图书出版有限公司2004年版，第75页。

外。”该条规定表明了人民法院对当事人意思自治的尊重和对仲裁的支持，体现了在当事人之间存在有效仲裁协议的前提下，仲裁优先于诉讼的精神。本解释第11条第1款规定：“人民法院受理认可台湾地区仲裁裁决的申请后，当事人就同一争议起诉的，不予受理。”第2款规定：“当事人未申请认可，而是就同一争议向人民法院起诉的，亦不予受理，但仲裁协议无效的除外。”该两款规定均体现了大陆《仲裁法》第5条的精神，即在当事人之间存在有效仲裁协议的情况下，无论当事人是否向人民法院提出认可台湾地区仲裁裁决的申请，其就同一争议向人民法院起诉的，人民法院均不予受理。就该两款条文的理解，需注意以下几点：

1. 关于本条第1款规定的人民法院受理认可申请后当事人在大陆重新起诉的问题。《认可台湾民事判决规定》第11条第1款亦有类似规定，即“人民法院受理认可台湾地区法院民事判决的申请后，当事人就同一争议起诉的，不予受理。”二者虽然表述类似，处理结果相同，但法理依据相异。前者更多体现了仲裁优先的精神，即有效仲裁协议排斥法院管辖；后者在本质上体现了一事不再理的原则。

2. 关于本条第2款规定的当事人在大陆未申请认可而选择向人民法院起诉的问题。《认可台湾民事判决规定》第12条亦有类似规定，即“案件虽经台湾地区有关法院判决，但当事人未申请认可，而是就同一争议向人民法院起诉的，应予受理。”二者处理结果完全相反。前者依然体现了仲裁优先的精神；后者则体现了对当事人诉讼权利的尊重。

3. 本条两款的处理结果均为人民法院不予受理，但不同在于第2款有“仲裁协议无效”的除外条款。就本条第1款规定的情形，人民法院认定仲裁协议无效的，结合本解释第 14 条和第 18 条，当事人可以就同一争议向人民法院起诉。

4. 本条第 2 款和第 14 条第 1 款第 1 项均涉及仲裁协议无效的问题，后者明确了准据法的适用，前者对此未予规定。判断仲裁协议的效力应适用相应的准据法，而准据法的认定则应遵守相同的法律适用规则。故，本条第 2 款有关认定仲裁协议无效的准据法，应当参照适用第 14 条第 1 款第 1 项的规定，即优先适用当事人约定的准据法，在当事人没有约定时适用台湾地区的仲裁规定。

五、关于司法对仲裁的监督

司法对仲裁的监督主要体现在本解释第 14 条不予认可和第 15 条驳回申请的相关规定，核心是第 14 条。

仲裁裁决与法院判决在认可和执行问题上最主要的区别在于审查条件——不予认可理由上的差异。除了正当程序（即被申请人在此前的仲裁或诉讼程序中得到合法通知或传唤）及公共秩序条款可以作为其二者审查的共同条件外，其他审查事项均需根据各自的性质而设定，并不能相互简单替代，其中有些审查事项甚至相冲突。仲裁庭的组成或者仲裁程序的合法性、争议事项的可仲裁性等是仲裁裁决审查所独有的事项；而申请认可和执行地法院的专属管辖则为法院判决审查所特有。对仲裁裁决审查中要求当事人之间订有有效的仲裁协议，而有效的仲裁协议恰恰是对判决不予认可的重要理由。鉴此，本解释第 14 条没有再简单沿用 98 年《规定》中有关不予认可台湾地区法院民事判决的理由，而是参考内地与港澳两个认可和执行仲裁裁决安排及《承认及执行外国仲裁裁决公约》的有关内容，规定了不予认可台湾地区仲裁裁决的具体理由。该条规定的理由与上述安排和公约的内容除个别表述外，基本保持了一致。就该条文，要注意以下几点：

1. 部分表述的调整。本解释系最高人民法院单方发布的司法解释，而非海峡两岸签署的裁判认可司法协助协议，仅适用于台湾地区仲裁裁决在大陆的认可和执行问题，故本解释并未延续内地与港澳两个认可和执行仲裁裁决安排及《承认及执行外国仲裁裁决公约》中有关依据仲裁地法律确定仲裁协议效力及仲裁庭的组成或者仲裁程序合法性等表述，而是在第 14 条第 1 款第 1 项、第 4 项、第 5 项中直接表述为依据“台湾地区仲裁规定”认定或“经台湾地区法院撤销或者驳回执行申请”。表述虽然有一定差异，但体现的法理并无二致。

2. 具体审查事项。第 14 条第 1 款所列的五种情形，基本上属于程序性问题，第 1 项是仲裁协议无效；第 2 项是限制或者剥夺了当事人重大程序性权利；第 3 项是仲裁裁决超范围；第 4 项是仲裁庭组成或者仲裁程序不合法；第 5 项是仲裁裁决未生效或者被撤销、驳回执行申请。由此可见，人民法院对于台湾地区仲裁裁决中的事实认定和法律适用问题是不予审查的，其对仲裁裁决的审查只是程序性审查。该审查类似于人民法院对大陆仲裁机构作出的涉外仲裁裁决的审查，不同于人民法院对大陆仲裁机构作出的非涉外仲裁裁决所进行的实质性审查。

第 14 条第 2 款主要规定了公共秩序保留条款。在适用该款规定时应采用“结果说”，即只有认可台湾地区仲裁裁决的结果违反国家法律的基本原则或损害社会公共利益时才不予认可，而不得简单根据仲裁裁决的内容即作出不予认可的裁定。海峡两岸在社会、经济制度等方面均存在较大差异，规定公共秩序条款固然可以起到“安全阀”的功能，但是认可和执行台湾地区仲裁裁决毕竟属于一国之内的区际司法协助，人民法院在司法实践中应当采取十分慎重的态度，严格限制公共秩序条款的适用。该款中所称“依据国家法律，该争议事项不能以仲裁解决的”，即争议事项不具有可仲裁性，其中就包括对依法应当由行政机关处理的行政争议所作的仲裁裁决，目前不能依据本解释予以认可执行，未来不排除可以通过其他方式予以认可和执行。

3. 查的启动方式。第 14 条第 1 款所列五种情形，人民法院不主动审查，只有被申请人提出申请后人民法院方予以审查；同时也只有被申请人能够举证证明有关情形存在，人民法院方可裁定不予认可。就第 14 条第 2 款所列情形，人民法院应当依职权主动审查。

4. 仲裁调解审查的特殊规定。本解释第 2 条明确其适用范围涵盖台湾地区的仲裁调解，而按照台湾地区“仲裁法”，仲裁调解适用于“未依本法订立仲裁协议者”，故当事人申请认可台湾地区仲裁调解书时，其并无仲裁协议。鉴此，第 11 条第 1 款第 1 项规定了申请认可台湾地区仲裁调解时的除外条款，即不得以无仲裁协议为由裁定不予认可。同理，本解释第 7 条有关申请时应当提交材料的规定，亦应作相同的解释，即申请认可台湾地区仲裁调解书的，不应要求提交仲裁协议。

司法对仲裁的监督还体现在第 15 条有关驳回申请的规定。就当事人的认可申请，本解释与《认可台湾民事判决规定》第 16 条基本一致，区分了裁定不予认可与裁定驳回申请两种否定性的处理结果。第 15 条规定的裁定驳回申请，仅适用于不能确认台湾地区仲裁裁决真实性的情形。

六、关于审查期限及不予认可的报审程序

本解释第 13 条明确了对台湾地区仲裁裁决的审查期限及拟不予认可时的报审程序。此前，最高人民法院于 1998 年发布的《关于承认和执行外国仲裁裁决收费及审查期限问题的规定》(法释〔1998〕28 号) 第 4 条规定了人民法院办理申请承认和执行外国仲裁裁决案件的 2 个月审查期限及不予承认时的报审程序，该程序表明了人民法院审慎对待境外仲裁裁决的态度，实质上体现了人民法院支持仲裁的立场，在实践中也取得了较好的法律效果和社会效果。台湾地区仲裁并非外国仲裁，但就审查期限及不予认可时的报审问题，则完全可参照适用上述有关外国仲裁裁决的规定。鉴此，本解释就审查期限及不予认可报审问题采用了前述法释〔1998〕28 号司法解释的意见。

七、关于在台撤销仲裁裁决程序对人民法院认可和执行程序的影响

台湾地区仲裁裁决进入人民法院的认可审查和执行程序后，如果当事人（通常是被申请人）又向台湾地区法院提出撤销仲裁裁决之诉的，撤销之诉的审理结果将直接影响该仲裁裁决的法律效力，进而对人民法院的认可和执行程序产生影响。根据台湾地区"仲裁法"，起诉撤销仲裁裁决的，"法院得依当事人之声请，定相当并确实之担保，裁定停止执行"，即该仲裁裁决在台湾被起诉撤销期间，亦可停止执行。鉴此，在仲裁裁决被当事人在台湾法院提起撤销之诉的情况下，在申请认可和执行地（大陆）自不宜赋予该仲裁裁决比仲裁地（台湾地区）更高的效力。本解释第 17 条第 1 款就此规定："一方当事人向人民法院申请认可或者

执行台湾地区仲裁裁决，另一方当事人向台湾地区法院起诉撤销该仲裁裁决，被申请人申请中止认可或者执行并且提供充分担保的，人民法院应当中止认可或者执行程序。”同时，该条第2款要求被申请人应当向人民法院提供台湾地区法院已经受理撤销仲裁裁决案件的法律文书？第3款则区分在台撤销之诉的审理结果，分别规定了人民法院在认可或者执行程序中的相应处理方式。就该条文，需注意以下几点：

1. 本条与本解释第14条第1款第5项的关系。根据第14条第1款第5项，仲裁裁决业经台湾地区法院撤销的，人民法院裁定不予认可。本条第1款适用于在台湾地区启动撤销仲裁裁决之诉但尚未作出判决的情形；而第14条第1款第5项仅适用于被申请人提供证据证明台湾地区法院已经作出了撤销仲裁裁决的判决或者驳回执行申请的情形。

2. 区分台湾法院撤销之诉的判决情况及该申请案件在人民法院所处的阶段，作出不同的处理。人民法院中止认可或者执行程序后，如果台湾地区法院驳回撤销仲裁裁决请求，无论该申请案件处于认可阶段还是执行阶段，人民法院均应当恢复相应的程序；如果台湾地区法院撤销该仲裁裁决，该申请案件尚处于认可审查阶段的，人民法院应当裁定不予认可，该申请案件已经处于执行阶段的，人民法院应当裁定终结执行。

3. 台湾地区法院的撤销之诉判决是否需要人民法院认可。司法实践中，多数意见认为，台湾地区仲裁裁决在大陆法院认可和执行程序中，不宜再要求当事人就台湾地区法院的撤销之诉判决向人民法院提出认可申请。本解释第14条第1款第5项规定的不予认可的理由，即“（仲裁）裁决……业经台湾地区法院撤销……的”，也并未要求台湾法院的撤销判决需经人民法院认可。

主要是考虑：其一，这样规定与《承认及执行外国仲裁裁决公约》第5条第1款戊项的内容相一致，符合国际司法协助的惯例，并且一国范围内的区际司法协助自不宜规定较之于国际司法协助更为烦琐的程序。其二，在认可和执行仲裁裁决程序中，人民法院的审查对象是仲裁裁决，台湾法院撤销仲裁裁决的判决只是审查中认定仲裁裁决效力的证据而已，只要能确认其真实性即可，无需对其效力再作深度审查。这样理解既有利于减少当事人的诉累，也可有效地提高司法效率。

八、关于裁定不予认可后的纠纷解决途径

人民法院作出不予认可裁定后申请人再次提出申请的，人民法院不予受理，但当事人若就同一争议向人民法院起诉，法院可否受理不无疑问。该问题的关键在于，人民法院作出不予认可的裁定后，当事人之间原有的仲裁协议是否还继续具有约束双方通过仲裁解决争议的效力。与人民法院对境外仲裁裁决作出的不予认可裁定相类似的是，人民法院对大陆仲裁裁决作出的撤销或者不予执行裁定。对于后者，大陆《仲裁法》第9条第2款规定："裁决被人民法院依法裁定撤销或者不予执行的，当事人就该纠纷可以根据双方重新达成的仲裁协议申请仲裁，也可以向人民法院起诉。"由此可知，仲裁裁决被人民法院裁定撤销或者不予执行的，原有仲裁协议已经不具有约束当事人进行仲裁的效力，当事人可以直接就该争议向法院诉讼，希望仲裁的还需重新达成仲裁协议。据此，上述问题可转化为，人民法院对境外仲裁裁决作出不予承认或者不予认可裁定与人民法院对大陆仲裁裁决作出撤销或者不予执行裁定，是否具有相同的法律后果。本解释起草过程中有意见认为，其二者法律后果不同，前者仍涉及依据相关准

据法对仲裁协议有效性的认定问题，若协议有效人民法院不得受理，若协议无效人民法院可予受理。我们认为，人民法院裁定不予承认或者不予认可境外仲裁裁决的理由和人民法院撤销或者不予执行大陆涉外仲裁裁决的理由大致相同，均为程序性事由，其法律后果均为对仲裁裁决效力的否定性评价，在此情形下没有必要对仲裁协议的效力再加以区别。最终，本解释第 18 条明确规定，人民法院裁定不予认可的，“当事人可以根据双方重新达成的仲裁协议申请仲裁，也可以就同一争议向人民法院起诉”。

附录 2：文书样式

1. 民事裁定书（认可和执行台湾地区仲裁裁决用）

××××人民法院

民事裁定书

（××××）……认台……号

申请人：×××，……。

……

被申请人：×××，……。

……

（以上写明当事人和其他诉讼参加人的姓名或者名称等基本

信息）

申请人×××申请认可和执行台湾地区××××仲裁机构/仲裁庭……号仲裁裁决一案，本院于××××年××月××日立案。本院依法组成合议庭进行了审查，组织当事人进行了询问，现已审查终结。

×××申请称，……（写明申请人的请求、事实和理由）。

×××陈述意见称，……（写明被申请人的意见）。

本院经审查认为，……（写明争议焦点，根据认定的事实和相关法律，对请求进行分析评判，说明理由）。

依照《最高人民法院关于认可和执行台湾地区仲裁裁决的规定》第十五条、……（写明法律、司法解释等法律依据）规定，裁定如下：

认可和执行台湾地区××××仲裁机构/仲裁庭……号仲裁裁决的效力。

案件申请费……元，由……负担（写明当事人姓名或者名称、负担金额）。

审 判 长 ×××
审 判 员 ×××
审 判 员 ×××

××××年××月××日

（院印）

法官助理 ×××
书 记 员 ×××

【说明】

1. 本样式依据《最高人民法院关于认可和执行台湾地区仲裁裁决的规定》第十五条制定，供人民法院裁定认可和执行台湾地区仲裁裁决时使用。

2. 根据《最高人民法院关于认可和执行台湾地区仲裁裁决的规定》第十五条的规定，人民法院经审查能够确认台湾地区仲裁裁决真实，且不具有本规定第十四条所列情形的，裁定认可和执行该裁决。

【应用】

根据2018年修订的《中华人民共和国人民法院组织法》和2019年修订的《中华人民共和国法官法》的规定，在原样式院印之下、书记员之上增加“法官助理”。

【裁判依据】

《最高人民法院关于认可和执行台湾地区仲裁裁决的规定》

第十四条　对申请认可和执行的仲裁裁决，被申请人提出证据证明有下列情形之一的，经审查核实，人民法院裁定不予认可：(一) 仲裁协议一方当事人依对其适用的法律在订立仲裁协议时属于无行为能力的；或者依当事人约定的准据法，或当事人没有约定适用的准据法而依台湾地区仲裁规定，该仲裁协议无效的；或者当事人之间没有达成书面仲裁协议的，但申请认可台湾地区仲裁调解的除外；(二) 被申请人未接到选任仲裁员或进行仲裁程序的适当通知，或者由于其他不可归责于被申请人的原因而未能陈述意见的；（三）裁决所处理的争议不是提交仲裁的争议，或者不在仲裁协议范围之内；或者裁决载有超出当事人提交仲裁范围的事项的决定，但裁决中超出提交仲裁范围的事项的决定与提交仲裁事项的决定可以分开的，裁决中关于提交仲裁事项的决定部分可以予以认可；（四）仲裁庭的组成或者仲裁程序违反当事人的约定，或者在当事人没有约定时与台湾地区仲裁规定不符的；（五）裁决对当事人尚无约束力，或者业经台湾地区法院撤销或者驳回执行申请的。

依据国家法律，该争议事项不能以仲裁解决的，或者认可该仲裁裁决将违反一个中国原则等国家法律的基本原则或损害社会公共利益的，人民法院应当裁定不予认可。

第十五条 人民法院经审查能够确认台湾地区仲裁裁决真实，而且不具有本规定第十四条所列情形的，裁定认可其效力；不能确认该仲裁裁决真实性的，裁定驳回申请。

裁定驳回申请的案件，申请人再次申请并符合受理条件的，人民法院应予受理。

2. 民事裁定书（不予认可和执行台湾地区仲裁裁决用）

×××× 人民法院

民事裁定书

（××××）……认台……号

申请人：×××，……。

……

被申请人：×××，……。

……

（以上写明当事人和其他诉讼参加人的姓名或者名称等基本信息）

申请人×××申请认可和执行台湾地区××××仲裁机构/仲裁庭……号仲裁裁决一案，本院于××××年××月××日立案。本院依法组成合议庭进行了审查，组织当事人进行了询问，现已审查终结。

×××申请称，……（写明申请人的请求、事实和理由）。

×××陈述意见称，……（写明被申请人的意见）。

本院经审查认为，……（写明争议焦点，根据认定的事实和相关法律，对请求进行分析评判，说明理由）。

依照《最高人民法院关于认可和执行台湾地区仲裁裁决的规定》第十四条、第十七条……（写明法律、司法解释等法律依据）规定，裁定如下：

不予认可和执行台湾地区××××仲裁机构/仲裁庭……号仲裁裁决的效力。

案件申请费……元，由……负担（写明当事人姓名或者名称、负担金额）。

审　判　长　×××
审　判　员　×××
审　判　员　×××

××××年××月××日
（院印）
法官助理　×××
书　记　员　×××

【说明】

1. 本样式依据《最高人民法院关于人民法院认可和执行台湾地区仲裁裁决的规定》第十四条、第十七条制定，供人民法院裁定不予认可和执行台湾地区仲裁裁决用。

2. 根据《最高人民法院关于认可和执行台湾地区仲裁裁决的规定》规定，人民法院经过审查，认为台湾地区仲裁裁决具有解释第十四条第一款所列的五种情形之一，或该争议事项不能以仲裁解决，或认为认可该仲裁裁决将违反一个中国原则等国家法律的基本原则或者损害社会公共利益，或台湾地区法院撤销该仲裁裁决的，人民法院应当裁定不予认可。

【应用】

根据2018年修订的《中华人民共和国人民法院组织法》和2019年修订的《中华人民共和国法官法》的规定，在原样式院印之下、书记员之上增加“法官助理”。

【裁判依据】

《最高人民法院关于认可和执行台湾地区仲裁裁决的规定》

第十四条 对申请认可和执行的仲裁裁决，被申请人提出证据证明有下列情形之一的，经审查核实，人民法院裁定不予认可：(一)仲裁协议一方当事人依对其适用的法律在订立仲裁协议时属于无行为能力的；或者依当事人约定的准据法，或当事人没有约定适用的准据法而依台湾地区仲裁规定，该仲裁协议无效的；或者当事人之间没有达成书面仲裁协议的，但申请认可台湾地区仲裁调解的除外；(二)被申请人未接到选任仲裁员或进行仲裁程序的适当通知，或者由于其他不可归责于被申请人的原因而未能陈述意见的；(三)裁决所处理的争议不是提交仲裁的争议，或者不在仲裁协议范围之内；或者裁决载有超出当事人提交仲裁范围的事项的决定，但裁决中超出提交仲裁范围的事项的决定与提交仲裁事项的决定可以分开的，裁决中关于提交仲裁事项的决定部分可以予以认可；(四)仲裁庭的组成或者仲裁程序违反当事人的约定，或者在当事人没有约定时与台湾地区仲裁规定不符的；(五)裁决对当事人尚无约束力，或者业经台湾地区法院撤销或者驳回执行申请的。

依据国家法律，该争议事项不能以仲裁解决的，或者认可该仲裁裁决将违反一个中国原则等国家法律的基本原则或损害社会公共利益的，人民法院应当裁定不予认可。

第十七条 一方当事人向人民法院申请认可或者执行台湾地区仲裁裁决，另一方当事人向台湾地区法院起诉撤销该仲裁裁决，被申请人申请中止认可或者执行并且提供充分担保的，人民法院应当中止认可或者执行程序。

申请中止认可或者执行的，应当向人民法院提供台湾地区法院已经受理撤销仲裁裁决案件的法律文书。

台湾地区法院撤销该仲裁裁决的，人民法院应当裁定不予认可或者裁定终结执行；台湾地区法院驳回撤销仲裁裁决请求的，人民法院应当恢复认可或者执行程序。

3. 民事裁定书（驳回认可和执行台湾地区仲裁裁决申请用）

××××人民法院

民事裁定书

（××××）……认台……号

申请人：×××，……。

……

被申请人：×××，……。

……

（以上写明当事人和其他诉讼参加人的姓名或者名称等基本

信息）

申请人×××申请认可和执行台湾地区××××仲裁机构/仲裁庭……号仲裁裁决一案，本院于××××年××月××日立案。本院依法组成合议庭进行了审查。

×××申请称，……（写明申请人的请求、事实和理由）。

×××陈述意见称，……（写明被申请人的意见）。

本院经审查认为，……（写明驳回申请的理由）。

依照《最高人民法院关于认可和执行台湾地区仲裁裁决的规定》第三条、第十五条、……（写明法律、司法解释等法律依据）规定，裁定如下：

驳回×××的申请。

审　判　长　×××
审　判　员　×××
审　判　员　×××

××××年××月××日
（院印）
法官助理　×××
书　记　员　×××

【说明】

1. 本样式依据《最高人民法院关于认可和执行台湾地区仲裁裁决的规定》第三条、第十五条制定，供人民法院裁定驳回认可和执行台湾地区仲裁裁决申请用。

2. 根据《最高人民法院关于认可和执行台湾地区仲裁裁决的规定》，当申请人坚持不申请认可，而直接申请执行的，或者人民法院无法确认该仲裁裁决的真实性的，人民法院应当裁定驳回其申请。裁定驳回申请的案件，申请人再次申请并符合受理条件的，人民法院应予受理。

【应用】

根据2018年修订的《中华人民共和国人民法院组织法》和2019年修订的《中华人民共和国法官法》的规定，在原样式院印之下、书记员之上增加“法官助理”。

【裁判依据】

《最高人民法院关于认可和执行台湾地区仲裁裁决的规定》

第三条 申请人同时提出认可和执行台湾地区仲裁裁决申请的，人民法院先按照认可程序进行审查，裁定认可后，由人民法院执行机构执行。

申请人直接申请执行的，人民法院应当告知其一并提交认可申请；坚持不申请认可的，裁定驳回其申请。

第十五条 人民法院经审查能够确认台湾地区仲裁裁决真实，而且不具有本规定第十四条所列情形的，裁定认可其效力；不能确认该仲裁裁决真实性的，裁定驳回申请。

裁定驳回申请的案件，申请人再次申请并符合受理条件的，人民法院应予受理。

4. 民事裁定书（不予受理认可和执行台湾地区仲裁裁决申请用）

××××人民法院

民事裁定书

（××××）……认台……号

申请人：×××，……。

……

（以上写明当事人和其他诉讼参加人的姓名或者名称等基本信息）

××××年××月××日，申请人×××向本院申请认可和执行台湾地区××××仲裁机构/仲裁庭于××××年××月××日作出的……号仲裁裁决。本院依法组成合议庭进行了审查。

本院经审查认为，……（写明不予受理的理由）。

依照《最高人民法院关于认可和执行台湾地区仲裁裁决的规定》第八条、第十八条、……（明确写明公约、条约、法律、司法解释等法律依据）规定，裁定如下：

对×××的申请，本院不予受理。

审　判　长　×××
审　判　员　×××

审　判　员　×××

××××年××月××日

（院印）

法 官 助 理　×××

书　记　员　×××

【说明】

本样式依据《最高人民法院关于人民法院认可和执行台湾地区仲裁裁决的规定》第八条、第十八条制定，供人民法院裁定不予受理认可和执行台湾地区仲裁裁决申请用。

【应用】

根据2018年修订的《中华人民共和国人民法院组织法》和2019年修订的《中华人民共和国法官法》的规定，在原样式院印之下、书记员之上增加“法官助理”。

【裁判依据】

《最高人民法院关于认可和执行台湾地区仲裁裁决的规定》

第八条　对于符合本规定第四条和第七条规定条件的申请，人民法院应当在收到申请后七日内立案，并通知申请人和被申请人，同时将申请书送达被申请人；不符合本规定第四条和第七条规定条件的，应当在七日内裁定不予受理，同时说明不予受理的理由；申请人对裁定不服的，可以提起上诉。

第十八条　对人民法院裁定不予认可的台湾地区仲裁裁决，

申请人再次提出申请的，人

民法院不予受理。但当事人可以根据双方重新达成的仲裁协议申请仲裁，也可以就同一争议向人民法院起诉。

5. 民事裁定书（准许撤回认可和执行台湾地区仲裁裁决申请用）

×××× 人民法院
民事裁定书

（××××）……认台……号

申请人：×××，……。

……

被申请人：×××，……。

……

（以上写明当事人和其他诉讼参加人的姓名或者名称等基本信息）

申请人×××申请认可和执行台湾地区××××仲裁机构/仲裁庭……号仲裁裁决一案，本院于××××年××月××日立案。本院组成合议庭进行审查。

×××于××××年××月××日向本院提出撤回申请的请求。

本院经审查认为，……（写明准许撤回的理由）。

依照《最高人民法院关于认可和执行台湾地区仲裁裁决的规定》第十二条、……（写明公约、条约、法律、司法解释等法律依据）规定，裁定如下：

准许××××撤回申请。

案件申请费……元，由……负担（写明当事人姓名或者名称、负担金额）。

审　判　长　×××
审　判　员　×××
审　判　员　×××

××××年××月××日
（院印）
法 官 助 理　×××
书　记　员　×××

【说明】

本样式根据《最高人民法院关于人民法院认可和执行台湾地区仲裁裁决的规定》第十二条制定，供人民法院裁定准许撤回认可和执行台湾地区仲裁裁决申请用。

【应用】

根据2018年修订的《中华人民共和国人民法院组织法》和2019年修订的《中华人民共和国法官法》的规定，在原样式院印之下、书记员之上增加“法官助理”。

【裁判依据】

《最高人民法院关于认可和执行台湾地区仲裁裁决的规定》

第十二条　人民法院受理认可台湾地区仲裁裁决的申请后，作出裁定前，申请人请求撤回申请的，可以裁定准许。

（三）罪犯移管

最高人民法院
关于人民法院办理接收在台湾地区服刑的大陆居民回大陆服刑案件的规定

法释〔2016〕11号

（2015年6月2日最高人民法院审判委员会第1653次会议通过 2016年4月27日最高人民法院公告公布 自2016年5月1日起施行）

为落实《海峡两岸共同打击犯罪及司法互助协议》，保障接收在台湾地区服刑的大陆居民回大陆服刑工作顺利进行，根据《中华人民共和国刑法》《中华人民共和国刑事诉讼法》等有关法律，制定本规定。

第一条 人民法院办理接收在台湾地区服刑的大陆居民（以下简称被判刑人）回大陆服刑案件（以下简称接收被判刑人案件），应当遵循一个中国原则，遵守国家法律的基本原则，秉持人道和互惠原则，不得违反社会公共利益。

第二条 接收被判刑人案件由最高人民法院指定的中级人民法院管辖。

第三条 申请机关向人民法院申请接收被判刑人回大陆服刑，应当同时提交以下材料：

（一）申请机关制作的接收被判刑人申请书，其中应当载明：

1. 台湾地区法院认定的被判刑人实施的犯罪行为及判决依据的具体条文内容；

2. 该行为在大陆依据刑法也构成犯罪、相应的刑法条文、罪名及该行为未进入大陆刑事诉讼程序的说明；

3. 建议转换的具体刑罚；

4. 其他需要说明的事项。

（二）被判刑人系大陆居民的身份证明；

（三）台湾地区法院对被判刑人定罪处刑的裁判文书、生效证明和执行文书；

（四）被判刑人或其法定代理人申请或者同意回大陆服刑的书面意见，且法定代理人与被判刑人的意思表示一致；

（五）被判刑人或其法定代理人所作的关于被判刑人在台湾地区接受公正审判的权利已获得保障的书面声明；

（六）两岸有关业务主管部门均同意被判刑人回大陆服刑的书面意见；

（七）台湾地区业务主管部门出具的有关刑罚执行情况的说明，包括被判刑人交付执行前的羁押期、已服刑期、剩余刑期，被判刑人服刑期间的表现、退赃退赔情况，被判刑人的健康状况、疾病与治疗情况；

（八）根据案件具体情况需要提交的其他材料。

申请机关提交材料齐全的，人民法院应当在七日内立案。提交材料不全的，应当通知申请机关在十五日内补送，至迟不能超过两个月；逾期未补送的，不予立案，并于七日内书面告知申请机关。

第四条　人民法院应当组成合议庭审理接收被判刑人案件。

第五条　人民法院应当在立案后一个月内就是否准予接收被

判刑人作出裁定，情况复杂、特殊的，可以延长一个月。

人民法院裁定准予接收的，应当依据台湾地区法院判决认定的事实并参考其所定罪名，根据刑法就相同或者最相似犯罪行为规定的法定刑，按照下列原则对台湾地区法院确定的无期徒刑或者有期徒刑予以转换：

（一）原判处刑罚未超过刑法规定的最高刑，包括原判处刑罚低于刑法规定的最低刑的，以原判处刑罚作为转换后的刑罚；

（二）原判处刑罚超过刑法规定的最高刑的，以刑法规定的最高刑作为转换后的刑罚；

（三）转换后的刑罚不附加适用剥夺政治权利。

前款所称的最高刑，如台湾地区法院认定的事实依据刑法应当认定为一个犯罪的，是指刑法对该犯罪规定的最高刑；如应当认定为多个犯罪的，是指刑法对数罪并罚规定的最高刑。

对人民法院立案前，台湾地区有关业务主管部门对被判刑人在服刑期间作出的减轻刑罚决定，人民法院应当一并予以转换，并就最终应当执行的刑罚作出裁定。

第六条 被判刑人被接收回大陆服刑前被实际羁押的期间，应当以一日折抵转换后的刑期一日。

第七条 被判刑人被接收回大陆前已在台湾地区被假释或保外就医的，或者被判刑人或其法定代理人在申请或者同意回大陆服刑的书面意见中同时申请暂予监外执行的，人民法院应当根据刑法、刑事诉讼法的规定一并审查，并作出是否假释或者暂予监外执行的决定。

第八条 人民法院作出裁定后，应当在七日内送达申请机关。裁定一经送达，立即生效。

第九条 被判刑人回大陆服刑后，有关减刑、假释、暂予监外执行、赦免等事项，适用刑法、刑事诉讼法及相关司法解释的规定。

第十条　被判刑人回大陆服刑后，对其在台湾地区已被判处刑罚的行为，人民法院不再审理。

第十一条　本规定自 2016 年 5 月 1 日起施行。

最高人民法院

关于办理接收在台湾地区服刑的大陆居民回大陆服刑案件有关事项的通知

2016 年 4 月 26 日　　　　法〔2016〕138 号

各省、自治区、直辖市高级人民法院，解放军军事法院，新疆维吾尔自治区高级人民法院生产建设兵团分院：

为落实《海峡两岸共同打击犯罪及司法互助协议》第十一条关于两岸就“罪犯移管（接受）”问题的约定，我院制定并发布了《最高人民法院关于人民法院办理接收在台湾地区服刑的大陆居民回大陆服刑案件的规定》（法释〔2016〕11 号）（以下简称《规定》），于 2016 年 5 月 1 日起施行。为正确实施《规定》，现就人民法院办理接收在台湾地区服刑的大陆居民回大陆服刑案件（以下简称接收被判刑人案件）有关事项通知如下：

一、接收被判刑人案件是一种新类型案件，也是人民法院涉台工作的一项新的重要内容。依法办理好此类案件，对于促进深化两岸司法合作，丰富具有中国特色的区际刑事司法协助实践，具有重要意义。有关人民法院要从落实全面依法治国要求，维护和促进两岸关系和平发展大局出发，注意选派政治素质高、业务能力强、熟悉台湾地区有关规定的法官负责办理此类案件，确保案件办理工作公正高效规范。

二、为确保办案质量和效果，并考虑实际工作便利，经商中央有关政法部门，决定暂指定福建省厦门市中级人民法院统一管辖此类接收被判刑人案件。

三、审理法院在立案审查阶段，即应注意审查台湾地区提供的材料是否有违一个中国原则。认为确有违反的，应当及时层报我院。

四、《规定》未明确规定罪名转换问题，审理法院可以直接援引刑法的具体条文，在裁定书中直接对被判刑人的刑罚进行转换，无需对罪名问题作出表述；被判刑人回大陆服刑后，如需减刑、假释，有关文书也应照此办理。但审理法院在发出《执行通知书》时，应当按照裁定援引的刑法具体条文所对应的罪名填写“罪名”一栏的内容。

五、对人民法院办理接收被判刑人案件，人民检察院依照刑事诉讼法第二百零三条、第二百四十三条等有关规定进行法律监督的，有关人民法院应当依法办理。

六、在适用《规定》办理接受被判刑人案件过程中遇有拿不准的问题，应当及时层服我院，由我院台湾司法事务办公室负责协调处理。

以上通知，请遵照执行。

附件：文书样式及说明

文书样式1

×××中级人民法院

刑事裁定书

（接收在台湾地区服刑的大陆居民回大陆服刑案件用）

（201×）××请移管××号

申请机关……（写明机关名称）。

被判刑人……（写明姓名、性别、出生年月日、民族、出生地、文化程度、职业或者工作单位和职务、大陆居民身份证的公民身份号码、原居住地等，现服刑监所）。

法定代理人……（写明姓名、与判刑人的关系、工作单位和职务）。

×××人民检察院以（写明申请书文号）申请书，于××××年××月××日向本院申请接收在台湾地区服刑的大陆居民×××回大陆服刑。本院依法组成合议庭进行了审理。现已审理终结。

经审理查明：被判刑人×××系大陆居民。台湾地区××××法院于××××年××月××日作出了“××年度××字第××号”生效刑事判决，以×××犯××罪，判处……（写明具体刑种和刑期。如果是数罪，则分别写明对认定的每一起犯罪事实判处的刑种和刑期以及最终宣告的刑种和刑期）。……（经过二审或/和三审的，分别写明二审或/和三审的裁判文书号、裁判时间和裁判结果）。判决发生效力后，交付执行。……（写明执行中的刑种、刑期变更情况)。××××年××月××日，×××提出回大陆服刑的书面申请（如果是其法定代理人同意其回大陆服刑的，此处应写“×××的法定代理人×××于××××年××月××日提出同意其回大陆服刑的书面意见”）。两岸有关业务主管部门均书面同意×××回大陆服刑。

本院认为，接收在台湾地区服刑的大陆居民回大陆服刑有利于被判刑人的服刑改造及其重返社会。申请机关……提交了接收在台湾地区服刑的被判刑人×××回大陆服刑的申请书，×××系大陆居民，且其申请回大陆服刑（如果是其法定代理人同意其回大陆服刑的，此处应写“且其法定代理人×××同意其回大陆服刑”），×××作出了其（或者此处写“×××的法定代理人×××作出了×××”）在台湾地区接受公正审判的权利已获得保障的书面声明，两岸有关业务主管部门均书面同意×××回大陆服刑，以上符合《最高人民法院关于人民法院办理接收在台湾地区服刑的大陆居民回大陆服刑案件的规定》第三条之规定，可准予接收被判刑人×××回大陆服刑。依照《中华人民共和国刑法》……（逐一写明台湾地区法院对被判形人所作判决认定的事实所对应的《中华人民共和国刑法》条文序号，如果涉及其他法律相关条文的，此处一并写明）和《最高人民法院关于人民法院办理接收在台湾地区服刑的大陆居民回大陆服刑案件的规定》第五条、第六条之规定，裁定如下：

一、准予接收被判刑人×××回大陆服刑。

二、将台湾地区法院原判处的刑罚……转换为……执行。……（如果被判刑人×××在台湾被执行刑罚期间存在刑种、刑期变更情况，此处一并转换，并确定最终应执行的刑罚）。

（如果转换后的刑罚是有期徒刑，且不是由无期徒刑减为有期徒刑再予转换的，还应写明“刑期从本裁定执行之日起算；被判刑人在回大陆服刑前已被羁押的，羁押一日折抵刑期一日”。如果转换后的刑罚是有期徒刑，且是由无期徒刑减为有期徒刑转换的，则此处写明“刑期从本裁定执行之日起算；×××在台湾地区被减为有期徒刑后至被接收回大陆服刑前实际羁押的期间，羁押一日折抵刑期一日”）。

本裁定送达后即发生法律效力。

审判长　×××

审判员　×××

审判员　×××

××××年××月××日

（院印）

本件与原本核对无异

书记员　×××

文书样式1说明

一、本样式根据《最高人民法院关于人民法院办理接收在台湾地区服刑的大陆居民回大陆服刑案件的规定》第三条、第五条、第六条的规定制订，供中级人民法院对在台湾地区服刑的大陆居民回大陆服刑案件审理终结后，根据已经查明的事实和有关规定，作出同意接收被判刑人回大陆服刑处理裁定时使用。

二、括号“（）”中的内容是根据案件具体情况应写明的内容，没有相应事项，不需要写明。

三、如对接收在台湾地区服刑的大陆居民回大陆服刑案件作了开庭审理，则在“本院依法组成合议庭进行了审理”一句后增写相关内容，包括开庭时间，到庭人员等。

四、裁定结果部分，原则上按照以下方法进行刑罚转换：

（一）原被判处无期徒刑的一个行为，人民法院依法也应判处无期徒刑的，转换为无期徒刑执行。

（二）原被判处无期徒刑的一个行为，人民法院依法应判处有期徒刑的，转换为对该行为依法能判处的最重的有期徒刑执行，但最高刑期不得超过有期徒刑十五年。

（三）原被判处有期徒刑的一个行为，人民法院依法应判处无期徒刑的，转换为有期徒刑执行，但不能超过原判刑期且最高刑期不得超过有期徒刑十五年。

（四）原被判处有期徒刑的一个行为，人民法院依法应判处有期徒刑的，转换为有期徒刑执行，但不能超过原判刑期且最高刑期不得超过有期徒刑十五年。

（五）原被判处无期徒刑的数个行为，人民法院依法也应判处无期徒刑的，转换为无期徒刑执行。

（六）原被判处无期徒刑的数个行为，人民法院依法应判处有期徒刑的，首先将原被判处无期徒刑的数个行为刑期逐一转换为对该行为依法能判处的最重的有期徒刑，然后在所有数个行为的总和刑期下、数刑中最高刑期以上，酌情决定转换执行的有期徒刑刑期，但是总和刑期不满三十五年的，最高不能超过二十年，总和刑期在三十五年以上的，最高不能超过二十五年。

（七）原被判处有期徒刑的数个行为，人民法院依法应判处无期徒刑或者有期徒刑的，首先将原被判处刑罚的数个行为的刑期逐一转换为对该行为依法能判处的最重的有期徒刑，然后在所有数个行为的总和刑期以下、数刑中最高刑期以上，酌情决定转换执行的有期徒刑刑期，但是总和刑期不满三十五年的，最高不能超二十年，总和刑期在三十五年以上的，最高不能超过二十五年。以上转换执行的有期徒刑刑期不能超原判处的刑期。

实践中遇有本说明没有涉及到的情况应如何转换刑罚的问题，及时层报最高人民法院。

五、被判刑人被接收回大陆前已在台湾地区被假释或保外就医的，或者被判刑人或其法定代理人在申请或者同意回大陆服刑的书面意见中同时申请暂予监外执行的，根据《最高人民法院关于人民法院办理接收在台湾地区服刑的大陆居民回大陆服刑案件的规定》第七条的规定，应当依照刑法、刑事诉讼法的规定，对被判刑人是否符合假释或者暂予监外执行条件进行审查，并作出决定。对此类案件，在“经审理查明”和“本院行为”部分，应当分别对有关事实和理由进行阐述，并在主文部分明确决定结果。

六、在确保裁定书基本要素齐全、叙述规范的前提下，根据具体案件需要，可以增写或者变通书写相关内容。

七、本说明中没有涉及的部分，可以参阅一审公诉案件适用普通程序用刑事判决书的样式说明。

文书样式 2-1

×××中级人民法院
执行通知书
（存根）

（201×）××请移管××号

：

原在台湾地区服刑的罪犯×××经×××中级人民法院依法裁定准予接收回大陆服刑并转换刑罚，该裁定已发生法律效力，根据《中华人民共和国刑事诉讼法》第二百五十三条第二款的规定，请按照本通知送交监狱（或者公安机关）执行。

<table>
<tr><td>姓名</td><td></td><td>性别</td><td></td><td>出生日期</td><td></td><td>民族</td><td></td></tr>
<tr><td>家庭住址</td><td colspan="7"></td></tr>
<tr><td>罪名</td><td colspan="3"></td><td>主刑</td><td colspan="3"></td></tr>
<tr><td>起刑日期</td><td colspan="7"></td></tr>
<tr><td>羁押抵刑</td><td colspan="2">（无期徒刑此栏划“/”）</td><td>刑满日期</td><td colspan="4">（无期徒刑此栏划“/”）</td></tr>
<tr><td>执行根据</td><td colspan="7">×××中级人民法院（201×）××请移管××号刑事裁定书</td></tr>
<tr><td>备考</td><td colspan="7"></td></tr>
<tr><td colspan="8">签发人：　　　　经办人：
（院印）
年　月　日</td></tr>
</table>

此联入卷

文书样式 2-2

×××中级人民法院
执行通知书

（201×）××请移管××号

：

原在台湾地区服刑的大陆罪犯×××经×××中级人民法院依法裁定准予接收回大陆服刑并转换刑罚，该裁定已发生法律效力，根据《中华人民共和国刑事诉讼法》第二百五十三条第二款的规定，请按照本通知送交监狱（或者公安机关）执行。

<table>
<tr><td>姓名</td><td></td><td>性别</td><td></td><td>出生日期</td><td></td><td>民族</td><td></td></tr>
<tr><td>家庭住址</td><td colspan="7"></td></tr>
<tr><td>罪名</td><td colspan="4"></td><td>主刑</td><td colspan="2"></td></tr>
<tr><td>起刑日期</td><td colspan="7"></td></tr>
<tr><td>羁押抵刑</td><td colspan="3">（无期徒刑此栏划“/”）</td><td>刑满日期</td><td colspan="3">（无期徒刑此栏划“/”）</td></tr>
<tr><td>执行根据</td><td colspan="7">×××中级人民法院（201×）××请移管××号刑事裁定书</td></tr>
<tr><td>备考</td><td colspan="7"></td></tr>
<tr><td colspan="8">签发人：　　　　经办人：
（院印）
年　月　日</td></tr>
</table>

此联送交执行单位

文书样式 2-3

×××中级人民法院
执行通知书
（回执）

（201×）××请移管××号

×××中级人民法院：

你院××××年××月××日（201×）××请移管××号执行通知书已收到。

罪犯×××已于××××年××月××日送往××执行。

羁押单位名称
（公章）
××××年××月××日

此联由羁押单位填写并加盖公章后退回法院入卷

文书样式 2-4

×××中级人民法院

执行通知书

（201×）××请移管××号

罪犯×××：

你犯××罪，经依法裁定将原在台湾地区被判处的刑罚转换为××××。现交付执行，并将有关事项通知如下：

主刑起算日期：××××年××月××日。

羁押抵刑：××××年××个月××日（无期徒刑此处不填）。

刑满日期：××××年××月××日（无期徒刑此处不填）。

×××中级人民法院

（院印）

××××年××月××日

此联发给罪犯本人收执

文书样式2说明

一、本样式根据《中华人民共和国刑事诉讼法》第二百五十三条、《最高人民法院关于人民法院办理接收在台湾地区服刑的大陆居民回大陆服刑案件的规定》第五条和第六条制订，供中级人民法院对在台湾地区服刑的大陆居民回大陆服刑案件作出的裁定发生法律效力后，通知罪犯羁押单位交付监狱或者公安机关执行和通知罪犯本人时使用。

二、罪名一栏的内容，应当按照人民法院审理接收在台湾地区服刑的大陆居民回大陆服刑案件裁定书援引的刑法具体条文所对应的罪名填写。

三、没有内容可填的空栏，应当划上一道斜线“/”。

四、有关内容的填写，可以参阅普通刑事案件用执行通知书的样式填写。

第三编

涉台案件审理相关法律法规及规范性文件

一、综合性政策法律规定

中华人民共和国台湾同胞投资保护法

（1994 年 3 月 5 日第八届全国人民代表大会常务委员会第六次会议通过 根据 2016 年 9 月 3 日第十二届全国人民代表大会常务委员会第二十二次会议《关于修改〈中华人民共和国外资企业法〉等四部法律的决定》第一次修正 根据 2019 年 12 月 28 日第十三届全国人民代表大会常务委员会第十五次会议《关于修改〈中华人民共和国台湾同胞投资保护法〉的决定》第二次修正）

第一条 为了保护和鼓励台湾同胞投资，促进海峡两岸的经济发展，制定本法。

第二条 台湾同胞投资适用本法；本法未规定的，国家其他有关法律、行政法规对台湾同胞投资有规定的，依照该规定执行。

本法所称台湾同胞投资是指台湾地区的公司、企业、其他经济组织或者个人作为投资者在其他省、自治区和直辖市投资。

第三条 国家依法保护台湾同胞投资者的投资、投资收益和其他合法权益。

台湾同胞投资必须遵守国家的法律、法规。

第四条 国家对台湾同胞投资者的投资不实行国有化和征收；在特殊情况下，根据社会公共利益的需要，对台湾同胞投资者的投资可以依照法律程序实行征收，并给予相应的补偿。

第五条 台湾同胞投资者投资的财产、工业产权、投资收益和其他合法权益，可以依法转让和继承。

第六条 台湾同胞投资者可以用可自由兑换货币、机器设备或者其他实物、工业产权、非专利技术等作为投资。

台湾同胞投资者可以用投资获得的收益进行再投资。

第七条 台湾同胞投资，可以举办全部或者部分由台湾同胞投资者投资的企业（以下简称台湾同胞投资企业），也可以采用法律、行政法规或者国务院规定的其他投资形式。

举办台湾同胞投资企业，应当符合国家的产业政策，有利于国民经济的发展。

第八条 台湾同胞投资企业依法进行经营管理活动，其经营管理的自主权不受干涉。

第九条 在台湾同胞投资企业集中的地区，可以依法成立台湾同胞投资企业协会，其合法权益受法律保护。

第十条 台湾同胞投资者依法获得的投资收益、其他合法收入和清算后的资金，可以依法汇回台湾或者汇往境外。

第十一条 台湾同胞投资者可以委托亲友作为其投资的代理人。

第十二条 台湾同胞投资企业依照国务院关于鼓励台湾同胞投资的有关规定，享受优惠待遇。

第十三条 台湾同胞投资者与其他省、自治区和直辖市的公司、企业、其他经济组织或者个人之间发生的与投资有关的争议，当事人可以通过协商或者调解解决。

当事人不愿协商、调解的，或者经协商、调解不成的，可以依据合同中的仲裁条款或者事后达成的书面仲裁协议，提交仲裁机构仲裁。

当事人未在合同中订立仲裁条款，事后又未达成书面仲裁协议的，可以向人民法院提起诉讼。

第十四条　本法自公布之日起施行。

中华人民共和国台湾同胞投资保护法实施细则

（1999 年 12 月 5 日中华人民共和国国务院令第 274 号公布
根据 2020 年 11 月 29 日《国务院关于修改和废止部分
行政法规的决定》修订）

第一条 为了保护和鼓励台湾同胞投资，促进海峡两岸的经济发展，实施《中华人民共和国台湾同胞投资保护法》，制定本实施细则。

第二条 本实施细则所称台湾同胞投资是指台湾地区的公司、企业、其他经济组织或者个人作为投资者在其他省、自治区和直辖市（以下简称大陆）的投资。

第三条 国家依法保护台湾同胞投资。

台湾同胞投资者的投资、投资收益和其他合法权益受国家法律保护，任何机关、单位或者个人不得侵占、损害。

第四条 国家依法鼓励台湾同胞投资。

台湾同胞投资依照国家有关法律、行政法规和本实施细则的规定，享受优惠待遇。

第五条 台湾同胞投资适用《中华人民共和国台湾同胞投资保护法》和本实施细则；《中华人民共和国台湾同胞投资保护法》和本实施细则未规定的，比照适用国家有关涉外经济法律、行政法规。

第六条 台湾同胞投资，应当与国家国民经济和社会发展规划相适应，符合国家产业政策和投资导向的要求，比照适用国家关于指导外商投资方向的规定。

第七条　台湾同胞投资者可以用可自由兑换货币、机器设备或者其他实物、工业产权、非专利技术等作为投资。

台湾同胞投资者可以用投资获得的收益进行再投资。

第八条　台湾同胞投资，可以依法采用下列投资形式：

（一）举办全部或者部分由台湾同胞投资者投资的企业（以下简称台湾同胞投资企业）；

（二）合作勘探开发自然资源；

（三）开展补偿贸易、加工装配、合作生产；

（四）购买企业的股票、债券；

（五）购置房产；

（六）取得土地使用权，开发经营；

（七）购买国有小型企业或者集体企业、私营企业；

（八）法律、行政法规允许的其他投资形式。

第九条　台湾同胞投资者进行投资，需要审批的，依照国家有关法律、行政法规规定的程序办理审批手续。

第十条　审批机关审批台湾同胞投资，应当提高办事效率，减少管理层次，简化审批程序，做到管理制度统一、公开、透明。

第十一条　台湾同胞投资企业依照国家有关法律、行政法规的规定，享受税收优惠待遇。

第十二条　投资于大陆中西部地区的台湾同胞投资项目，可以按照国家有关规定给予鼓励或者适当放宽限制。

第十三条　台湾同胞投资企业符合贷款原则的，可以按照国家有关规定给予必要的信贷支持。

第十四条　台湾同胞投资者个人及其随行家属和台湾同胞投

资企业中的台湾同胞职工及其随行家属，可以依照国家有关法律、行政法规的规定，向公安机关申请办理一定期限多次入出境手续和相应期限的暂住手续。台湾同胞投资企业中的外籍职工的入出境和暂住手续，依照国家有关法律、行政法规的规定办理。

第十五条 台湾同胞投资者个人的子女和台湾同胞投资企业中的台湾同胞职工的子女，可以按照国家有关规定进入大陆的小学、中学和高等学校接受教育。

台湾同胞投资者或者台湾同胞投资企业协会在台湾同胞投资集中的地区，可以按照国家有关规定申请设立台湾同胞子女学校。经批准设立的台湾同胞子女学校应当接受教育行政部门的监督。

第十六条 台湾同胞投资企业依法享有经营管理的自主权。

台湾同胞投资企业经营管理的自主权受国家法律保护，不受任何机关、单位或者个人的非法干预和侵犯。

第十七条 台湾同胞投资企业在购买机器设备、原材料及辅料等物资以及获得水、电、热、货物运输、劳务、广告、通信等服务方面，享有与大陆其他同类企业同等的待遇。

台湾同胞投资者个人和台湾同胞投资企业中的台湾同胞职工在交通、通信、旅游、旅馆住宿等方面，享有与大陆同胞同等的待遇。

第十八条 台湾同胞投资者投资的财产、工业产权、投资收益和其他合法权益，可以依法转让和继承。

第十九条 台湾同胞投资者依法获得的投资收益、其他合法收入和清算后的资金，可以依法汇回台湾或者汇往境外。

台湾同胞投资企业中的台湾同胞职工的合法收入，可以依法汇回台湾或者汇往境外。

第二十条　台湾同胞投资者可以委托亲友或者他人作为其投资的代理人，代理人应当持有具有法律效力的授权委托书。

第二十一条　国家机关对台湾同胞投资企业收费的项目和标准，应当与大陆其他同类企业相同。任何机关或者单位不得对台湾同胞投资企业另立收费项目或者提高收费标准。

任何机关或者单位不得向台湾同胞投资企业摊派人力、物力、财力，不得对台湾同胞投资企业进行法律、法规规定以外的检查、罚款，不得违反国家规定强制或者变相强制台湾同胞投资企业参加各类培训、评比、鉴定、考核等活动。

台湾同胞投资企业对违反上述规定的行为，有权拒绝并向政府有关部门举报。接受举报的政府部门应当依法作出处理，并为举报人保密。

第二十二条　国家对台湾同胞投资者的投资不实行国有化和征收；在特殊情况下，根据社会公共利益的需要，对台湾同胞投资者的投资可以依照法律程序实行征收，并给予相应的补偿。补偿相当于该投资在征收决定前一刻的价值，包括从征收之日起至支付之日止按合理利率计算的利息，并可以依法兑换外汇、汇回台湾或者汇往境外。

第二十三条　国家依法保护台湾同胞投资者个人及其随行家属和台湾同胞投资企业中的台湾同胞职工及其随行家属的人身自由和人身安全。除依照国家有关法律规定办理的外，不得对台湾同胞采取限制人身自由的强制措施。

第二十四条　在台湾同胞投资企业集中的地区，可以依法成立台湾同胞投资企业协会。

台湾同胞投资企业协会的合法权益以及按照其章程所进行的合法活动，受法律保护。

第二十五条 各级人民政府应当对台湾同胞投资提供优质、规范、方便的服务。各级人民政府台湾事务办事机构应当做好台湾同胞投资的法律宣传与咨询、投诉受理和纠纷解决等工作。

第二十六条 台湾同胞投资者、台湾同胞投资企业、台湾同胞投资企业协会认为行政机关或者行政机关工作人员的具体行政行为侵犯其合法权益的，可以依照国家有关法律、行政法规的规定，申请行政复议或者提起行政诉讼。

第二十七条 台湾同胞投资者与大陆的公司、企业、其他经济组织或者个人之间发生的与投资有关的争议，当事人可以通过协商或者调解解决。

当事人不愿协商、调解的，或者经协商、调解不成的，可以依照合同中的仲裁条款或者事后达成的书面仲裁协议，提交中国的仲裁机构仲裁。大陆的仲裁机构可以按照国家有关规定聘请台湾同胞担任仲裁员。

当事人未在合同中订立仲裁条款，事后又未达成书面仲裁协议的，可以向人民法院提起诉讼。

第二十八条 台湾同胞以其设在其他国家或者地区的公司、企业或者其他经济组织作为投资者在大陆投资的，可以比照适用本实施细则。

第二十九条 本实施细则自发布之日起施行。

中华人民共和国外商投资法

（2019年3月15日第十三届全国人民代表大会第二次会议通过
2019年3月15日中华人民共和国主席令第二十六号公布
自2020年1月1日起施行）

目　录

第一章　总　则

第一条　为了进一步扩大对外开放，积极促进外商投资，保护外商投资合法权益，规范外商投资管理，推动形成全面开放新格局，促进社会主义市场经济健康发展，根据宪法，制定本法。

第二条　在中华人民共和国境内（以下简称中国境内）的外商投资，适用本法。

本法所称外商投资，是指外国的自然人、企业或者其他组织

（以下称外国投资者）直接或者间接在中国境内进行的投资活动，包括下列情形：

（一）外国投资者单独或者与其他投资者共同在中国境内设立外商投资企业；

（二）外国投资者取得中国境内企业的股份、股权、财产份额或者其他类似权益；

（三）外国投资者单独或者与其他投资者共同在中国境内投资新建项目；

（四）法律、行政法规或者国务院规定的其他方式的投资。

本法所称外商投资企业，是指全部或者部分由外国投资者投资，依照中国法律在中国境内经登记注册设立的企业。

第三条 国家坚持对外开放的基本国策，鼓励外国投资者依法在中国境内投资。

国家实行高水平投资自由化便利化政策，建立和完善外商投资促进机制，营造稳定、透明、可预期和公平竞争的市场环境。

第四条 国家对外商投资实行准入前国民待遇加负面清单管理制度。

前款所称准入前国民待遇，是指在投资准入阶段给予外国投资者及其投资不低于本国投资者及其投资的待遇；所称负面清单，是指国家规定在特定领域对外商投资实施的准入特别管理措施。国家对负面清单之外的外商投资，给予国民待遇。

负面清单由国务院发布或者批准发布。

中华人民共和国缔结或者参加的国际条约、协定对外国投资者准入待遇有更优惠规定的，可以按照相关规定执行。

第五条 国家依法保护外国投资者在中国境内的投资、收益和其他合法权益。

第六条　在中国境内进行投资活动的外国投资者、外商投资企业，应当遵守中国法律法规，不得危害中国国家安全、损害社会公共利益。

第七条　国务院商务主管部门、投资主管部门按照职责分工，开展外商投资促进、保护和管理工作；国务院其他有关部门在各自职责范围内，负责外商投资促进、保护和管理的相关工作。

县级以上地方人民政府有关部门依照法律法规和本级人民政府确定的职责分工，开展外商投资促进、保护和管理工作。

第八条　外商投资企业职工依法建立工会组织，开展工会活动，维护职工的合法权益。外商投资企业应当为本企业工会提供必要的活动条件。

第二章　投资促进

第九条　外商投资企业依法平等适用国家支持企业发展的各项政策。

第十条　制定与外商投资有关的法律、法规、规章，应当采取适当方式征求外商投资企业的意见和建议。

与外商投资有关的规范性文件、裁判文书等，应当依法及时公布。

第十一条　国家建立健全外商投资服务体系，为外国投资者和外商投资企业提供法律法规、政策措施、投资项目信息等方面的咨询和服务。

第十二条　国家与其他国家和地区、国际组织建立多边、双边投资促进合作机制，加强投资领域的国际交流与合作。

第十三条　国家根据需要，设立特殊经济区域，或者在部分地区实行外商投资试验性政策措施，促进外商投资，扩大对外开放。

第十四条 国家根据国民经济和社会发展需要，鼓励和引导外国投资者在特定行业、领域、地区投资。外国投资者、外商投资企业可以依照法律、行政法规或者国务院的规定享受优惠待遇。

第十五条 国家保障外商投资企业依法平等参与标准制定工作，强化标准制定的信息公开和社会监督。

国家制定的强制性标准平等适用于外商投资企业。

第十六条 国家保障外商投资企业依法通过公平竞争参与政府采购活动。政府采购依法对外商投资企业在中国境内生产的产品、提供的服务平等对待。

第十七条 外商投资企业可以依法通过公开发行股票、公司债券等证券和其他方式进行融资。

第十八条 县级以上地方人民政府可以根据法律、行政法规、地方性法规的规定，在法定权限内制定外商投资促进和便利化政策措施。

第十九条 各级人民政府及其有关部门应当按照便利、高效、透明的原则，简化办事程序，提高办事效率，优化政务服务，进一步提高外商投资服务水平。

有关主管部门应当编制和公布外商投资指引，为外国投资者和外商投资企业提供服务和便利。

第三章 投资保护

第二十条 国家对外国投资者的投资不实行征收。

在特殊情况下，国家为了公共利益的需要，可以依照法律规定对外国投资者的投资实行征收或者征用。征收、征用应当依照法定程序进行，并及时给予公平、合理的补偿。

第二十一条　外国投资者在中国境内的出资、利润、资本收益、资产处置所得、知识产权许可使用费、依法获得的补偿或者赔偿、清算所得等，可以依法以人民币或者外汇自由汇入、汇出。

第二十二条　国家保护外国投资者和外商投资企业的知识产权，保护知识产权权利人和相关权利人的合法权益；对知识产权侵权行为，严格依法追究法律责任。

国家鼓励在外商投资过程中基于自愿原则和商业规则开展技术合作。技术合作的条件由投资各方遵循公平原则平等协商确定。行政机关及其工作人员不得利用行政手段强制转让技术。

第二十三条　行政机关及其工作人员对于履行职责过程中知悉的外国投资者、外商投资企业的商业秘密，应当依法予以保密，不得泄露或者非法向他人提供。

第二十四条　各级人民政府及其有关部门制定涉及外商投资的规范性文件，应当符合法律法规的规定；没有法律、行政法规依据的，不得减损外商投资企业的合法权益或者增加其义务，不得设置市场准入和退出条件，不得干预外商投资企业的正常生产经营活动。

第二十五条　地方各级人民政府及其有关部门应当履行向外国投资者、外商投资企业依法作出的政策承诺以及依法订立的各类合同。

因国家利益、社会公共利益需要改变政策承诺、合同约定的，应当依照法定权限和程序进行，并依法对外国投资者、外商投资企业因此受到的损失予以补偿。

第二十六条 国家建立外商投资企业投诉工作机制，及时处理外商投资企业或者其投资者反映的问题，协调完善相关政策措施。

外商投资企业或者其投资者认为行政机关及其工作人员的行政行为侵犯其合法权益的，可以通过外商投资企业投诉工作机制申请协调解决。

外商投资企业或者其投资者认为行政机关及其工作人员的行政行为侵犯其合法权益的，除依照前款规定通过外商投资企业投诉工作机制申请协调解决外，还可以依法申请行政复议、提起行政诉讼。

第二十七条 外商投资企业可以依法成立和自愿参加商会、协会。商会、协会依照法律法规和章程的规定开展相关活动，维护会员的合法权益。

第四章　投资管理

第二十八条 外商投资准入负面清单规定禁止投资的领域，外国投资者不得投资。

外商投资准入负面清单规定限制投资的领域，外国投资者进行投资应当符合负面清单规定的条件。

外商投资准入负面清单以外的领域，按照内外资一致的原则实施管理。

第二十九条 外商投资需要办理投资项目核准、备案的，按照国家有关规定执行。

第三十条 外国投资者在依法需要取得许可的行业、领域进行投资的，应当依法办理相关许可手续。

有关主管部门应当按照与内资一致的条件和程序，审核外国投资者的许可申请，法律、行政法规另有规定的除外。

第三十一条　外商投资企业的组织形式、组织机构及其活动准则，适用《中华人民共和国公司法》、《中华人民共和国合伙企业法》等法律的规定。

第三十二条　外商投资企业开展生产经营活动，应当遵守法律、行政法规有关劳动保护、社会保险的规定，依照法律、行政法规和国家有关规定办理税收、会计、外汇等事宜，并接受相关主管部门依法实施的监督检查。

第三十三条　外国投资者并购中国境内企业或者以其他方式参与经营者集中的，应当依照《中华人民共和国反垄断法》的规定接受经营者集中审查。

第三十四条　国家建立外商投资信息报告制度。外国投资者或者外商投资企业应当通过企业登记系统以及企业信用信息公示系统向商务主管部门报送投资信息。

外商投资信息报告的内容和范围按照确有必要的原则确定；通过部门信息共享能够获得的投资信息，不得再行要求报送。

第三十五条　国家建立外商投资安全审查制度，对影响或者可能影响国家安全的外商投资进行安全审查。

依法作出的安全审查决定为最终决定。

第五章　法律责任

第三十六条　外国投资者投资外商投资准入负面清单规定禁止投资的领域的，由有关主管部门责令停止投资活动，限期处分股份、资产或者采取其他必要措施，恢复到实施投资前的状态；有违法所得的，没收违法所得。

外国投资者的投资活动违反外商投资准入负面清单规定的限制性准入特别管理措施的，由有关主管部门责令限期改正，采取必要措施满足准入特别管理措施的要求；逾期不改正的，依照前款规定处理。

外国投资者的投资活动违反外商投资准入负面清单规定的，除依照前两款规定处理外，还应当依法承担相应的法律责任。

第三十七条 外国投资者、外商投资企业违反本法规定，未按照外商投资信息报告制度的要求报送投资信息的，由商务主管部门责令限期改正；逾期不改正的，处十万元以上五十万元以下的罚款。

第三十八条 对外国投资者、外商投资企业违反法律、法规的行为，由有关部门依法查处，并按照国家有关规定纳入信用信息系统。

第三十九条 行政机关工作人员在外商投资促进、保护和管理工作中滥用职权、玩忽职守、徇私舞弊的，或者泄露、非法向他人提供履行职责过程中知悉的商业秘密的，依法给予处分；构成犯罪的，依法追究刑事责任。

第六章 附 则

第四十条 任何国家或者地区在投资方面对中华人民共和国采取歧视性的禁止、限制或者其他类似措施的，中华人民共和国可以根据实际情况对该国家或者该地区采取相应的措施。

第四十一条 对外国投资者在中国境内投资银行业、证券业、保险业等金融行业，或者在证券市场、外汇市场等金融市场进行投资的管理，国家另有规定的，依照其规定。

第四十二条 本法自2020年1月1日起施行。《中华人民共和国中外合资经营企业法》、《中华人民共和国外资企业法》、《中华人民共和国中外合作经营企业法》同时废止。

本法施行前依照《中华人民共和国中外合资经营企业法》、《中华人民共和国外资企业法》、《中华人民共和国中外合作经营企业法》设立的外商投资企业，在本法施行后五年内可以继续保留原企业组织形式等。具体实施办法由国务院规定。

最高人民法院
关于适用《中华人民共和国外商投资法》若干问题的解释

法释〔2019〕20号

（2019年12月16日最高人民法院审判委员会第1787次会议通过
2019年12月26日最高人民法院公告公布　自2020年1月1日起施行）

为正确适用《中华人民共和国外商投资法》，依法平等保护中外投资者合法权益，营造稳定、公平、透明的法治化营商环境，结合审判实践，就人民法院审理平等主体之间的投资合同纠纷案件适用法律问题作出如下解释。

第一条　本解释所称投资合同，是指外国投资者即外国的自然人、企业或者其他组织因直接或者间接在中国境内进行投资而形成的相关协议，包括设立外商投资企业合同、股份转让合同、股权转让合同、财产份额或者其他类似权益转让合同、新建项目合同等协议。

外国投资者因赠与、财产分割、企业合并、企业分立等方式取得相应权益所产生的合同纠纷，适用本解释。

第二条　对外商投资法第四条所指的外商投资准入负面清单之外的领域形成的投资合同，当事人以合同未经有关行政主管部门批准、登记为由主张合同无效或者未生效的，人民法院不予支持。

前款规定的投资合同签订于外商投资法施行前，但人民法院在外商投资法施行时尚未作出生效裁判的，适用前款规定认定合同的效力。

第三条　外国投资者投资外商投资准入负面清单规定禁止投资的领域，当事人主张投资合同无效的，人民法院应予支持。

第四条　外国投资者投资外商投资准入负面清单规定限制投资的领域，当事人以违反限制性准入特别管理措施为由，主张投资合同无效的，人民法院应予支持。

人民法院作出生效裁判前，当事人采取必要措施满足准入特别管理措施的要求，当事人主张前款规定的投资合同有效的，应予支持。

第五条　在生效裁判作出前，因外商投资准入负面清单调整，外国投资者投资不再属于禁止或者限制投资的领域，当事人主张投资合同有效的，人民法院应予支持。

第六条　人民法院审理香港特别行政区、澳门特别行政区投资者、定居在国外的中国公民在内地、台湾地区投资者在大陆投资产生的相关纠纷案件，可以参照适用本解释。

第七条　本解释自 2020 年 1 月 1 日起施行。

本解释施行前本院作出的有关司法解释与本解释不一致的，以本解释为准。

最高人民法院
关于审理外商投资企业纠纷案件若干问题的规定（一）

（2010 年 5 月 17 日最高人民法院审判委员会第 1487 次会议通过 根据 2020 年 12 月 23 日最高人民法院审判委员会第 1823 次会议通过的《最高人民法院关于修改〈最高人民法院关于破产企业国有划拨土地使用权应否列入破产财产等问题的批复〉等二十九件商事类司法解释的决定》修正）

为正确审理外商投资企业在设立、变更等过程中产生的纠纷案件，保护当事人的合法权益，根据《中华人民共和国民法典》《中华人民共和国外商投资法》《中华人民共和国公司法》等法律法规的规定，结合审判实践，制定本规定。

第一条 当事人在外商投资企业设立、变更等过程中订立的合同，依法律、行政法规的规定应当经外商投资企业审批机关批准后才生效的，自批准之日起生效；未经批准的，人民法院应当认定该合同未生效。当事人请求确认该合同无效的，人民法院不予支持。

前款所述合同因未经批准而被认定未生效的，不影响合同中当事人履行报批义务条款及因该报批义务而设定的相关条款的效力。

第二条 当事人就外商投资企业相关事项达成的补充协议对已获批准的合同不构成重大或实质性变更的，人民法院不应以未经外商投资企业审批机关批准为由认定该补充协议未生效。

前款规定的重大或实质性变更包括注册资本、公司类型、经营范围、营业期限、股东认缴的出资额、出资方式的变更以及公司合并、公司分立、股权转让等。

第三条　人民法院在审理案件中，发现经外商投资企业审批机关批准的外商投资企业合同具有法律、行政法规规定的无效情形的，应当认定合同无效；该合同具有法律、行政法规规定的可撤销情形，当事人请求撤销的，人民法院应予支持。

第四条　外商投资企业合同约定一方当事人以需要办理权属变更登记的标的物出资或者提供合作条件，标的物已交付外商投资企业实际使用，且负有办理权属变更登记义务的一方当事人在人民法院指定的合理期限内完成了登记的，人民法院应当认定该方当事人履行了出资或者提供合作条件的义务。外商投资企业或其股东以该方当事人未履行出资义务为由主张该方当事人不享有股东权益的，人民法院不予支持。

外商投资企业或其股东举证证明该方当事人因迟延办理权属变更登记给外商投资企业造成损失并请求赔偿的，人民法院应予支持。

第五条　外商投资企业股权转让合同成立后，转让方和外商投资企业不履行报批义务，经受让方催告后在合理的期限内仍未履行，受让方请求解除合同并由转让方返还其已支付的转让款、赔偿因未履行报批义务而造成的实际损失的，人民法院应予支持。

第六条　外商投资企业股权转让合同成立后，转让方和外商投资企业不履行报批义务，受让方以转让方为被告、以外商投资企业为第三人提起诉讼，请求转让方与外商投资企业在一定期限内共同履行报批义务的，人民法院应予支持。受让方同时请求在转让方和外商投资企业于生效判决确定的期限内不履行报批义务时自行报批的，人民法院应予支持。

转让方和外商投资企业拒不根据人民法院生效判决确定的期限履行报批义务，受让方另行起诉，请求解除合同并赔偿损失的，人民法院应予支持。赔偿损失的范围可以包括股权的差价损失、股权收益及其他合理损失。

第七条 转让方、外商投资企业或者受让方根据本规定第六条第一款的规定就外商投资企业股权转让合同报批，未获外商投资企业审批机关批准，受让方另行起诉，请求转让方返还其已支付的转让款的，人民法院应予支持。受让方请求转让方赔偿因此造成的损失的，人民法院应根据转让方是否存在过错以及过错大小认定其是否承担赔偿责任及具体赔偿数额。

第八条 外商投资企业股权转让合同约定受让方支付转让款后转让方才办理报批手续，受让方未支付股权转让款，经转让方催告后在合理的期限内仍未履行，转让方请求解除合同并赔偿因迟延履行而造成的实际损失的，人民法院应予支持。

第九条 外商投资企业股权转让合同成立后，受让方未支付股权转让款，转让方和外商投资企业亦未履行报批义务，转让方请求受让方支付股权转让款的，人民法院应当中止审理，指令转让方在一定期限内办理报批手续。该股权转让合同获得外商投资企业审批机关批准的，对转让方关于支付转让款的诉讼请求，人民法院应予支持。

第十条 外商投资企业股权转让合同成立后，受让方已实际参与外商投资企业的经营管理并获取收益，但合同未获外商投资企业审批机关批准，转让方请求受让方退出外商投资企业的经营管理并将受让方因实际参与经营管理而获得的收益在扣除相关成本费用后支付给转让方的，人民法院应予支持。

第十一条 外商投资企业一方股东将股权全部或部分转让给股东之外的第三人，应当经其他股东一致同意，其他股东以未征得其同意为由请求撤销股权转让合同的，人民法院应予支持。具有以下情形之一的除外：

（一）有证据证明其他股东已经同意；

（二）转让方已就股权转让事项书面通知，其他股东自接到书面通知之日满三十日未予答复；

（三）其他股东不同意转让，又不购买该转让的股权。

第十二条 外商投资企业一方股东将股权全部或部分转让给股东之外的第三人，其他股东以该股权转让侵害了其优先购买权为由请求撤销股权转让合同的，人民法院应予支持。其他股东在知道或者应当知道股权转让合同签订之日起一年内未主张优先购买权的除外。

前款规定的转让方、受让方以侵害其他股东优先购买权为由请求认定股权转让合同无效的，人民法院不予支持。

第十三条 外商投资企业股东与债权人订立的股权质押合同，除法律、行政法规另有规定或者合同另有约定外，自成立时生效。未办理质权登记的，不影响股权质押合同的效力。

当事人仅以股权质押合同未经外商投资企业审批机关批准为由主张合同无效或未生效的，人民法院不予支持。

股权质押合同依照民法典的相关规定办理了出质登记的，股权质权自登记时设立。

第十四条 当事人之间约定一方实际投资、另一方作为外商投资企业名义股东，实际投资者请求确认其在外商投资企业中的股东身份或者请求变更外商投资企业股东的，人民法院不予支持。同时具备以下条件的除外：

（一）实际投资者已经实际投资；

（二）名义股东以外的其他股东认可实际投资者的股东身份；

（三）人民法院或当事人在诉讼期间就将实际投资者变更为股东征得了外商投资企业审批机关的同意。

第十五条 合同约定一方实际投资、另一方作为外商投资企业名义股东，不具有法律、行政法规规定的无效情形的，人民法院应认定该合同有效。一方当事人仅以未经外商投资企业审批机关批准为由主张该合同无效或者未生效的，人民法院不予支持。

实际投资者请求外商投资企业名义股东依据双方约定履行相应义务的，人民法院应予支持。

双方未约定利益分配，实际投资者请求外商投资企业名义股东向其交付从外商投资企业获得的收益的，人民法院应予支持。外商投资企业名义股东向实际投资者请求支付必要报酬的，人民法院应酌情予以支持。

第十六条 外商投资企业名义股东不履行与实际投资者之间的合同，致使实际投资者不能实现合同目的，实际投资者请求解除合同并由外商投资企业名义股东承担违约责任的，人民法院应予支持。

第十七条 实际投资者根据其与外商投资企业名义股东的约定，直接向外商投资企业请求分配利润或者行使其他股东权利的，人民法院不予支持。

第十八条 实际投资者与外商投资企业名义股东之间的合同被认定无效，名义股东持有的股权价值高于实际投资额，实际投资者请求名义股东向其返还投资款并根据其实际投资情况以及名义股东参与外商投资企业经营管理的情况对股权收益在双方之间进行合理分配的，人民法院应予支持。

外商投资企业名义股东明确表示放弃股权或者拒绝继续持有股权的，人民法院可以判令以拍卖、变卖名义股东持有的外商投资企业股权所得向实际投资者返还投资款，其余款项根据实际投资者的实际投资情况、名义股东参与外商投资企业经营管理的情况在双方之间进行合理分配。

第十九条 实际投资者与外商投资企业名义股东之间的合同被认定无效，名义股东持有的股权价值低于实际投资额，实际投资者请求名义股东向其返还现有股权的等值价款的，人民法院应予支持；外商投资企业名义股东明确表示放弃股权或者拒绝继续持有股权的，人民法院可以判令以拍卖、变卖名义股东持有的外商投资企业股权所得向实际投资者返还投资款。

实际投资者请求名义股东赔偿损失的，人民法院应当根据名义股东对合同无效是否存在过错及过错大小认定其是否承担赔偿责任及具体赔偿数额。

第二十条 实际投资者与外商投资企业名义股东之间的合同因恶意串通，损害国家、集体或者第三人利益，被认定无效的，人民法院应当将因此取得的财产收归国家所有或者返还集体、第三人。

第二十一条 外商投资企业一方股东或者外商投资企业以提供虚假材料等欺诈或者其他不正当手段向外商投资企业审批机关申请变更外商投资企业批准证书所载股东，导致外商投资企业他方股东丧失股东身份或原有股权份额，他方股东请求确认股东身份或原有股权份额的，人民法院应予支持。第三人已经善意取得该股权的除外。

他方股东请求侵权股东或者外商投资企业赔偿损失的，人民法院应予支持。

第二十二条 人民法院审理香港特别行政区、澳门特别行政区、台湾地区的投资者、定居在国外的中国公民在内地投资设立企业产生的相关纠纷案件，参照适用本规定。

第二十三条 本规定施行后，案件尚在一审或者二审阶段的，适用本规定；本规定施行前已经终审的案件，人民法院进行再审时，不适用本规定。

第二十四条 本规定施行前本院作出的有关司法解释与本规定相抵触的，以本规定为准。

最高人民法院
关于审理涉台民商事案件法律适用问题的规定

（2010年4月26日最高人民法院审判委员会第1486次会议通过　根据2020年12月23日最高人民法院审判委员会第1823次会议通过的《最高人民法院关于修改〈最高人民法院关于破产企业国有划拨土地使用权应否列入破产财产等问题的批复〉等二十九件商事类司法解释的决定》修正）

为正确审理涉台民商事案件，准确适用法律，维护当事人的合法权益，根据相关法律，制定本规定。

第一条　人民法院审理涉台民商事案件，应当适用法律和司法解释的有关规定。

根据法律和司法解释中选择适用法律的规则，确定适用台湾地区民事法律的，人民法院予以适用。

第二条　台湾地区当事人在人民法院参与民事诉讼，与大陆当事人有同等的诉讼权利和义务，其合法权益受法律平等保护。

第三条　根据本规定确定适用有关法律违反国家法律的基本原则或者社会公共利益的，不予适用。

附录：

最高人民法院负责人就《关于审理涉台民商事案件法律适用问题的规定》答记者问

（2010 年 12 月 30 日）

问：请介绍一下制定最高人民法院《关于审理涉台民商事案件法律适用问题的规定》（以下简称《规定》）这一司法解释的背景和意义。

答：近年来，随着两岸全面直接双向“三通”的实现，海峡两岸经贸交流、人员往来日益频繁，涉台婚姻、继承、经贸投资等民商事纠纷越来越多，案件涉及的法律和审判规范也越来越复杂。明确涉台民商事案件的法律适用规则，对于人民法院准确适用法律，正确审理涉台民商事案件，切实维护两岸当事人的正当权益，十分必要和重要。

问：《规定》主要包括哪些内容？

答：《规定》共三条，主要解决人民法院审理各类涉台民商事案件的法律适用问题，同时对台湾地区当事人的民事诉讼法律地位作出规定。

问：人民法院在涉台民商事案件的审理中如何确定应当适用的法律？

答：《规定》第 1 条明确规定了涉台民商事案件的法律适用问题。根据该条第 1 款，人民法院审理涉台民商事案件，应当适用法律和司法解释的有关规定，并根据法律和司法解释中选择适用法律的规则确定应当适用的实体法。这里所讲的实体法既包括两岸的法律，也包括其他有关国家或地区的法律。该条第 2 款进一步明确，根据法律和司法解释中选择适用法律的规则，确定台湾地区法律为案件所应适用的实体法的，人民法院予以适用。同时，《规定》第 3 条规定，适用该有关法律不得违反国家法律的基本原则、不得损害社会公共利益。

问：《规定》所称的“选择适用法律的规则”具体是指哪些规则？

答：《规定》所称的“选择适用法律的规则”，指的是参照适用的涉外民商事关系的法律适用规则，也即冲突规则。

问：台湾地区当事人在人民法院起诉、应诉，法律地位如何？

答：根据民事诉讼法规定，当事人的诉讼权利和义务平等，外国人在诉讼中也享有同中国公民同等的诉讼权利义务。台湾同胞作为中国特殊地域的居民，在诉讼中当然具有与大陆当事人同等的诉讼权利和义务。司法实践中，人民法院也一贯坚持平等保护包括台湾同胞在内的各方当事人的诉讼权利。《规定》第 2 条对此专门作了强调。

中华人民共和国民事诉讼法（节录）

（1991年4月9日第七届全国人民代表大会第四次会议通过　根据2007年10月28日第十届全国人民代表大会常务委员会第三十次会议《关于修改〈中华人民共和国民事诉讼法〉的决定》第一次修正　根据2012年8月31日第十一届全国人民代表大会常务委员会第二十八次会议《关于修改〈中华人民共和国民事诉讼法〉的决定》第二次修正　根据2017年6月27日第十二届全国人民代表大会常务委员会第二十八次会议《关于修改〈中华人民共和国民事诉讼法〉和〈中华人民共和国行政诉讼法〉的决定》第三次修正　根据2021年12月24日第十三届全国人民代表大会常务委员会第三十二次会议《关于修改〈中华人民共和国民事诉讼法〉的决定》第四次修正）

第五条　外国人、无国籍人、外国企业和组织在人民法院起诉、应诉，同中华人民共和国公民、法人和其他组织有同等的诉讼权利义务。

外国法院对中华人民共和国公民、法人和其他组织的民事诉讼权利加以限制的，中华人民共和国人民法院对该国公民、企业和组织的民事诉讼权利，实行对等原则。

第十九条　中级人民法院管辖下列第一审民事案件：

（一）重大涉外案件；

（二）在本辖区有重大影响的案件；

（三）最高人民法院确定由中级人民法院管辖的案件。

第四编　涉外民事诉讼程序的特别规定

第二十三章　一般原则

第二百六十六条　在中华人民共和国领域内进行涉外民事诉讼，适用本编规定。本编没有规定的，适用本法其他有关规定。

第二百六十七条　中华人民共和国缔结或者参加的国际条约同本法有不同规定的，适用该国际条约的规定，但中华人民共和国声明保留的条款除外。

第二百六十八条　对享有外交特权与豁免的外国人、外国组织或者国际组织提起的民事诉讼，应当依照中华人民共和国有关法律和中华人民共和国缔结或者参加的国际条约的规定办理。

第二百六十九条　人民法院审理涉外民事案件，应当使用中华人民共和国通用的语言、文字。当事人要求提供翻译的，可以提供，费用由当事人承担。

第二百七十条　外国人、无国籍人、外国企业和组织在人民法院起诉、应诉，需要委托律师代理诉讼的，必须委托中华人民共和国的律师。

第二百七十一条　在中华人民共和国领域内没有住所的外国人、无国籍人、外国企业和组织委托中华人民共和国律师或者其他人代理诉讼，从中华人民共和国领域外寄交或者托交的授权委托书，应当经所在国公证机关证明，并经中华人民共和国驻该国使领馆认证，或者履行中华人民共和国与该所在国订立的有关条约中规定的证明手续后，才具有效力。

第二十四章　管　辖

第二百七十二条　因合同纠纷或者其他财产权益纠纷，对在中华人民共和国领域内没有住所的被告提起的诉讼，如果合同在中华人民共和国领域内签订或者履行，或者诉讼标的物在中华人民共和国领域内，或者被告在中华人民共和国领域内有可供扣押的财产，或者被告在中华人民共和国领域内设有代表机构，可以由合同签订地、合同履行地、诉讼标的物所在地、可供扣押财产所在地、侵权行为地或者代表机构住所地人民法院管辖。

第二百七十三条　因在中华人民共和国履行中外合资经营企业合同、中外合作经营企业合同、中外合作勘探开发自然资源合同发生纠纷提起的诉讼，由中华人民共和国人民法院管辖。

第二十五章　送达、期间

第二百七十四条　人民法院对在中华人民共和国领域内没有住所的当事人送达诉讼文书，可以采用下列方式：

（一）依照受送达人所在国与中华人民共和国缔结或者共同参加的国际条约中规定的方式送达；

（二）通过外交途径送达；

（三）对具有中华人民共和国国籍的受送达人，可以委托中华人民共和国驻受送达人所在国的使领馆代为送达；

（四）向受送达人委托的有权代其接受送达的诉讼代理人送达；

（五）向受送达人在中华人民共和国领域内设立的代表机构

或者有权接受送达的分支机构、业务代办人送达；

（六）受送达人所在国的法律允许邮寄送达的，可以邮寄送达，自邮寄之日起满三个月，送达回证没有退回，但根据各种情况足以认定已经送达的，期间届满之日视为送达；

（七）采用传真、电子邮件等能够确认受送达人收悉的方式送达；

（八）不能用上述方式送达的，公告送达，自公告之日起满三个月，即视为送达。

第二百七十五条　被告在中华人民共和国领域内没有住所的，人民法院应当将起诉状副本送达被告，并通知被告在收到起诉状副本后三十日内提出答辩状。被告申请延期的，是否准许，由人民法院决定。

第二百七十六条　在中华人民共和国领域内没有住所的当事人，不服第一审人民法院判决、裁定的，有权在判决书、裁定书送达之日起三十日内提起上诉。被上诉人在收到上诉状副本后，应当在三十日内提出答辩状。当事人不能在法定期间提起上诉或者提出答辩状，申请延期的，是否准许，由人民法院决定。

第二百七十七条　人民法院审理涉外民事案件的期间，不受本法第一百五十二条、第一百八十三条规定的限制。

第二十六章　仲　裁

第二百七十八条　涉外经济贸易、运输和海事中发生的纠纷，当事人在合同中订有仲裁条款或者事后达成书面仲裁协议，提交中华人民共和国涉外仲裁机构或者其他仲裁机构仲裁的，当事人不得向人民法院起诉。

当事人在合同中没有订有仲裁条款或者事后没有达成书面仲裁协议的，可以向人民法院起诉。

第二百七十九条 当事人申请采取保全的，中华人民共和国的涉外仲裁机构应当将当事人的申请，提交被申请人住所地或者财产所在地的中级人民法院裁定。

第二百八十条 经中华人民共和国涉外仲裁机构裁决的，当事人不得向人民法院起诉。一方当事人不履行仲裁裁决的，对方当事人可以向被申请人住所地或者财产所在地的中级人民法院申请执行。

第二百八十一条 对中华人民共和国涉外仲裁机构作出的裁决，被申请人提出证据证明仲裁裁决有下列情形之一的，经人民法院组成合议庭审查核实，裁定不予执行：

（一）当事人在合同中没有订有仲裁条款或者事后没有达成书面仲裁协议的；

（二）被申请人没有得到指定仲裁员或者进行仲裁程序的通知，或者由于其他不属于被申请人负责的原因未能陈述意见的；

（三）仲裁庭的组成或者仲裁的程序与仲裁规则不符的；

（四）裁决的事项不属于仲裁协议的范围或者仲裁机构无权仲裁的。

人民法院认定执行该裁决违背社会公共利益的，裁定不予执行。

第二百八十二条 仲裁裁决被人民法院裁定不予执行的，当事人可以根据双方达成的书面仲裁协议重新申请仲裁，也可以向人民法院起诉。

第二十七章　司法协助

第二百八十三条　根据中华人民共和国缔结或者参加的国际条约，或者按照互惠原则，人民法院和外国法院可以相互请求，代为送达文书、调查取证以及进行其他诉讼行为。

外国法院请求协助的事项有损于中华人民共和国的主权、安全或者社会公共利益的，人民法院不予执行。

第二百八十四条　请求和提供司法协助，应当依照中华人民共和国缔结或者参加的国际条约所规定的途径进行；没有条约关系的，通过外交途径进行。

外国驻中华人民共和国的使领馆可以向该国公民送达文书和调查取证，但不得违反中华人民共和国的法律，并不得采取强制措施。

除前款规定的情况外，未经中华人民共和国主管机关准许，任何外国机关或者个人不得在中华人民共和国领域内送达文书、调查取证。

第二百八十五条　外国法院请求人民法院提供司法协助的请求书及其所附文件，应当附有中文译本或者国际条约规定的其他文字文本。

人民法院请求外国法院提供司法协助的请求书及其所附文件，应当附有该国文字译本或者国际条约规定的其他文字文本。

第二百八十六条　人民法院提供司法协助，依照中华人民共和国法律规定的程序进行。外国法院请求采用特殊方式的，也可以按照其请求的特殊方式进行，但请求采用的特殊方式不得违反中华人民共和国法律。

第二百八十七条 人民法院作出的发生法律效力的判决、裁定，如果被执行人或者其财产不在中华人民共和国领域内，当事人请求执行的，可以由当事人直接向有管辖权的外国法院申请承认和执行，也可以由人民法院依照中华人民共和国缔结或者参加的国际条约的规定，或者按照互惠原则，请求外国法院承认和执行。

中华人民共和国涉外仲裁机构作出的发生法律效力的仲裁裁决，当事人请求执行的，如果被执行人或者其财产不在中华人民共和国领域内，应当由当事人直接向有管辖权的外国法院申请承认和执行。

第二百八十八条 外国法院作出的发生法律效力的判决、裁定，需要中华人民共和国人民法院承认和执行的，可以由当事人直接向中华人民共和国有管辖权的中级人民法院申请承认和执行，也可以由外国法院依照该国与中华人民共和国缔结或者参加的国际条约的规定，或者按照互惠原则，请求人民法院承认和执行。

第二百八十九条 人民法院对申请或者请求承认和执行的外国法院作出的发生法律效力的判决、裁定，依照中华人民共和国缔结或者参加的国际条约，或者按照互惠原则进行审查后，认为不违反中华人民共和国法律的基本原则或者国家主权、安全、社会公共利益的，裁定承认其效力，需要执行的，发出执行令，依照本法的有关规定执行。违反中华人民共和国法律的基本原则或者国家主权、安全、社会公共利益的，不予承认和执行。

第二百九十条 国外仲裁机构的裁决，需要中华人民共和国人民法院承认和执行的，应当由当事人直接向被执行人住所地或者其财产所在地的中级人民法院申请，人民法院应当依照中华人民共和国缔结或者参加的国际条约，或者按照互惠原则办理。

最高人民法院
关于适用《中华人民共和国民事诉讼法》的解释（节录）

（2014年12月18日最高人民法院审判委员会第1636次会议通过　根据2020年12月23日最高人民法院审判委员会第1823次会议通过的《最高人民法院关于修改〈最高人民法院关于人民法院民事调解工作若干问题的规定〉等十九件民事诉讼类司法解释的决定》第一次修正　根据2022年3月22日最高人民法院审判委员会第1866次会议通过的《最高人民法院关于修改〈最高人民法院关于适用《中华人民共和国民事诉讼法》的解释〉的决定》第二次修正　该修正自2022年4月10日起施行）

第一条　民事诉讼法第十九条第一项规定的重大涉外案件，包括争议标的额大的案件、案情复杂的案件，或者一方当事人人数众多等具有重大影响的案件。

二十二、涉外民事诉讼程序的特别规定

第五百二十条　有下列情形之一，人民法院可以认定为涉外民事案件：

（一）当事人一方或者双方是外国人、无国籍人、外国企业或者组织的；

（二）当事人一方或者双方的经常居所地在中华人民共和国

领域外的；

（三）标的物在中华人民共和国领域外的；

（四）产生、变更或者消灭民事关系的法律事实发生在中华人民共和国领域外的；

（五）可以认定为涉外民事案件的其他情形。

第五百二十一条 外国人参加诉讼，应当向人民法院提交护照等用以证明自己身份的证件。

外国企业或者组织参加诉讼，向人民法院提交的身份证明文件，应当经所在国公证机关公证，并经中华人民共和国驻该国使领馆认证，或者履行中华人民共和国与该所在国订立的有关条约中规定的证明手续。

代表外国企业或者组织参加诉讼的人，应当向人民法院提交其有权作为代表人参加诉讼的证明，该证明应当经所在国公证机关公证，并经中华人民共和国驻该国使领馆认证，或者履行中华人民共和国与该所在国订立的有关条约中规定的证明手续。

本条所称的“所在国”，是指外国企业或者组织的设立登记地国，也可以是办理了营业登记手续的第三国。

第五百二十二条 依照民事诉讼法第二百七十一条以及本解释第五百二十一条规定，需要办理公证、认证手续，而外国当事人所在国与中华人民共和国没有建立外交关系的，可以经该国公证机关公证，经与中华人民共和国有外交关系的第三国驻该国使领馆认证，再转由中华人民共和国驻该第三国使领馆认证。

第五百二十三条 外国人、外国企业或者组织的代表人在人民法院法官的见证下签署授权委托书，委托代理人进行民事诉讼的，人民法院应予认可。

第五百二十四条 外国人、外国企业或者组织的代表人在中华人民共和国境内签署授权委托书，委托代理人进行民事诉讼，经中华人民共和国公证机构公证的，人民法院应予认可。

第五百二十五条　当事人向人民法院提交的书面材料是外文的，应当同时向人民法院提交中文翻译件。

当事人对中文翻译件有异议的，应当共同委托翻译机构提供翻译文本；当事人对翻译机构的选择不能达成一致的，由人民法院确定。

第五百二十六条　涉外民事诉讼中的外籍当事人，可以委托本国人为诉讼代理人，也可以委托本国律师以非律师身份担任诉讼代理人；外国驻华使领馆官员，受本国公民的委托，可以以个人名义担任诉讼代理人，但在诉讼中不享有外交或者领事特权和豁免。

第五百二十七条　涉外民事诉讼中，外国驻华使领馆授权其本馆官员，在作为当事人的本国国民不在中华人民共和国领域内的情况下，可以以外交代表身份为其本国国民在中华人民共和国聘请中华人民共和国律师或者中华人民共和国公民代理民事诉讼。

第五百二十八条　涉外民事诉讼中，经调解双方达成协议，应当制发调解书。当事人要求发给判决书的，可以依协议的内容制作判决书送达当事人。

第五百二十九条　涉外合同或者其他财产权益纠纷的当事人，可以书面协议选择被告住所地、合同履行地、合同签订地、原告住所地、标的物所在地、侵权行为地等与争议有实际联系地点的外国法院管辖。

根据民事诉讼法第三十四条和第二百七十三条规定，属于中华人民共和国法院专属管辖的案件，当事人不得协议选择外国法院管辖，但协议选择仲裁的除外。

第五百三十条 涉外民事案件同时符合下列情形的，人民法院可以裁定驳回原告的起诉，告知其向更方便的外国法院提起诉讼：

（一）被告提出案件应由更方便外国法院管辖的请求，或者提出管辖异议；

（二）当事人之间不存在选择中华人民共和国法院管辖的协议；

（三）案件不属于中华人民共和国法院专属管辖；

（四）案件不涉及中华人民共和国国家、公民、法人或者其他组织的利益；

（五）案件争议的主要事实不是发生在中华人民共和国境内，且案件不适用中华人民共和国法律，人民法院审理案件在认定事实和适用法律方面存在重大困难；

（六）外国法院对案件享有管辖权，且审理该案件更加方便。

第五百三十一条 中华人民共和国法院和外国法院都有管辖权的案件，一方当事人向外国法院起诉，而另一方当事人向中华人民共和国法院起诉的，人民法院可予受理。判决后，外国法院申请或者当事人请求人民法院承认和执行外国法院对本案作出的判决、裁定的，不予准许；但双方共同缔结或者参加的国际条约另有规定的除外。

外国法院判决、裁定已经被人民法院承认，当事人就同一争议向人民法院起诉的，人民法院不予受理。

第五百三十二条 对在中华人民共和国领域内没有住所的当事人，经用公告方式送达诉讼文书，公告期满不应诉，人民法院缺席判决后，仍应当将裁判文书依照民事诉讼法第二百七十四条第八项规定公告送达。自公告送达裁判文书满三个月之日起，经过三十日的上诉期当事人没有上诉的，一审判决即发生法律效力。

第五百三十三条　外国人或者外国企业、组织的代表人、主要负责人在中华人民共和国领域内的，人民法院可以向该自然人或者外国企业、组织的代表人、主要负责人送达。

外国企业、组织的主要负责人包括该企业、组织的董事、监事、高级管理人员等。

第五百三十四条　受送达人所在国允许邮寄送达的，人民法院可以邮寄送达。

邮寄送达时应当附有送达回证。受送达人未在送达回证上签收但在邮件回执上签收的，视为送达，签收日期为送达日期。

自邮寄之日起满三个月，如果未收到送达的证明文件，且根据各种情况不足以认定已经送达的，视为不能用邮寄方式送达。

第五百三十五条　人民法院一审时采取公告方式向当事人送达诉讼文书的，二审时可径行采取公告方式向其送达诉讼文书，但人民法院能够采取公告方式之外的其他方式送达的除外。

第五百三十六条　不服第一审人民法院判决、裁定的上诉期，对在中华人民共和国领域内有住所的当事人，适用民事诉讼法第一百七十一条规定的期限；对在中华人民共和国领域内没有住所的当事人，适用民事诉讼法第二百七十六条规定的期限。当事人的上诉期均已届满没有上诉的，第一审人民法院的判决、裁定即发生法律效力。

第五百三十七条　人民法院对涉外民事案件的当事人申请再审进行审查的期间，不受民事诉讼法第二百一十一条规定的限制。

第五百三十八条 申请人向人民法院申请执行中华人民共和国涉外仲裁机构的裁决，应当提出书面申请，并附裁决书正本。如申请人为外国当事人，其申请书应当用中文文本提出。

第五百三十九条 人民法院强制执行涉外仲裁机构的仲裁裁决时，被执行人以有民事诉讼法第二百八十一条第一款规定的情形为由提出抗辩的，人民法院应当对被执行人的抗辩进行审查，并根据审查结果裁定执行或者不予执行。

第五百四十条 依照民事诉讼法第二百七十九条规定，中华人民共和国涉外仲裁机构将当事人的保全申请提交人民法院裁定的，人民法院可以进行审查，裁定是否进行保全。裁定保全的，应当责令申请人提供担保，申请人不提供担保的，裁定驳回申请。

当事人申请证据保全，人民法院经审查认为无需提供担保的，申请人可以不提供担保。

第五百四十一条 申请人向人民法院申请承认和执行外国法院作出的发生法律效力的判决、裁定，应当提交申请书，并附外国法院作出的发生法律效力的判决、裁定正本或者经证明无误的副本以及中文译本。外国法院判决、裁定为缺席判决、裁定的，申请人应当同时提交该外国法院已经合法传唤的证明文件，但判决、裁定已经对此予以明确说明的除外。

中华人民共和国缔结或者参加的国际条约对提交文件有规定的，按照规定办理。

第五百四十二条 当事人向中华人民共和国有管辖权的中级人民法院申请承认和执行外国法院作出的发生法律效力的判决、裁定的，如果该法院所在国与中华人民共和国没有缔结或者共同参加国际条约，也没有互惠关系的，裁定驳回申请，但当事人向人民法院申请承认外国法院作出的发生法律效力的离婚判决的除外。

承认和执行申请被裁定驳回的，当事人可以向人民法院起诉。

第五百四十三条　对临时仲裁庭在中华人民共和国领域外作出的仲裁裁决，一方当事人向人民法院申请承认和执行的，人民法院应当依照民事诉讼法第二百九十条规定处理。

第五百四十四条　对外国法院作出的发生法律效力的判决、裁定或者外国仲裁裁决，需要中华人民共和国法院执行的，当事人应当先向人民法院申请承认。人民法院经审查，裁定承认后，再根据民事诉讼法第三编的规定予以执行。

当事人仅申请承认而未同时申请执行的，人民法院仅对应否承认进行审查并作出裁定。

第五百四十五条　当事人申请承认和执行外国法院作出的发生法律效力的判决、裁定或者外国仲裁裁决的期间，适用民事诉讼法第二百四十六条的规定。

当事人仅申请承认而未同时申请执行的，申请执行的期间自人民法院对承认申请作出的裁定生效之日起重新计算。

第五百四十六条　承认和执行外国法院作出的发生法律效力的判决、裁定或者外国仲裁裁决的案件，人民法院应当组成合议庭进行审查。

人民法院应当将申请书送达被申请人。被申请人可以陈述意见。

人民法院经审查作出的裁定，一经送达即发生法律效力。

第五百四十七条　与中华人民共和国没有司法协助条约又无

互惠关系的国家的法院，未通过外交途径，直接请求人民法院提供司法协助的，人民法院应予退回，并说明理由。

第五百四十八条 当事人在中华人民共和国领域外使用中华人民共和国法院的判决书、裁定书，要求中华人民共和国法院证明其法律效力的，或者外国法院要求中华人民共和国法院证明判决书、裁定书的法律效力的，作出判决、裁定的中华人民共和国法院，可以本法院的名义出具证明。

第五百四十九条 人民法院审理涉及香港、澳门特别行政区和台湾地区的民事诉讼案件，可以参照适用涉外民事诉讼程序的特别规定。

最高人民法院
关于适用《中华人民共和国行政诉讼法》的解释（节录）

法释〔2018〕1号

（2017年11月13日最高人民法院审判委员会第1726次会议通过
2018年2月6日最高人民法院公告公布　自2018年2月8日起施行）

第五条　有下列情形之一的，属于行政诉讼法第十五条第三项规定的“本辖区内重大、复杂的案件”：

（一）社会影响重大的共同诉讼案件；

（二）涉外或者涉及香港特别行政区、澳门特别行政区、台湾地区的案件；

（三）其他重大、复杂案件。

最高人民法院
关于审理劳动争议案件适用法律问题的解释（一）

法释〔2020〕26号

（2020年12月25日最高人民法院审判委员会第1825次会议通过
2020年12月29日最高人民法院公告公布　自2021年1月1日起施行）

为正确审理劳动争议案件，根据《中华人民共和国民法典》《中华人民共和国劳动法》《中华人民共和国劳动合同法》《中华人民共和国劳动争议调解仲裁法》《中华人民共和国民事诉讼法》等相关法律规定，结合审判实践，制定本解释。

第一条　劳动者与用人单位之间发生的下列纠纷，属于劳动争议，当事人不服劳动争议仲裁机构作出的裁决，依法提起诉讼的，人民法院应予受理：

（一）劳动者与用人单位在履行劳动合同过程中发生的纠纷；

（二）劳动者与用人单位之间没有订立书面劳动合同，但已形成劳动关系后发生的纠纷；

（三）劳动者与用人单位因劳动关系是否已经解除或者终止，以及应否支付解除或者终止劳动关系经济补偿金发生的纠纷；

（四）劳动者与用人单位解除或者终止劳动关系后，请求用人单位返还其收取的劳动合同定金、保证金、抵押金、抵押物发生的纠纷，或者办理劳动者的人事档案、社会保险关系等移转手续发生的纠纷；

（五）劳动者以用人单位未为其办理社会保险手续，且社会保险经办机构不能补办导致其无法享受社会保险待遇为由，要求用人单位赔偿损失发生的纠纷；

（六）劳动者退休后，与尚未参加社会保险统筹的原用人单位因追索养老金、医疗费、工伤保险待遇和其他社会保险待遇而发生的纠纷；

（七）劳动者因为工伤、职业病，请求用人单位依法给予工伤保险待遇发生的纠纷；

（八）劳动者依据劳动合同法第八十五条规定，要求用人单位支付加付赔偿金发生的纠纷；

（九）因企业自主进行改制发生的纠纷。

第二条　下列纠纷不属于劳动争议：

（一）劳动者请求社会保险经办机构发放社会保险金的纠纷；

（二）劳动者与用人单位因住房制度改革产生的公有住房转让纠纷；

（三）劳动者对劳动能力鉴定委员会的伤残等级鉴定结论或者对职业病诊断鉴定委员会的职业病诊断鉴定结论的异议纠纷；

（四）家庭或者个人与家政服务人员之间的纠纷；

（五）个体工匠与帮工、学徒之间的纠纷；

（六）农村承包经营户与受雇人之间的纠纷。

第三条　劳动争议案件由用人单位所在地或者劳动合同履行地的基层人民法院管辖。

劳动合同履行地不明确的，由用人单位所在地的基层人民法院管辖。

法律另有规定的，依照其规定。

第四条　劳动者与用人单位均不服劳动争议仲裁机构的同一

裁决，向同一人民法院起诉的，人民法院应当并案审理，双方当事人互为原告和被告，对双方的诉讼请求，人民法院应当一并作出裁决。在诉讼过程中，一方当事人撤诉的，人民法院应当根据另一方当事人的诉讼请求继续审理。双方当事人就同一仲裁裁决分别向有管辖权的人民法院起诉的，后受理的人民法院应当将案件移送给先受理的人民法院。

第五条 劳动争议仲裁机构以无管辖权为由对劳动争议案件不予受理，当事人提起诉讼的，人民法院按照以下情形分别处理：

（一）经审查认为该劳动争议仲裁机构对案件确无管辖权的，应当告知当事人向有管辖权的劳动争议仲裁机构申请仲裁；

（二）经审查认为该劳动争议仲裁机构有管辖权的，应当告知当事人申请仲裁，并将审查意见书面通知该劳动争议仲裁机构；劳动争议仲裁机构仍不受理，当事人就该劳动争议事项提起诉讼的，人民法院应予受理。

第六条 劳动争议仲裁机构以当事人申请仲裁的事项不属于劳动争议为由，作出不予受理的书面裁决、决定或者通知，当事人不服依法提起诉讼的，人民法院应当分别情况予以处理：

（一）属于劳动争议案件的，应当受理；

（二）虽不属于劳动争议案件，但属于人民法院主管的其他案件，应当依法受理。

第七条 劳动争议仲裁机构以申请仲裁的主体不适格为由，作出不予受理的书面裁决、决定或者通知，当事人不服依法提起诉讼，经审查确属主体不适格的，人民法院不予受理；已经受理的，裁定驳回起诉。

第八条 劳动争议仲裁机构为纠正原仲裁裁决错误重新作出

裁决，当事人不服依法提起诉讼的，人民法院应当受理。

第九条　劳动争议仲裁机构仲裁的事项不属于人民法院受理的案件范围，当事人不服依法提起诉讼的，人民法院不予受理；已经受理的，裁定驳回起诉。

第十条　当事人不服劳动争议仲裁机构作出的预先支付劳动者劳动报酬、工伤医疗费、经济补偿或者赔偿金的裁决，依法提起诉讼的，人民法院不予受理。

用人单位不履行上述裁决中的给付义务，劳动者依法申请强制执行的，人民法院应予受理。

第十一条　劳动争议仲裁机构作出的调解书已经发生法律效力，一方当事人反悔提起诉讼的，人民法院不予受理；已经受理的，裁定驳回起诉。

第十二条　劳动争议仲裁机构逾期未作出受理决定或仲裁裁决，当事人直接提起诉讼的，人民法院应予受理，但申请仲裁的案件存在下列事由的除外：

（一）移送管辖的；

（二）正在送达或者送达延误的；

（三）等待另案诉讼结果、评残结论的；

（四）正在等待劳动争议仲裁机构开庭的；

（五）启动鉴定程序或者委托其他部门调查取证的；

（六）其他正当事由。

当事人以劳动争议仲裁机构逾期未作出仲裁裁决为由提起诉讼的，应当提交该仲裁机构出具的受理通知书或者其他已接受仲裁申请的凭证、证明。

第十三条　劳动者依据劳动合同法第三十条第二款和调解仲裁法第十六条规定向人民法院申请支付令，符合民事诉讼法第十七章督促程序规定的，人民法院应予受理。

依据劳动合同法第三十条第二款规定申请支付令被人民法院裁定终结督促程序后，劳动者就劳动争议事项直接提起诉讼的，人民法院应当告知其先向劳动争议仲裁机构申请仲裁。

依据调解仲裁法第十六条规定申请支付令被人民法院裁定终结督促程序后，劳动者依据调解协议直接提起诉讼的，人民法院应予受理。

第十四条 人民法院受理劳动争议案件后，当事人增加诉讼请求的，如该诉讼请求与讼争的劳动争议具有不可分性，应当合并审理；如属独立的劳动争议，应当告知当事人向劳动争议仲裁机构申请仲裁。

第十五条 劳动者以用人单位的工资欠条为证据直接提起诉讼，诉讼请求不涉及劳动关系其他争议的，视为拖欠劳动报酬争议，人民法院按照普通民事纠纷受理。

第十六条 劳动争议仲裁机构作出仲裁裁决后，当事人对裁决中的部分事项不服，依法提起诉讼的，劳动争议仲裁裁决不发生法律效力。

第十七条 劳动争议仲裁机构对多个劳动者的劳动争议作出仲裁裁决后，部分劳动者对仲裁裁决不服，依法提起诉讼的，仲裁裁决对提起诉讼的劳动者不发生法律效力；对未提起诉讼的部分劳动者，发生法律效力，如其申请执行的，人民法院应当受理。

第十八条 仲裁裁决的类型以仲裁裁决书确定为准。仲裁裁决书未载明该裁决为终局裁决或者非终局裁决，用人单位不服该仲裁裁决向基层人民法院提起诉讼的，应当按照以下情形分别处理：

（一）经审查认为该仲裁裁决为非终局裁决的，基层人民法院应予受理；

（二）经审查认为该仲裁裁决为终局裁决的，基层人民法院不予受理，但应告知用人单位可以自收到不予受理裁定书之日起三十日内向劳动争议仲裁机构所在地的中级人民法院申请撤销该仲裁裁决；已经受理的，裁定驳回起诉。

第十九条　仲裁裁决书未载明该裁决为终局裁决或者非终局裁决，劳动者依据调解仲裁法第四十七条第一项规定，追索劳动报酬、工伤医疗费、经济补偿或者赔偿金，如果仲裁裁决涉及数项，每项确定的数额均不超过当地月最低工资标准十二个月金额的，应当按照终局裁决处理。

第二十条　劳动争议仲裁机构作出的同一仲裁裁决同时包含终局裁决事项和非终局裁决事项，当事人不服该仲裁裁决向人民法院提起诉讼的，应当按照非终局裁决处理。

第二十一条　劳动者依据调解仲裁法第四十八条规定向基层人民法院提起诉讼，用人单位依据调解仲裁法第四十九条规定向劳动争议仲裁机构所在地的中级人民法院申请撤销仲裁裁决的，中级人民法院应当不予受理；已经受理的，应当裁定驳回申请。

被人民法院驳回起诉或者劳动者撤诉的，用人单位可以自收到裁定书之日起三十日内，向劳动争议仲裁机构所在地的中级人民法院申请撤销仲裁裁决。

第二十二条　用人单位依据调解仲裁法第四十九条规定向中级人民法院申请撤销仲裁裁决，中级人民法院作出的驳回申请或者撤销仲裁裁决的裁定为终审裁定。

第二十三条　中级人民法院审理用人单位申请撤销终局裁决的案件，应当组成合议庭开庭审理。经过阅卷、调查和询问当事人，对没有新的事实、证据或者理由，合议庭认为不需要开庭审理的，可以不开庭审理。

中级人民法院可以组织双方当事人调解。达成调解协议的，可以制作调解书。一方当事人逾期不履行调解协议的，另一方可以申请人民法院强制执行。

第二十四条 当事人申请人民法院执行劳动争议仲裁机构作出的发生法律效力的裁决书、调解书，被申请人提出证据证明劳动争议仲裁裁决书、调解书有下列情形之一，并经审查核实的，人民法院可以根据民事诉讼法第二百三十七条规定，裁定不予执行：

（一）裁决的事项不属于劳动争议仲裁范围，或者劳动争议仲裁机构无权仲裁的；

（二）适用法律、法规确有错误的；

（三）违反法定程序的；

（四）裁决所根据的证据是伪造的；

（五）对方当事人隐瞒了足以影响公正裁决的证据的；

（六）仲裁员在仲裁该案时有索贿受贿、徇私舞弊、枉法裁决行为的；

（七）人民法院认定执行该劳动争议仲裁裁决违背社会公共利益的。

人民法院在不予执行的裁定书中，应当告知当事人在收到裁定书之次日起三十日内，可以就该劳动争议事项向人民法院提起诉讼。

第二十五条 劳动争议仲裁机构作出终局裁决，劳动者向人民法院申请执行，用人单位向劳动争议仲裁机构所在地的中级人民法院申请撤销的，人民法院应当裁定中止执行。

用人单位撤回撤销终局裁决申请或者其申请被驳回的，人民法院应当裁定恢复执行。仲裁裁决被撤销的，人民法院应当裁定终结执行。

用人单位向人民法院申请撤销仲裁裁决被驳回后，又在执行程序中以相同理由提出不予执行抗辩的，人民法院不予支持。

第二十六条　用人单位与其他单位合并的，合并前发生的劳动争议，由合并后的单位为当事人；用人单位分立为若干单位的，其分立前发生的劳动争议，由分立后的实际用人单位为当事人。

用人单位分立为若干单位后，具体承受劳动权利义务的单位不明确的，分立后的单位均为当事人。

第二十七条　用人单位招用尚未解除劳动合同的劳动者，原用人单位与劳动者发生的劳动争议，可以列新的用人单位为第三人。

原用人单位以新的用人单位侵权为由提起诉讼的，可以列劳动者为第三人。

原用人单位以新的用人单位和劳动者共同侵权为由提起诉讼的，新的用人单位和劳动者列为共同被告。

第二十八条　劳动者在用人单位与其他平等主体之间的承包经营期间，与发包方和承包方双方或者一方发生劳动争议，依法提起诉讼的，应当将承包方和发包方作为当事人。

第二十九条　劳动者与未办理营业执照、营业执照被吊销或者营业期限届满仍继续经营的用人单位发生争议的，应当将用人单位或者其出资人列为当事人。

第三十条　未办理营业执照、营业执照被吊销或者营业期限届满仍继续经营的用人单位，以挂靠等方式借用他人营业执照经营的，应当将用人单位和营业执照出借方列为当事人。

第三十一条 当事人不服劳动争议仲裁机构作出的仲裁裁决，依法提起诉讼，人民法院审查认为仲裁裁决遗漏了必须共同参加仲裁的当事人的，应当依法追加遗漏的人为诉讼当事人。

被追加的当事人应当承担责任的，人民法院应当一并处理。

第三十二条 用人单位与其招用的已经依法享受养老保险待遇或者领取退休金的人员发生用工争议而提起诉讼的，人民法院应当按劳务关系处理。

企业停薪留职人员、未达到法定退休年龄的内退人员、下岗待岗人员以及企业经营性停产放长假人员，因与新的用人单位发生用工争议而提起诉讼的，人民法院应当按劳动关系处理。

第三十三条 外国人、无国籍人未依法取得就业证件即与中华人民共和国境内的用人单位签订劳动合同，当事人请求确认与用人单位存在劳动关系的，人民法院不予支持。

持有《外国专家证》并取得《外国人来华工作许可证》的外国人，与中华人民共和国境内的用人单位建立用工关系的，可以认定为劳动关系。

第三十四条 劳动合同期满后，劳动者仍在原用人单位工作，原用人单位未表示异议的，视为双方同意以原条件继续履行劳动合同。一方提出终止劳动关系的，人民法院应予支持。

根据劳动合同法第十四条规定，用人单位应当与劳动者签订无固定期限劳动合同而未签订的，人民法院可以视为双方之间存在无固定期限劳动合同关系，并以原劳动合同确定双方的权利义务关系。

第三十五条 劳动者与用人单位就解除或者终止劳动合同办理相关手续、支付工资报酬、加班费、经济补偿或者赔偿金等达成的协议，不违反法律、行政法规的强制性规定，且不存在欺诈、胁迫或者乘人之危情形的，应当认定有效。

前款协议存在重大误解或者显失公平情形，当事人请求撤销的，人民法院应予支持。

第三十六条　当事人在劳动合同或者保密协议中约定了竞业限制，但未约定解除或者终止劳动合同后给予劳动者经济补偿，劳动者履行了竞业限制义务，要求用人单位按照劳动者在劳动合同解除或者终止前十二个月平均工资的30%按月支付经济补偿的，人民法院应予支持。

前款规定的月平均工资的30%低于劳动合同履行地最低工资标准的，按照劳动合同履行地最低工资标准支付。

第三十七条　当事人在劳动合同或者保密协议中约定了竞业限制和经济补偿，当事人解除劳动合同时，除另有约定外，用人单位要求劳动者履行竞业限制义务，或者劳动者履行了竞业限制义务后要求用人单位支付经济补偿的，人民法院应予支持。

第三十八条　当事人在劳动合同或者保密协议中约定了竞业限制和经济补偿，劳动合同解除或者终止后，因用人单位的原因导致三个月未支付经济补偿，劳动者请求解除竞业限制约定的，人民法院应予支持。

第三十九条　在竞业限制期限内，用人单位请求解除竞业限制协议的，人民法院应予支持。

在解除竞业限制协议时，劳动者请求用人单位额外支付劳动者三个月的竞业限制经济补偿的，人民法院应予支持。

第四十条　劳动者违反竞业限制约定，向用人单位支付违约金后，用人单位要求劳动者按照约定继续履行竞业限制义务的，人民法院应予支持。

第四十一条　劳动合同被确认为无效，劳动者已付出劳动的，用人单位应当按照劳动合同法第二十八条、第四十六条、第四十七条的规定向劳动者支付劳动报酬和经济补偿。

由于用人单位原因订立无效劳动合同，给劳动者造成损害的，用人单位应当赔偿劳动者因合同无效所造成的经济损失。

第四十二条 劳动者主张加班费的，应当就加班事实的存在承担举证责任。但劳动者有证据证明用人单位掌握加班事实存在的证据，用人单位不提供的，由用人单位承担不利后果。

第四十三条 用人单位与劳动者协商一致变更劳动合同，虽未采用书面形式，但已经实际履行了口头变更的劳动合同超过一个月，变更后的劳动合同内容不违反法律、行政法规且不违背公序良俗，当事人以未采用书面形式为由主张劳动合同变更无效的，人民法院不予支持。

第四十四条 因用人单位作出的开除、除名、辞退、解除劳动合同、减少劳动报酬、计算劳动者工作年限等决定而发生的劳动争议，用人单位负举证责任。

第四十五条 用人单位有下列情形之一，迫使劳动者提出解除劳动合同的，用人单位应当支付劳动者的劳动报酬和经济补偿，并可支付赔偿金：

（一）以暴力、威胁或者非法限制人身自由的手段强迫劳动的；

（二）未按照劳动合同约定支付劳动报酬或者提供劳动条件的；

（三）克扣或者无故拖欠劳动者工资的；

（四）拒不支付劳动者延长工作时间工资报酬的；

（五）低于当地最低工资标准支付劳动者工资的。

第四十六条 劳动者非因本人原因从原用人单位被安排到新

用人单位工作，原用人单位未支付经济补偿，劳动者依据劳动合同法第三十八条规定与新用人单位解除劳动合同，或者新用人单位向劳动者提出解除、终止劳动合同，在计算支付经济补偿或赔偿金的工作年限时，劳动者请求把在原用人单位的工作年限合并计算为新用人单位工作年限的，人民法院应予支持。

用人单位符合下列情形之一的，应当认定属于"劳动者非因本人原因从原用人单位被安排到新用人单位工作"：

（一）劳动者仍在原工作场所、工作岗位工作，劳动合同主体由原用人单位变更为新用人单位；

（二）用人单位以组织委派或任命形式对劳动者进行工作调动；

（三）因用人单位合并、分立等原因导致劳动者工作调动；

（四）用人单位及其关联企业与劳动者轮流订立劳动合同；

（五）其他合理情形。

第四十七条　建立了工会组织的用人单位解除劳动合同符合劳动合同法第三十九条、第四十条规定，但未按照劳动合同法第四十三条规定事先通知工会，劳动者以用人单位违法解除劳动合同为由请求用人单位支付赔偿金的，人民法院应予支持，但起诉前用人单位已经补正有关程序的除外。

第四十八条　劳动合同法施行后，因用人单位经营期限届满不再继续经营导致劳动合同不能继续履行，劳动者请求用人单位支付经济补偿的，人民法院应予支持。

第四十九条　在诉讼过程中，劳动者向人民法院申请采取财产保全措施，人民法院经审查认为申请人经济确有困难，或者有证据证明用人单位存在欠薪逃匿可能的，应当减轻或者免除劳动者提供担保的义务，及时采取保全措施。

人民法院作出的财产保全裁定中，应当告知当事人在劳动争议仲裁机构的裁决书或者在人民法院的裁判文书生效后三个月内申请强制执行。逾期不申请的，人民法院应当裁定解除保全措施。

第五十条 用人单位根据劳动合同法第四条规定，通过民主程序制定的规章制度，不违反国家法律、行政法规及政策规定，并已向劳动者公示的，可以作为确定双方权利义务的依据。

用人单位制定的内部规章制度与集体合同或者劳动合同约定的内容不一致，劳动者请求优先适用合同约定的，人民法院应予支持。

第五十一条 当事人在调解仲裁法第十条规定的调解组织主持下达成的具有劳动权利义务内容的调解协议，具有劳动合同的约束力，可以作为人民法院裁判的根据。

当事人在调解仲裁法第十条规定的调解组织主持下仅就劳动报酬争议达成调解协议，用人单位不履行调解协议确定的给付义务，劳动者直接提起诉讼的，人民法院可以按照普通民事纠纷受理。

第五十二条 当事人在人民调解委员会主持下仅就给付义务达成的调解协议，双方认为有必要的，可以共同向人民调解委员会所在地的基层人民法院申请司法确认。

第五十三条 用人单位对劳动者作出的开除、除名、辞退等处理，或者因其他原因解除劳动合同确有错误的，人民法院可以依法判决予以撤销。

对于追索劳动报酬、养老金、医疗费以及工伤保险待遇、经济补偿金、培训费及其他相关费用等案件，给付数额不当的，人民法院可以予以变更。

第五十四条 本解释自 2021 年 1 月 1 日起施行。

附录：

《关于审理劳动争议案件适用法律问题的解释（一）》几个重点问题的理解与适用*

郑学林　刘　敏　于　蒙　危浪平

为贯彻落实习近平总书记在中央政治局第二十次集体学习时的重要讲话精神，以清理涉及民法典相关司法解释为契机，在最高人民法院颁布施行的原有4个劳动争议司法解释基础上，根据劳动法、劳动合同法、劳动争议调解仲裁法（以下简称调解仲裁法），以及劳动合同法实施条例等法律法规，对涉及劳动争议的司法解释作清理整合。通过听取专家学者、社会有关方面建议，征求全国人大常委会法工委、科技部、人力资源和社会保障部等单位，以及各高级人民法院意见建议，经反复研究论证，《最高人民法院关于审理劳动争议案件适用法律问题的解释（一）》（以下简称劳动争议司法解释一）由最高人民法院审判委员会第1825次会议审议通过，于2021年1月1日起施行。

一、解释出台的背景、意义

关于劳动争议的司法解释向来是社会关注度高、司法审判急需的重要解释。之所以采取废止原有多个司法解释，重新修改制定新解释的清理模式，主要考虑：一是增强司法解释的体系性、完整性，通过重新修订整合，既统一了解释形式，也方便法官、

* 载《人民司法（应用）》2021年第7期。

劳动者、用人单位等查找条文。二是保持新旧司法解释内容的连续性、稳定性，对与劳动合同法、调解仲裁法等法律法规相冲突的予以删除，对已经被前述法律吸收的条文内容不再重复，对前述法律新规定的内容予以适当补充，整体未作大规模修改。三是保持适度的前瞻性、开放性，对于有争议仍待司法实践探索或者法律作出新规定但适用中分歧较大的问题暂不作规定，因为民法典颁布施行后，相关法律和司法解释将作对应调整，劳动争议司法解释一在这些法律、司法解释颁布施行后，还将进一步补充、细化、完善。四是相关单位和社会有关方面认为目前劳动争议相关的司法解释纷繁复杂，建议清理修改，重新整合。这次重新修改制定劳动争议司法解释一，有以下重要意义：

第一，有利于人民法院正确统一实施劳动法律和民法典。从劳动法到劳动合同法、调解仲裁法，劳动法律不断发展、完善，为应对劳动争议案件审理中出现的新问题、难问题，最高人民法院曾先后颁布施行 4 个审理劳动争议案件的司法解释，内容丰富、体系庞大，跨越所谓劳动法时代和劳动合同法时代，因此也出现了《最高人民法院关于审理劳动争议案件适用法律若干问题的解释》（以下简称原解释一）《关于审理劳动争议案件适用法律若干问题的解释（二）》（以下简称原解释二）相关内容与后颁布的劳动合同法、调解仲裁法内容不协调、不一致的情况。劳动争议司法解释一严格依照劳动法、劳动合同法、调解仲裁法以及民法典等法律制定。需要指出：一是劳动法律与民法关系问题。劳动法律属于社会法范畴，有其特有理念和规则，民法则属于私法范畴，民法与劳动法律对同一问题有不同规定时，应当适用劳动法律有关规定。例如，民法典对欺诈行为效力的规定与劳动合同法规定不同，本次解释相关条文并未依照民法典规定作修改，而是与劳动合同法保持一致。但是劳动法律没有规定时，民法典仍有适用余地，劳动法律中的部分概念、规则，例如主体资格、民事行为能力等，仍然要以民法典规定为基础；劳动关系相关规定或者约定不得违背民法典强制性规定等。二是劳动法与劳动合同法、调解仲裁法关系问题。可以说，劳动法是劳动法律领域的基本法，劳动合同法是劳动合同领域的特别法，调解仲裁法是劳动争议程序领域的特别法，劳动法与劳动合同法、调解仲裁法对同一问题规定不一致时，应当以特别法为准。例如，劳动法第 82 条与调解仲裁法第 27 条对仲裁时效的起算、中断、中止等规定不一致，本次解释制定时就将原解释一、原解释二中有关仲裁时效条文予以废止，相关案件审理可以直接援引调解仲裁法第 27 条的规定。

第二，有利于构建发展和谐稳定的劳动关系。劳动关系是现代社会最重要、最基本的社会经济关系之一，健康和谐的劳动关系是社会稳定、经济发展的基石；维护劳动者合法权益，合理平衡劳动者与用人单位双方利益，有效促进企业生产经营，构建科学、和谐的劳动关系，是人民法院劳动争议审判工作的职责和使命。据统计，近 3 年来，全国劳动争议纠纷案件一审收案数量每年超过 40 万件，且呈逐年递增态势。这些案件的处理，既涉及劳动者权益保护和用人单位发展，又涉及我国劳动用工、社会保障制度改革成果的落实。正因为如此，本次解释制定中，根据劳动合同法关于劳动者权益保护的制度发展，例如经济补偿、赔偿金制度等，以及新形势下对劳动者和用人单位双方利益的平衡，对原解释特别是原解释一、原解释二有关条文作相应修改，修改后的条文应当结合这一背景来理解。

第三，有利于广大劳动者、用人单位准确理解法律。按照诉讼程序进程和劳动关系演变规律，将原解释中的相关内容整合归纳。劳动争议司法解释一原则上分为劳动争议案件受理范围、管辖、裁审衔接、当事人、劳动合同的订立、履行和变更、解除和终止、其他事项8个部分。通过归纳整合，更加有利于广大劳动者、用人单位完整、系统地理解劳动法、劳动合同法、调解仲裁法等有关法律内容，依法维权。以裁审衔接部分为例，处理劳动争议主要依赖于调解、仲裁和诉讼三大程序，理顺诉裁衔接程序是解决劳资纠纷、畅通劳资关系的主要途径；通过对原有4个解释中涉及裁审衔接的条文归纳整合，例如依照调解仲裁法相关规定，对先予执行仲裁裁决的情形作了完善，进一步规范劳动争议纠纷案件处理程序，促进裁审衔接。

二、关于案件管辖制度

本次司法解释清理，对原有几个解释中涉及劳动争议案件管辖的规定作了整合，在第3条、第4条、第5条中重新作出规定，涉及地域管辖、管辖权确定等方面。

第一，关于劳动争议案件管辖的一般规定。一是关于用人单位所在地法院管辖。依据民事诉讼法关于地域管辖的基本原则，即原告就被告，劳动争议案件应由一方当事人住所地人民法院管辖。用人单位住所地相对固定，且用人单位相关管理规章往往依据所在地地方性法规、规章等文件制定，因此相对于劳动者住所地，由用人单位所在地法院管辖更为适当。二是关于合同履行地法院管辖。在用人单位所在地与合同履行地不一致的情况下，例如用人单位所在地在上海市黄浦区，合同履行地在北京市通州区，当事人赴用人单位所在地起诉极为不便，因此劳动争议司法解释一第3条规定可以由合同履行地基层人民法院管辖。三是关于法律另有规定的，依照其规定。例如调解仲裁法第 49 条规定用人单位申请撤销终局仲裁裁决的，向劳动争议仲裁委员会所在地的中级人民法院提出。

第二，关于双方当事人同时起诉的法院管辖。征求意见时有建议认为，可以结合调解仲裁法第 21 条，规定双方当事人对同一仲裁裁决不服同时提起诉讼的，由该劳动争议仲裁机构所在地人民法院管辖。这一建议具有一定合理性，有利于管辖权恒定，减少裁判尺度不一引发法律适用不一致的现象。但是考虑到一方面以劳动争议仲裁机构所在地作为人民法院地域管辖根据，不符合原告就被告的基本规则，目前也无其他程序法就此作出明确规定；另一方面劳动争议仲裁机构层级设置与法院不完全相同，有的一个劳动争议仲裁机构管辖范围内可能有多个基层人民法院，在此情况下反而增加了管辖权确定的难度。因此，劳动争议司法解释一仍然规定“后受理的人民法院应当将案件移送给先受理的人民法院”。征求意见过程中，有人认为可以参考调解仲裁法第 21 条关于双方当事人分别向有管辖权的劳动争议仲裁机构申请仲裁的处理，规定双方当事人同时向有管辖权的人民法院起诉的，直接明确由合同履行地基层人民法院管辖。我们认为交由合同履行地基层人民法院管辖是否更符合实际，或者是否有更加合适的解决办法，可以留待立法、司法实践继续作探索优化。

第三，关于劳动者和用人单位同时起诉的诉讼地位。劳动者和用人单位均不服同一仲裁裁决提起诉讼的，原解释一、原解释二有关规定存在冲突。原解释一第 9 条规定，先起诉的为原告，后起诉的为被告，但是对被告诉讼请求一并审理；原解释二第 11 条规定，人民法院应当并案审理，双方当事人互为原告和被告。司法实践中，一是因为当事人均不服同一仲裁裁决提起诉讼的，由于起诉时间不同，负责立案审查人员可能不同，导致法院先后立了两个案子；二是由于当事人可以向用人单位所在地或者劳动合同履行地的人民法院起诉，双方当事人分别选择其一的，也会产生不同法院分别立案的情况。因此，原解释二第 11 条规定，依据民事诉讼法对前述情况实行并案审理，既能体现“两便”原则，减轻当事人讼累，防止出现“同案不同判”，也能解决劳动争议案件是否存在反诉机制的理论困惑。并案审理后，双方互为原告和被告。若一方提出撤诉申请并经人民法院裁定准许后，表明其作为原告提起的诉讼消除，其不再以原告身份参加诉讼，但是其在对方当事人为原告所提诉讼中的被告身份没有因撤诉而改变，因此，即使一方当事人撤诉，人民法院仍应当根据另一方当事人的诉讼请求对案件继续审理。因此，本解释制定时，将原解释一第 9 条和原解释二第 11 条合并，废止前者部分内容，保留后者。

三、关于达到法定退休年龄人员的用工认定

关于达到法定退休年龄人员的用工认定问题，司法实践中仍有争议，劳动争议司法解释一第 32 条对此作了规定。准确理解这一条，应当注意以下两个方面：

第一，关于与依法享受养老保险待遇或者领取退休金人员建立的用工关系的性质认定。依法享受养老保险待遇或者领取退休金人员再就业情况非常普遍，对于这类人员的用工关系如何定性，目前司法实践争议不大。依照劳动合同法第 44 条第 2 项规定，劳动者依法享受养老保险待遇，是劳动者与用人单位劳动合同终止的法定原因。劳动者只要享受基本养老保险待遇，劳动合同即终止，不宜再建立劳动关系。所以用人单位与这类人员建立

的用工关系，不应当认定为劳动关系，否则违背劳动合同法规定，也违背基本养老保险待遇制度初衷。因此，劳动争议司法解释一第 32 条第 1 款规定，用人单位与已经依法享受养老保险待遇或者领取退休金人员发生用工争议提起诉讼的，应当按劳务关系处理。

第二，关于与达到法定退休年龄但不能享受养老保险待遇人员建立的用工关系的性质认定。一般情况下，享受养老保险待遇的人员已经达到法定退休年龄，但是达到法定退休年龄不一定能够享受养老保险待遇。对于用人单位与已达到法定退休年龄但是不能享受养老保险待遇人员的用工关系定性，实践中存在争议。一种意见认为，用人单位应当继续履行劳动合同，为劳动者缴纳社会保险，当符合可以享受基本养老保险的条件时，用人单位可以终止劳动合同。另一种意见认为，劳动者已经达到法定退休年龄而不能依法享受基本养老保险待遇的情况非常复杂，可能用人单位为劳动者缴纳了社会保险费，但是由于该劳动者累计缴费年限不满 15 年，因此不能享受按月支付的基本养老保险待遇；还有的地方没有把农民工等人员纳入基本养老保险覆盖范围，这些劳动者可能根本没有参加基本养老保险。如果在这些情况下，一律禁止用人单位终止劳动合同，对其不公。劳动合同法实施条例第 21 条规定，劳动者达到法定退休年龄的，劳动合同终止。我们认为，可以将该条规定视为劳动合同法第 44 条第 6 项规定的“法律、行政法规规定的其他情形”。该条规定虽然赋予了用人单位在劳动者达到法定退休年龄时对劳动关系的终止权，但是并不意味着劳动关系自动终止。人民法院应当对该条规定适用情形作实质审查，对于达到法定退休年龄，但是非因用人单位原因不能享受基本养老保险待遇的，例如前述另一种意见中出现的情况，可以终止劳动关系；对于达到法定退休年龄，但是因为用人单位原因不能享受基本养老保险待遇的，不能随意终止劳动关系。

四、关于涉港澳台劳动关系认定

关于涉港澳台劳动关系认定问题，《最高人民法院关于审理劳动争议案件适用法律若干问题的解释（四）》（以下简称原解释四）第 14 条作了规定，劳动争议司法解释一制定过程中，根据国务院行政法规变化作了修订。

第一，涉港澳台劳动关系建立不再需要台港澳人员就业证。依照原解释四第 14 条规定，港澳台居民未依法取得就业证件即与内地用人单位签订劳动合同的，不认定为劳动关系。2018 年 7 月 28 日，国务院印发《关于取消一批行政许可事项的决定》（国发〔2018〕28 号，以下简称《决定》），取消台港澳人员在内地的就业许可；之后，人社部印发《关于香港澳门台湾居民在内地（大陆）就业有关事项的通知》，规定自 2018 年 7 月 28 日起，港澳台人员在内地（大陆）就业不再需要办理台港澳人员就业证。据此，本解释制定中，对原劳动争议司法解释四第 14 条作出修改，删除前述涉及港澳台居民内地用工相关内容，即通过司法解释予以明确，港澳台居民与内地（大陆）用人单位建立劳动关系，不再需要办理台港澳人员就业证。

第二，国务院《决定》对涉港澳台劳动关系认定的影响。本解释制定过程中，出现了“溯及论”和“分段论”两种意见。所谓“溯及论”，是指无论港澳台居民与用人单位签订劳动合同的时间在《决定》出台前还是出台后，只要一方起诉时间在《决定》出台后，均不适用原解释四第 14 条关于港澳台居民就业须办理就业证的规定。这种意见有其合理性，但是从人社部门和人民法院实践出发，综合考虑劳动者和用人单位权益平衡保护、同一时段劳动者权益的平等保护、相关问题属于特殊阶段司法实践问题等因素，我们认为“分段论”更符合实践情况，更具操作性和稳妥性，也更符合司法解释时效规定的总体逻辑。劳动者未办理台港澳人员就业证的，以《决定》施行日期（2018 年 7 月 28 日）为时间节点分段，对于《决定》施行以前建立的用工关系，不宜认定为劳动关系，可以认定为劳务关系；对于《决定》施行以后（含当日）建立的用工关系，应当认定为劳动关系，受劳动法律保护。

五、关于劳动合同期满后权利义务的确定

关于劳动合同期满后权利义务的确定问题，虽然劳动争议司法解释一第 34 条对原解释一第 16 条未作修改，但是应当结合劳动合同法、劳动合同法实施条例等相关规定作出准确理解。

第一，对“视为双方同意以原条件继续履行劳动合同”中“原条件”的理解。劳动合同期满，用人单位未与劳动者续订劳动合同，但是劳动者继续在用人单位工作的，视为双方同意以原条件继续履行劳动合同。实践中，对原条件如何把握，是否包括原劳动合同约定的履行期限，存在争议。我们认为，本条规定的原条件，是指原劳动合同中除劳动合同期限以外的其他权利义务内容，包括劳动时间、工资报酬、奖金、福利待遇等，“以原条件继续履行”是指上述问题参照原劳动合同的约定执行。关于劳动合同履行期限的约定，属于双方对劳动合同持续时间的合意，这种合意很难通过默示行为来推定，与可以通过工资报酬的支付、接受行为来推定双方对工资报酬的合意不同，因此，不宜以劳资双方的履行默示来认定原劳动合同约定的期限就是双方合

意，而需要根据当事人明示意思表示来确定。如果双方就继续履行的期限未协商或者协商不成，则应当根据劳动合同法等法律法规来认定。

第二，视为双方同意以原条件继续履行劳动合同的，不能免除用人单位应当与劳动者签订书面劳动合同的法定责任。一般情况下，为使劳动者对原劳动合同到期后是否续订有合理预期，以便提前准备再就业等，用人单位应当基于诚实信用原则在原合同到期前的合理期间内通知劳动者，协商办理终止或者续订劳动合同事宜。如果用人单位按时履行相关附随义务，就不会出现视为双方同意以原条件继续履行劳动合同的情况。如果用人单位未履行上述附随义务，用工关系继续的，用人单位对原劳动合同期满和继续用工的法律后果均有预期，原劳动合同期满之日，即是用人单位应当续订劳动合同之日和承担未续订法律后果之日。依照劳动合同法第 10 条、第 14 条第 3 款、第 82 条和劳动合同法实施条例第 6 条规定，劳动合同期满后，用人单位未与劳动者续订书面劳动合同的，应当按规定向劳动者每月支付 2 倍工资，并补订书面劳动合同；如果经用人单位书面通知，劳动者不与用人单位续订劳动合同的，用人单位应当书面通知劳动者终止劳动关系，依照有关规定支付经济补偿。用人单位自劳动合同期满之日起满 1 年不与劳动者续订书面劳动合同，视为用人单位与劳动者已订立无固定期限劳动合同。

第三，关于“一方提出终止劳动关系的，人民法院应予支持”的理解。本条款内容并非赋予用人单位任意解除权。劳动合同期满 1 年内，为平衡劳动者和用人单位的利益，用人单位不愿与劳动者续订书面劳动合同，提出终止劳动关系的，视为符合劳动合同法第 44 条第 1 项规定的终止情形，应当依照劳动合同法第46条第5项的规定支付经济补偿，不以违法终止劳动关系论。

第四，关于第2款的理解。符合劳动合同法第14条规定的订立无固定期限劳动合同情形，用人单位不与劳动者订立的，视为双方已经依照原劳动合同确定的权利义务建立无固定期限劳动合同关系，并且依照劳动合同法第82条第2款规定，自应当订立无固定期限劳动合同之日起，至双方实际订立书面无固定期限劳动合同前1日止，每月支付2倍工资。符合劳动合同法第14条第2款规定情形的，劳动者有权选择续订、订立固定期限劳动合同或者终止劳动合同，用人单位无权作此选择，否则应当承担违法终止等相关责任。

六、关于劳动合同无效的处理

劳动争议司法解释一第41条对劳动合同被确认无效后，用人单位如何承担责任作了系统规定，准确理解应注意三个方面。

第一，关于劳动报酬。劳动合同被确认无效后，劳动者已经付出劳动的，用人单位应当支付劳动报酬；劳动报酬支付标准依照劳动合同法第28条确定。劳动合同明确约定了劳动报酬数额，且不违反法律、法规和国家规定的，虽然劳动合同被确认全部无效或者部分无效，用人单位仍应当按照劳动合同约定支付劳动报酬；劳动合同没有约定劳动报酬，但是用人单位支付了劳动报酬，且符合法律、法规和国家规定的，该劳动报酬数额有效；用人单位没有支付劳动报酬或者实际支付报酬不符合法律、法规和国家规定的，报酬数额可以参照本单位相同或者相近岗位劳动者的劳动报酬确定。相同岗位，即劳动者从事工种相同，提供劳动相同；相似岗位，指劳动者从事工种不同，提供劳动性质不同，但是在本单位所处位置、发挥作用相同。

第二，关于经济补偿。劳动合同法第 26 条第 1 款规定了劳动合同无效的 3 种情形；依照劳动合同法第 38 条第 1 款第 5 项规定，由于用人单位存在前述 3 种情形致使劳动合同无效的，劳动者获得单方解除权；在上述情形下，依照劳动合同法第 46 条第 1 项规定，用人单位应当依照第 47 条规定的计算标准向劳动者支付经济补偿。因此，本条第 1 款规定，劳动合同被确认无效，用人单位应当按照劳动合同法第 46 条、第 47 条规定支付经济补偿。

第三，关于经济损失赔偿。依照劳动法第 97 条、劳动合同法第 86 条规定，由于用人单位原因订立无效劳动合同，给劳动者造成损害的，用人单位应当赔偿劳动者因合同无效所造成的经济损失，本条第 2 款对此作了明确规定。该款规定的损害赔偿责任系过错责任，赔偿损失应当以实际损失为限，不同于惩罚性赔偿。

七、关于口头变更劳动合同的效力规则

司法实践中，如何理解口头变更劳动合同的效力规则存在争议，劳动争议司法解释一第 43 条对此作了进一步明确。

第一，关于“应当采用书面形式”的理解。劳动合同法第 35 条规定，变更劳动合同应当采用书面形式。此条规定既是签订书面劳动合同原则的延伸，也是为了预防因对变更事项理解不明而发生争议。对于是否应当承认口头或者事实变更劳动合同的法律效力，目前已有共识。劳动合同法第 35 条规定的“应当”，应理解为管理性规范，而非效力性规范，当事人未采取书面变更形式不能认为其违反了强制性规范，只要变更后的合同内容不违法

且经过一定期间劳动者未提异议，就应当肯定这种变更行为的效力。主要是考虑到劳动合同变更采取口头形式符合我国企业生产经营管理现状，在签订了书面劳动合同的情况下，对于那些通过口头变更后履行了较长时间的劳动合同，应当确认其效力，防止一直处于悬而未决的事实状态。

第二，关于"用人单位与劳动者协商一致"的理解。依照劳动合同法第35条规定，用人单位与劳动者协商一致，可以变更劳动合同约定的内容。口头变更劳动合同，应当建立在劳资双方合意前提下，这种合意可以是明示的，也可以是默示的，即通过当事人连续的实际履行行为表现出来。需要注意的是，不能把沉默当成默示，依照民法典第140条规定，沉默只有在有法律规定、当事人约定或者符合当事人之间的交易习惯时，才可以视为意思表示。原解释四第11条未强调变更需协商一致这个前提，导致司法实践中形成一种误解，认为只要实际履行变更的劳动合同超过1个月，就认定变更有效，而不论变更是否经过双方协商一致。例如，用人单位在没有明确告知劳动者的情况下单方降薪，并按照降薪后的标准发放超过1个月的工资，劳动者以不知情为由请求用人单位补足工资差额，此时用人单位抗辩称劳动者对降薪未提异议，工资标准已经通过实际履行的方式作变更。这种观点忽略了本条的适用前提是双方就变更劳动合同已经协商一致，如果仅是劳动者对降薪未持异议，实际上劳动者是对降薪保持消极沉默，用人单位没有证据证明其与劳动者就降薪进行协商的，这种沉默并不构成民法典第140条规定的意思表示，不能视为双方就变更劳动合同已经协商一致。

第三，准确把握劳动争议司法解释一第43条规定的内容。为与劳动合同法第26条和民法典第153条规定保持一致，劳动争议司法解释一第43条除增加“用人单位与劳动者协商一致”条件外，还将“不违反法律、行政法规、国家政策以及公序良俗”修改为“不违反法律、行政法规以及公序良俗”。因此，应当从四个方面理解本条内容：一是用人单位与劳动者协商一致变更劳动合同；二是协商一致可以是明示，也可以是默示；三是默示判断标准是变更的劳动合同已经实际履行超过1个月；四是变更后的劳动合同内容合法，不违反法律、行政法规以及公序良俗。

八、关于加付赔偿金的理解

劳动争议司法解释一第45条就加付赔偿金问题作了规定。如何理解这一规定？其与劳动合同法第87条规定的2倍赔偿金适用有何不同？第一，将加付赔偿金案件纳入劳动争议案件受案范围的考量。对于加付赔偿金案件是否纳入劳动争议处理程序，本解释制定过程中有不同意见，司法实践中也有争议。一种意见认为，依照劳动合同法第85条规定，用人单位存在该条规定情形的，应当由劳动行政部门责令用人单位支付劳动报酬、加班费或者经济补偿，逾期不支付的，责令用人单位支付一定比例的赔偿金。因此，责令加付赔偿金是劳动行政部门的职责，不属于人民法院主管范围，建议删除原解释一第15条有关规定。另一种意见认为，劳动者往往在劳动关系中处于弱势，用人单位存在劳动合同法第85条或者第38条规定情形时，表面上是劳动者可以获得单方解除权，实质上可能是劳动者迫于前述情形提出解除合同，用人单位借此规避由其解除合同的相关责任。这种情况下，仅通过劳动者向劳动行政部门检举等，由劳动行政部门责令用人单位承担相应支付责任，保障力度不够，应当赋予劳动者请求司法保护并获得强制执行的权利。劳动争议司法解释一原则上采纳了第二种意见，保留原解释一第 15 条有关规定，并在第 1 条中明确赋予劳动者就加付赔偿金案件依法提起诉讼的权利。至于是否要求劳动者提供经劳动行政部门先行处理的证据，将劳动争议处理程序作为一种补充救济手段，从贯彻落实劳动合同法第 85 条的立法原意来看，司法实践中还可以继续探索优化。

第二，对劳动争议司法解释一第 45 条的理解。本条解释与劳动者单方解除劳动合同的权利密切相关。依照劳动合同法第 38 条规定，用人单位具有本条所列 5 种情形时，劳动者可以获得单方解除权；在该 5 种情形下，劳动者被迫提出解除劳动合同的可能性大，此时用人单位应当依法支付劳动报酬和经济补偿，如果未按时支付的，参照劳动合同法第 85 条规定按应付金额 50%以上 100%以下标准向劳动者加付赔偿金。具体案件中确定具体标准时，要因时制宜，不能追求惩罚过度，否则于用人单位不公平。应当着重考虑以下因素：一是用人单位违法行为严重性及过错程度；二是劳动者因用人单位违法行为所受损害大小；三是用人单位因违法行为获利情况；四是用人单位接受其他处罚情况。

第三，劳动争议司法解释一第 45 条关于加付赔偿金规定与劳动合同法第 87 条关于 2 倍赔偿金规定的区别。如前所述，前者是劳动者受迫提出解除劳动合同，符合有关条件时，应当加付的赔偿金；如果用人单位按时支付劳动报酬和经济补偿，就不再加付赔偿金；另外，在劳动争议司法解释一第 45 条规定的 5 种情形下，劳动者解除劳动合同符合劳动合同法第 38 条规定，属于合法解除，作为解除方的劳动者不承担责任。对于后者，依据劳动合同法第 87 条规定，用人单位违反劳动合同法等法律规定，解除或者终止劳动合同的，应当依照劳动合同法第 47 条规定经济补偿标准的 2 倍支付赔偿金；根据劳动合同法实施条例第 25 条规定，用人单位依照劳动合同法第 87 条规定支付了赔偿金的，不再支付经济补偿；相对于前者，后者是用人单位违法解除或者终止劳动合同，作为解除方的用人单位需要承担责任。因此，二者区别明显，不能混同。

最高人民法院
印发《关于为深化两岸融合发展提供司法服务的若干措施》的通知

2019年3月25日　　　　法发〔2019〕9号

各省、自治区、直辖市高级人民法院，解放军军事法院，新疆维吾尔自治区高级人民法院生产建设兵团分院：

为了深入学习贯彻习近平新时代中国特色社会主义思想，贯彻习近平总书记关于对台工作的重要论述，更好发挥人民法院在服务、保障、促进两岸经济文化交流合作与融合发展方面的职能作用，现将《最高人民法院关于为深化两岸融合发展提供司法服务的若干措施》印发给你们，请结合实际认真贯彻执行。

附：

最高人民法院
关于为深化两岸融合发展提供司法服务的若干措施

为依法全面平等保护台湾同胞合法权益，促进两岸经济文化交流合作，深化两岸整合发展，结合人民法院工作实际和实践经验，制定以下措施。

一、公正高效审理案件，全面保障诉讼权利

1. 坚持公正高效司法，维护台湾同胞的各项实体权利和诉讼权利，依法保障台湾同胞在大陆学习、创业、就业、生活逐步享有同等待遇。

2. 加强产权司法保护，依法保障台湾同胞在大陆的投资安全、财产安全，加强知识产权保护，让台湾同胞在大陆专心创业、放心投资、安心经营。

3. 对台湾同胞、台湾企业因涉及在大陆享有国家各项政策优惠、补贴、奖励、激励、准入等同等待遇产生的纠纷，属于人民法院受案范围、符合起诉条件的，应当依法及时受理。

4. 依法慎用强制措施、查封扣押冻结措施、限制出境措施，最大限度降低对台湾同胞、台湾企业正常生活、经营的不利影响。

5. 人民法院决定对台湾当事人采取拘留、指定居所监视居住或者逮捕措施的，应当在二十四小时以内通知其家属；无法通知其家属的，可以通知其在大陆的工作单位、就读学校等。

6. 受审在押的台湾被告人，其监护人、近亲属申请会见，经审查认为不妨碍案件审判的，应当准许。

7. 对因犯罪受审或者执行刑罚的台湾居民，应当依法平等适用缓刑、判处管制、裁定假释、决定或者批准暂予监外执行，实行社区矫正。

8. 向台湾居民送达司法文书，应当采取直接送达、两岸司法互助送达等有利于其实际知悉送达内容、更好行使诉讼权利的送达方式；未采取过直接送达、两岸司法互助送达方式的，不适用公告送达。

9. 对涉台案件当事人及其诉讼代理人因客观原因不能自行收集的证据，应当依申请或者主动依职权调查收集；相关证据在台湾地区的，可以通过两岸司法互助途径调查收集。

10. 根据国家法律和司法解释中选择适用法律的规则，确定适用台湾地区民商事法律的，应当适用，但违反国家法律基本原则和社会公共利益的，不予适用。

11. 依法及时审查认可和执行台湾地区民事判决和仲裁裁决的申请；经裁定认可的台湾地区民事判决，与人民法院的生效判决具有同等效力；经裁定认可的仲裁裁决，应当依法及时执行。

12. 涉台案件判决生效后，督促败诉方及时履行生效裁判确定的义务，提高涉台案件执行效率，保障涉台案件执行效果。

二、完善便民利民措施，提供优质司法服务

13. 完善涉台案件诉前、诉中、诉后全流程便民利民措施，为台湾同胞提供便捷、高效的司法服务。

14. 受理涉台案件较多的人民法院可以设立涉台案件专门立案窗口。为伤病、残疾、老年、未成年的台湾同胞提供立案、送达、调解等方面的便利。适应涉台案件特点，不断完善便利台湾同胞的在线起诉、应诉、举证、质证、参与庭审、申请执行等信息化平台。

15. 不断完善对台湾同胞的诉讼指导，为台湾同胞编制在大陆诉讼的指导材料。涉台案件较多的人民法院可以开设专门网站、电话、微博、微信等涉台司法服务平台。推广在台湾同胞聚集区、台湾同胞投资区、台湾创业园区等设立法院联络点、法官工作室等司法服务机构。

16. 完善各项诉讼服务措施与司法管理设施，便利台湾同胞

使用台湾居民居住证、台湾居民来往大陆通行证作为身份证明参与诉讼活动和旁听审判。

17. 持有台湾居民居住证的台湾当事人委托大陆律师或者其他人代理诉讼，代理人向人民法院转交的授权委托书无需公证认证或者履行其他证明手续。

18. 经济确有困难的台湾当事人向人民法院提起民事、行政诉讼的，可以依法准予缓交、减交、免交诉讼费用。

19. 对符合法律援助条件的台湾当事人，主动协调法律援助机构及时提供法律援助。台湾被告人没有委托辩护人的，可以通知法律援助机构指派律师为其提供辩护。

20. 对权利受到侵害无法获得有效赔偿的台湾当事人，符合有关规定条件的，可以提供一次性国家司法救助，帮助解决其生活面临的急迫困难。

21. 台湾当事人申请司法救助和法律援助，依照有关规定应当提交经济困难等有关证明材料，其户籍地难以或者不予提供，而其台湾居民居住证颁发地、在大陆经常居住地的村（居）民委员会或者在大陆的工作单位、就读学校等依照有关规定提供的，可予认可。

三、加强组织机构建设，健全服务保障机制

22. 受理涉台案件较多的人民法院可以设立专门的审判庭、合议庭、审判团队、执行团队等审判、执行组织，负责涉台案件的审理、执行。未设立专门审判、执行组织的法院可以指定相对固定的人员审理和执行涉台案件。探索建立涉台案件综合审判组织，集中负责涉台刑事、民事、行政案件的审理。

23. 涉台案件分散的地区，可以探索实行涉台案件跨区域集

中管辖制度。

24. 不断完善便利台湾同胞在互联网法院、知识产权法院、金融法院等新类型法院进行诉讼、维护权利、解决纠纷的制度机制。

25. 建立与涉台案件特点相适应的审判管理机制和绩效考核机制。办理两岸司法互助案件情况纳入司法统计绩效考核范围。

26. 充分发挥调解机构、仲裁机构作用，完善调解、仲裁、诉讼等有机衔接、相互协调的多元化纠纷解决机制，提高涉台纠纷解决效率，降低纠纷解决成本。

27. 支持涉台案件较多的地区设立台湾地区民商事法律查明专业机构、涉台社区矫正专门机构等。

28. 及时发布涉台审判司法解释、指导性案例、规范性文件和典型案例，探索建立涉台案件审判指导委员会制度，统一涉台案件裁判标准和尺度。

四、扩大参与司法工作，推动两岸司法交流

29. 选任符合条件的台湾同胞担任涉台案件的人民陪审员，为其更好履行职责提供培训等保障。

30. 探索聘请符合相关条件的台湾同胞担任人民法院书记员等司法辅助人员，逐步扩大台湾同胞参与审判工作范围。

31. 依法保障获得大陆律师执业证书的台湾居民的执业权利，鼓励其在人民法院参与律师调解等工作。

32. 聘请台湾同胞担任人民法院监督员、联络员，以及特邀调解员、家事调查员、心理咨询员、缓刑考察员、法庭义工等。

33. 聘请符合条件的台湾同胞担任涉台、知识产权、生态环境、医疗、海事、金融、互联网等审判领域的咨询专家或者鉴定

人。聘请对相关法律领域有精深造诣及较大影响力的台湾同胞担任国际商事专家委员会专家委员。

34. 推动人民法院与两岸教学、科研机构共同建立两岸青年学生教学实践基地。鼓励、支持台湾青年学生到人民法院实习，并积极提供相应便利与保障。积极打造两岸青年学生、青年法官的交流交往平台。

35. 鼓励支持台湾法律界人士到国家法官学院及其分院研修、培训、讲学，加入中华司法研究会等专业性社团组织，申报人民法院及其主管的事业单位、社会团体组织发布的司法调研、理论研究课题。

36. 鼓励支持台湾各界人士到人民法院参访、交流，参加人民法院举办的论坛、研讨会等活动。

地方各级人民法院可以根据本规定精神，结合本地区实际情况出台具体落实措施；福建省高级人民法院可以根据中央赋予的先行先试政策统筹谋划，推进落实。各地人民法院出台的有关措施，应当层报最高人民法院台湾司法事务办公室备案。

最高人民法院　最高人民检察院　公安部　司法部

关于对因犯罪在大陆受审的台湾居民依法适用缓刑实行社区矫正有关问题的意见

2016 年 7 月 26 日　　　　　　　　法发〔2016〕33 号

为维护因犯罪在大陆受审的台湾居民的合法权益，保障缓刑的依法适用和执行，根据《中华人民共和国刑法》《中华人民共和国刑事诉讼法》和《社区矫正实施办法》等有关规定，结合工作实际，制定本意见。

第一条　对因犯罪被判处拘役、三年以下有期徒刑的台湾居民，如果其犯罪情节较轻、有悔罪表现、没有再犯罪的危险且宣告缓刑对所居住社区没有重大不良影响的，人民法院可以宣告缓刑，对其中不满十八周岁的人、怀孕的妇女和已满七十五周岁的人，应当宣告缓型。

第二条　人民检察院建议对被告人宣告缓刑的，应当说明依据和理由。

被告人及其法定代理人、辩护人提出宣告缓刑的请求，应当说明理由，必要时需提交经过台湾地区公证机关公证的被告人在台湾地区无犯罪记录证明等相关材料。

第三条　公安机关、人民检察院、人民法院需要委托司法行政机关调查评估宣告缓刑对社区影响的，可以委托犯罪嫌疑人、被告人在大陆居住地的县级司法行政机关，也可以委托适合协助社区矫正的下列单位或者人员所在地的县级司法行政机关：

（一）犯罪嫌疑人、被告人在大陆的工作单位或者就读学校；

（二）台湾同胞投资企业协会、台湾同胞投资企业；

（三）其他愿意且有能力协助社区矫正的单位或者人员。

已经建立涉台社区矫正专门机构的地方，可以委托该机构所在地的县级司法行政机关调查评估。

根据前两款规定仍无法确定接受委托的调查评估机关的，可以委托办理案件的公安机关、人民检察院、人民法院所在地的县级司法行政机关。

第四条 司法行政机关收到委托后，一般应当在十个工作日内向委托机关提交调查评估报告；对提交调查评估报告的时间另有规定的，从其规定。

司法行政机关开展调查评估，可以请当地台湾同胞投资企业协会、台湾同胞投资企业以及犯罪嫌疑人、被告人在大陆的监护人、亲友等协助提供有关材料。

第五条 人民法院对被告人宣告缓刑时，应当核实其居住地或者本意见第三条规定的有关单位、人员所在地，书面告知被告人应当自判决、裁定生效后十日内到社区矫正执行地的县级司法行政机关报到，以及逾期报到的法律后果。

缓刑判决、裁定生效后，人民法院应当在十日内将判决书、裁定书、执行通知书等法律文书送达社区矫正执行地的县级司法行政机关，同时抄送该地县级人民检察院和公安机关。

第六条 对被告人宣告缓刑的，人民法院应当及时作出不准出境决定书，同时依照有关规定办理边控手续。

实施边控的期限为缓刑考验期限。

第七条 对缓刑犯的社区矫正，由其在大陆居住地的司法行政机关负责指导管理、组织实施；在大陆没居住地的，由本意见第三条规定的有关司法行政机关负责。

第八条　为缓刑犯确定的社区矫正小组可以吸收下列人员参与：

（一）当地台湾同胞投资企业协会、台湾同胞投资企业的代表；

（二）在大陆居住或者工作的台湾同胞；

（三）缓刑犯在大陆的亲友；

（四）其他愿意且有能力参与社区矫正工作的人员。

第九条　根据社区矫正需要，司法行政机关可以同相关部门，协调台湾同胞投资企业协会、台湾同胞投资企业等，为缓刑犯提供工作岗位、技能培训等帮助。

第十条　对于符合条件的缓刑犯，可以依据《海峡两岸共同打击犯罪及司法互助协议》，移交台湾地区执行。

第十一条　对因犯罪在大陆受审、执行刑罚的台湾居民判处管制、裁定假释、决定或者批准暂予监外执行，实行社区矫正的，可以参照适用本意见的有关规定。

第十二条　本意见自 2017 年 1 月 1 日起施行。

最高人民法院
关于印发《涉外商事海事裁判文书写作规范》的通知

2015年3月16日　　法〔2015〕67号

各省、自治区、直辖市高级人民法院，解放军军事法院，新疆维吾尔自治区高级人民法院生产建设兵团分院：

为进一步规范和统一涉外商事海事裁判文书写作标准，提高裁判文书质量，最高人民法院研究制定了《涉外商事海事裁判文书写作规范》，现予印发，请认真遵照执行。在适用本规范过程中有何问题，请及时报告最高人民法院。

附：

涉外商事海事裁判文书写作规范

裁判文书应当全面、准确地记载案件的审理过程和裁判的依据、理由与结果。撰写裁判文书应当做到要素齐全、结构完整、逻辑严谨、条理清晰、语句规范、繁简得当。为进一步规范和统一涉外商事海事裁判文书的写作标准，提高文书质量，现就涉外商事海事裁判文书的写作提出如下规范意见。

一、裁判文书的首部应当分别写明文书标题、案号、当事人及其法定代表人（或代表人）和委托代理人的基本情况以及案件由来、案由和审理过程等。

（一）裁判文书标题一般表述为“中华人民共和国××××人民法院民事判决书（调解书、裁定书）”。海事法院裁判文书标题中法院前不需冠以“人民”字样。

（二）案件当事人中如果没有外国人、无国籍人、外国企业或组织的，除最高人民法院制作的裁判文书外，其他各级人民法院制作的裁判文书标题中的法院名称无需冠以“中华人民共和国”字样。

（三）法院名称应当与院印文字一致。除海事法院外，基层人民法院、中级人民法院的裁判文书标题应当冠以省、自治区、直辖市的名称。

二、裁判文书应当准确列明当事人的诉讼地位、姓名或名称及其住所地。

（一）二审裁判文书在列明当事人二审诉讼地位的同时，亦应用括号注明其一审诉讼地位（例如一审原告、一审被告等）。既非上诉人、亦非被上诉人的二审当事人，直接列明其一审诉讼地位。

（二）申请再审或再审案件的裁判文书应当分别列明当事人在申请再审过程中或再审诉讼中的地位，同时用括号注明其一、二审诉讼地位。既非再审申请人、亦非被申请人的，直接列明其一、二审诉讼地位。抗诉案件应当列明抗诉机关。

（三）当事人是自然人的，写明其姓名、性别、民族、出生日期、职业、住所地，职业不明确的，可以不表述；对于其身份证件号码一般应予注明，提交中华人民共和国居民身份证的应注明其公民身份号码。

自然人的住所地以其提交的合法有效的身份证件载明的地址为准；住所地与经常居住地不一致，且根据案件审理的需要需明确当事人经常居住地的，写明经依法查明的经常居住地。

（四）自然人为证明其身份提交的护照、往来港澳通行证、台湾居民来往大陆通行证等证件，无需再办理公证认证等证明手续。

（五）外国自然人，应当写明其国籍，无国籍人亦应予以注明。

港澳台地区的居民亦应予以注明。

（六）法人或其他组织的名称、住所地等，以其注册登记文件记载的内容为准。

（七）境外企业、组织提交的证明其主体资格的注册登记文件，需依法办理公证认证等证明手续；证明文件是外文的，应当附有中文译本。

（八）对于外国当事人，在裁判文书首部应当写明其经过翻译的中文姓名或名称和住所地，并在中文姓名或名称和住所地后括号中注明其外文姓名或名称和住所地。

（九）当事人姓名或名称变更的，裁判文书首部应当列明变更后的姓名或名称，变更前姓名或名称无需在此处列明。对于姓名或名称变更的事实可根据需要在案件由来或者查明事实部分写明。

（十）当事人诉讼地位的称谓后面使用冒号。当事人为公司、企业、其他组织的，其名称后面使用句号，“住所地”后面使用冒号。当事人为自然人的，其姓名后均使用逗号，基本信息阐述完毕后使用句号。

（十一）当事人中有外国当事人或无国籍人的，表述住所地时应当分别写明中外当事人的国别名称或无国籍情况。当事人国别名称应当使用全称。

没有外国当事人或无国籍人的，表述国内当事人住所地时省略“中华人民共和国”字样。

（十二）表述港澳地区当事人住所地时，应当使用香港特别行政区、澳门特别行政区的全称。

表述台湾地区当事人住所地时，应当写明“台湾地区××市……”，不应使用“台湾省”或“台湾”等表述。

（十三）当事人住所地、代理人情况相同的，应当各自列明，不应当使用“情况同上”进行表述。

三、法人或其他组织作为当事人的，应当写明其法定代表人或代表人及其身份信息。

（一）法定代表人后面使用冒号，写明法定代表人的姓名及其职务。

（二）当事人为不具备法人资格的其他组织的，应当写明其“代表人”，不应表述为“负责人”或“授权代表人”。

（三）外国或者港澳台地区的企业、组织作为当事人的，亦应使用“代表人”的表述。

四、裁判文书中应当写明代理人的姓名及其身份信息。

（一）当事人委托本单位工作人员担任代理人的应当列在第一位，其委托外单位的人员或者律师担任代理人的列在第二位。

（二）当事人委托本单位人员作为代理人的，其身份信息可表述为“该公司（或该机构如该委员会、该厂等）工作人员”。

（三）律师、基层法律服务工作者担任代理人的，其身份信息表述为“××律师事务所律师”或“××法律服务所法律工作者”。

（四）当事人的近亲属或者其所在社区、单位以及有关社会团体推荐的公民担任代理人的，写明代理人的姓名、性别、出生日期、民族、职业、住所地。代理人是当事人近亲属的，还应当在住所地之后注明其与当事人的关系。

（五）代理人变更的，裁判文书首部只列写变更后的代理人。对于代理人变更的事实可根据需要在案件由来或者查明事实部分写明。

五、案由应当准确反映案件所涉及的民事法律关系的性质，并应当与最高人民法院《民事案件案由规定》中所列案由相一致。

二审法院或再审法院经审理认为原审裁判文书所列案由不当的，二审或再审裁判文书中应当写明经审理后最终确定的案由，并在裁判理由部分予以说明。

六、裁判文书应当写明案件的由来以及开庭审理过程。

（一）根据一审、二审或再审程序的不同，在案件由来部分简要写明当事人起诉、上诉、发回重审或者申请再审、指令再审、提审等情况。一审裁判文书应当写明当事人起诉的时间。

（二）此部分叙述时可在当事人全称后面括号注明其简称。简称要清楚、得当，避免引起歧义，不应以当事人诉讼地位的称谓（如原告、上诉人、答辩人等）或甲方、乙方等作为其简称。

（三）合议庭组成成员的情况不必具体表述，但如果合议庭成员有回避、变更情况的，应当在此部分写明。

（四）经过多次开庭审理的，应当分别简述开庭情况，以充分体现开庭审理的经过。开庭审理前组织证据交换、召集庭前会议的，亦应将相关情况予以阐述。

（五）当事人未到庭应诉或者中途退庭的，写明“经本院传票传唤，无正当理由拒不到庭”或者“未经法庭许可中途退庭”的情况。

（六）存在中止诉讼后又恢复审理等情况的，应当在此部分写明过程。

七、裁判文书应当依次写明当事人的起诉（包括诉讼请求）、答辩、第三人陈述等情况，写明当事人的诉讼主张及其所依据的事实、理由。

（一）转述当事人起诉、答辩的事实、理由时，应当对较长的起诉状、答辩状进行提炼、归纳，对其病句、错字进行修正，同时注意准确全面，忠实原意，不得遗漏要点。

（二）原告庭审时变更诉讼请求、提出新的诉讼请求，被告未作书面答辩或第三人未提交书面意见，但在庭审中进行口头答辩或陈述以及对原书面答辩或陈述意见予以补充的，应当在此节中予以表述。

（三）被告提出反诉的，亦应在此部分概述其反诉请求、依据的事实、理由以及对方的答辩情况。

（四）二审当事人的上诉、答辩等情况，在转述一审判决结果后进行概述，并应当按照前述第（一）、（二）项的要求进行提炼、归纳和表述。

八、一审裁判文书应当写明当事人提交证据的名称、证明目的、各方当事人的质证意见，人民法院同时应当结合当事人举证、质证的意见，依照相关法律、司法解释的规定，对当事人提交证据的真实性、关联性、合法性进行分析，最终对证据是否应予采信及其证明力作出认定，明确阐明人民法院的认证意见。

九、根据质证认证情况，对业经查明认定的基本事实进行综合陈述。

（一）本部分以“本院查明”作为引言，其后用冒号，另起一行写明查明的事实。

（二）综述所查明的事实时，可以划分段落层次，亦可根据情况以“另查明”为引语表述其他相关事实，该另查明的事实可以多项；避免使用“还查明”“再查明”“又查明”等引语。

（三）在适用外国法的情况下，对于外国法查明的客观事实可在此部分予以表述。

十、二审裁判文书应当在“案件由来”部分之后，写明一审审理情况，包括原告的诉讼请求、一审法院认定的事实、裁判的理由和最终的裁判结果。

（一）简要概括一审原告起诉的事实、理由及其具体的诉讼请求、一审被告的答辩意见、第三人的陈述，以明确案件争议的焦点。一审被告提起反诉的，亦应写明。

（二）写明一审查明的事实，该部分以“一审法院查明”为引语开始，“一审法院查明”后面使用冒号。对一审查明的事实原则上予以照抄，有错字、漏字或者语法错误的，可适当修改。

（三）对于一审裁判文书中表述的当事人为支持自己主张提供的证据、当事人的质证意见及一审法院对证据的认证意见等内容，在二审裁判文书中可以省略，不再援引。当事人有争议的除外。

（四）写明一审裁判文书理由和结果，该部分以“一审法院认为”为引语开始，一审法院认为后面使用冒号。对一审认为部分原则上予以照抄，有错字、漏字或者语法错误的，可适当修改。

（五）一审裁判文书主文即裁判结果应当全文照抄，不得遗漏和更改，此前部分当事人名称使用简称的，此部分表述时仍使用简称，注意不得遗漏当事人负担的诉讼费及保全费、鉴定费等内容的表述。

十一、二审裁判文书应当根据上诉审的特点，结合相关证据材料，依据相关法律规定，针对当事人对一审认定事实提出的异议，重点予以分析、阐述。

（一）对于二审中当事人提交的新证据的名称、证明目的、各方当事人的质证意见等详细写明。

（二）结合当事人举证、质证的意见，依照相关法律、司法解释的规定，对有关证据的真实性、关联性、合法性进行分析，最终对证据是否应予采信及其证明力作出认定。

（三）根据不同情况，二审查明事实部分可分四种表述方式：

1. 当事人未提交新的证据，对一审查明的事实无异议，二审中也没有新查明的事实的，可写明："一审查明的事实，有相关证据予以佐证，各方当事人均未提出异议，亦未提交新的证据，本院对一审查明的事实予以确认。"

2. 当事人对一审查明的事实无异议，但提交新证据或者二审法院根据自行调查收集的证据，有新查明的事实的，可写明"一审查明的事实，有相关证据予以佐证，各方当事人均未提出异议，本院对一审查明的事实予以确认。本院另查明：……（在综合列举当事人提交的新证据或法院调查收集的证据、阐述各方当事人的质证意见及本院对证据的认证意见的基础上，对另查明的事实作出认定。）"

3. 当事人对部分事实提出异议，并提交新的证据，但经审查其异议不能成立的。

首先，对于当事人无异议部分的事实，可写明"一审查明的××部分的事实，有相关证据予以佐证，各方当事人均未提出异议，本院对一审判决查明的××部分的事实予以确认。"

其次，对于当事人提出异议部分的事实，可写明"上诉人×

×对一审查明的××部分的事实提出异议……（写明当事人对相关事实提出异议的具体意见及对方的反驳意见，并列举当事人为支持其主张提交的新证据，各方当事人对证据的质证意见以及本院对各证据的认证意见，在此基础上写明本院最终意见，最后可总结性写明‘上诉人××虽然对一审查明的××部分的事实提出异议，但其未能提供充分的证据予以证明，其异议不能成立，本院不予支持，对于一审查明的××部分的事实，本院予以确认’）”。

4. 当事人对部分事实提出异议，根据当事人提交的新证据或者本院调查收集的证据，经审理发现一审查明的事实确实存在部分错误的。

首先，对于当事人无异议的正确部分的事实，可写明“一审查明的××部分的事实，有相关证据予以佐证，各方当事人均未提出异议，本院对一审查明的××部分的事实予以确认。”

其次，对于一审认定错误的事实，可写明“上诉人××对一审查明的××部分的事实提出异议……（写明当事人对相关事实提出异议的具体意见及对方的反驳意见，并列举当事人为支持其主张提交的新证据或本院调查收集的证据，各方当事人对证据的质证意见以及本院对各证据的最终认证意见，在此基础上写明本院查明的事实，最后可总结性写明‘一审对××部分的事实认定有误，应予纠正，上诉人××对此提出的异议成立，本院予以支持’）”。

上述部分具体措辞可由承办人视案件情况灵活掌握。

十二、再审裁判文书应当在“案件由来”部分之后，写明原一、二审审理情况以及申请再审及答辩情况。

上述两部分的具体书写分别参照适用二审裁判文书“一审审理情况”和一审裁判文书关于“当事人起诉及答辩情况”部分

的要求。

十三、再审裁判文书应当根据再审案件特点，结合相关证据材料，依据相关法律规定，针对当事人提出的对原一、二审认定事实的异议，重点予以分析、阐述。

该部分的具体书写参照适用二审裁判文书关于“二审认定的事实”部分的要求。

十四、裁判理由是裁判文书的核心部分，要有针对性和说服力，二审及再审裁判文书要防止照抄原判理由或者公式化的套话。

（一）本部分以“本院认为”作为引言，其后用冒号，另起一行写明具体意见。

（二）应明确纠纷的性质、案由。原审确定案由错误，二审或者再审予以改正的，应在此部分首先进行叙述并阐明理由。

（三）涉外、涉港澳台民商事案件，应当依照《中华人民共和国涉外民事关系法律适用法》及《最高人民法院关于适用〈中华人民共和国涉外民事关系法律适用法〉若干问题的解释（一）》《最高人民法院关于审理涉台民商事案件法律适用问题的规定》等司法解释的规定，对解决纠纷应当适用的法律作出分析认定。涉外涉港澳台海事案件，应当依照《中华人民共和国海商法》的相关规定对法律适用问题作出分析认定，《中华人民共和国海商法》没有规定的，适用《中华人民共和国涉外民事关系法律适用法》及其司法解释的相关规定。

（四）涉外案件应当适用我国法律的，表述为“适用中华人民共和国法律”。

涉港澳案件，应当适用内地法律的，表述为“适用内地法律”，应适用港澳地区法律的，表述为“适用香港特别行政区

（澳门特别行政区）法律”。

……

案件中既有港澳地区当事人，也有台湾地区当事人的，如果应当适用内地（大陆）法律，表述为“适用内地法律”即可。

（五）一审裁判文书应当围绕当事人争议的焦点问题及原告的最终诉讼请求能否成立进行论述。

（六）二审或再审裁判文书应当围绕当事人争议的焦点问题及上诉或再审请求能否成立进行论述。原审裁判正确，上诉或申请再审无理的，指出其理由的不当之处；原审裁判不当，上诉或申请再审理由成立的，应当阐明原判错之处、上诉或申请再审请求和理由成立的事实和法律依据、改判的理由等等。

（七）人民法院审理合同纠纷案件，对于合同是否成立、效力等问题应当主动予以审查，即使当事人未就此提出异议，亦应予以分析阐述。

（八）对于案件复杂，当事人争议问题较多的，可以根据庭审时归纳的当事人争议焦点，分别逐项予以阐述。

（九）在该部分引用法律法规、司法解释时，应当严格适用《最高人民法院关于裁判文书引用法律、法规等规范性法律文件的规定》。并列引用多个法律文件的，引用顺序如下：法律及法律解释、行政法规、地方性法规、自治条例或者单行条例、司法解释；同时引用两部以上法律的，应当先引用基本法律，后引用其他法律；引用包括实体法和程序法的，先引用实体法，后引用程序法。

引用最高人民法院的司法解释时，应当按照公告公布的格式书写。

适用公约时，应当援引适用的公约具体条款。引用公约条款的顺序应置于法律、司法解释之前。

（十）二审或再审改判的，对于改判所依据的实体法应当予以援引。

（十一）如果案件因为涉及商业秘密或者隐私等问题不公开开庭审理，裁判文书中应当援引《中华人民共和国民事诉讼法》第一百三十四条①的规定。如果是缺席判决的，应当根据具体情况援引《中华人民共和国民事诉讼法》第一百四十三条②或者第一百四十四条③的规定。

（十二）指导性案例及非司法解释性的规范性文件，如各种指导性意见、会议纪要、个案答复等不得作为法律依据予以援引，但其体现的原则和精神可在说理部分予以阐述。

（十三）案件经审判委员会讨论决定的，应予以写明。

（十四）案件管辖权问题在判决书理由部分不需要予以阐述。

十五、裁判主文即裁判结果，是对案件实体问题作出的处理决定，裁判结果要明确、具体、完整。裁判结果应对当事人争议的实体问题作出终审结论。二审或再审裁判文书要对原审裁判作出明确表态，写明维持原裁判或者撤销原裁判，或者维持哪几项、撤销哪几项；对改判或加判的内容，要区别确认之诉、变更之诉、给付之诉等不同情况，作出明确、具体的处理决定。

（一）裁判文书主文部分中当事人名称应当用全称，主文的各项之间统一用分号。

（二）裁判文书主文内容必须明确具体、便于执行。如原审判决中未明确履行期限的，二审或再审裁判文书应写明判项的履

---

① 现为 2021 年修正的《民事诉讼法》第一百三十七条。——编者注

② 现为 2021 年修正的《民事诉讼法》第一百四十六条。——编者注

③ 现为 2021 年修正的《民事诉讼法》第一百四十七条。——编者注

行日期。

（三）对于金钱给付的利息，当事人要求计算至判决执行之日止，而原审裁判计算出绝对数的，二审或再审应予以纠正，应当明确利息计算的起止点。

（四）根据最高人民法院法〔2007〕19号通知的要求，1. 一审判决中具有金钱给付义务的，应当在所有判项之后另起一行写明：如果未按本判决指定的期间履行给付金钱的义务，应当依照《中华人民共和国民事诉讼法》第二百五十三条①的规定，加倍支付迟延履行期间的债务利息。2. 二审判决作出改判的案件，无论一审判决是否写入了上述告知内容，均应在所有判项之后另起一行写明第一条的告知内容。3. 如一审判决已经写明上述告知内容，二审维持原判的判决，可不再重复告知。

十六、裁判文书尾部应写明诉讼费用的负担，合议庭成员署名和判决日期等。

（一）诉讼费用是人民法院根据《诉讼费用交纳办法》的有关规定来决定的，不属于诉讼争议的问题，不应列为判决结果的一项内容，应在判决结果后另起一行写明。

根据《诉讼费用交纳办法》第五十五条的规定，诉讼费用应以人民币为计算单位。

（二）一、二审诉讼费用应当分别表述。按照《诉讼费用交纳办法》第十七条的规定："对财产案件提起上诉的，按照不服一审判决部分的上诉请求数额交纳案件受理费。"二审要根据当事人上诉请求的数额重新计算诉讼费，不能完全按照一审的标准收取。根据《诉讼费用交纳办法》第二十九条的规定，共同诉讼

① 现为2021年修正的《民事诉讼法》第二百六十条。——编者注

当事人败诉的，应明确当事人各自负担的诉讼费用数额。

如果一审诉讼费用不作调整，可表述为“一审案件受理费××元人民币，财产保全费（或其他费用）××元人民币，按一审判决承担。”

（三）裁判文书尾部由合议庭成员共同署名。助理审判员参加合议的，署代理审判员。院长、庭长参加合议庭审判的案件，院长、庭长担任审判长。

（四）“本件与原本核对无异”字样的印戳，应加盖在年月日与书记员署名之间空行的左边。

十七、其他注意问题。

（一）为避免引起混淆，裁判文书中当事人的名称应当统一，只使用其名称或简称，除以引号转引相关书证原文的情形外，若当事人之间的合同、协议中有“甲方”“乙方”等表述时，应统一变换为当事人的名称。

二审、再审裁判文书使用当事人简称时，应当确保与所引用原审文书对应简称表述一致。

二审、再审裁判文书在表述原审法院名称时，可视情况使用“一审法院”“二审法院”的表述，亦可使用法院简称。

（二）在援引一审裁判文书相关内容时，应当将其中的“本院”修改为“一审法院（或其简称）”。

（三）裁判文书中表述阿拉伯数字时，数字之间不使用逗号。

（四）涉台案件裁判文书的书写，适用《最高人民法院关于贯彻执行〈关于审理涉台民商事案件法律适用问题的规定〉的通知》（法〔2011〕180 号）的要求。

最高人民法院
关于对涉外行政案件的审理期限应当如何掌握的复函

2002 年 11 月 20 日　　〔2002〕行立他字第 2 号

广东省高级人民法院：

你院粤高法〔2002〕63 号有关涉外涉港澳台行政案件审理期限的请示收悉。经研究，答复如下：

一、《行政诉讼法》中有关案件审理期限的规定，并无一般行政案件与涉外（含涉港澳台，下同）行政案件的区分，涉外行政案件的审限应当适用该法有关案件审理期限的规定。

二、我国加入世界贸易组织议定书中的有关规定，要求我国对与 WTO 规则有关的具体行政行为迅速进行司法审查。如对涉外行政案件审限不加以限制，不符合上述规定的要求。

三、我国司法审查制度应当遵循世界贸易组织规则有关国民待遇的基本原则，如对涉外行政案件没有审限要求，不符合国民待遇的基本原则。

四、在审判实践中，涉外行政案件的诉讼程序比一般行政案件的诉讼程序需要更多的时间，但这涉及排除不计入审限事项的时间，与涉外行政案件执行有关审限的规定并不冲突。

综上，同意你院请示中的第二种意见，即涉外行政案件的审理期限，应当适用《行政诉讼法》及我院《关于严格执行案件审理期限制度的若干规定》中有关行政案件审理期限的相关规定。

二、管辖

最高人民法院
关于涉外民商事案件管辖若干问题的规定

法释〔2022〕18号

（2022年8月16日最高人民法院审判委员会第1872次会议通过 2022年11月14日最高人民法院公告公布　自2023年1月1日起施行）

为依法保护中外当事人合法权益，便利当事人诉讼，进一步提升涉外民商事审判质效，根据《中华人民共和国民事诉讼法》的规定，结合审判实践，制定本规定。

第一条　基层人民法院管辖第一审涉外民商事案件，法律、司法解释另有规定的除外。

第二条　中级人民法院管辖下列第一审涉外民商事案件：

（一）争议标的额大的涉外民商事案件。

北京、天津、上海、江苏、浙江、福建、山东、广东、重庆辖区中级人民法院，管辖诉讼标的额人民币4000万元以上（包含本数）的涉外民商事案件；

河北、山西、内蒙古、辽宁、吉林、黑龙江、安徽、江西、河南、湖北、湖南、广西、海南、四川、贵州、云南、西藏、陕西、甘肃、青海、宁夏、新疆辖区中级人民法院，解放军各战区、总直属军事法院，新疆维吾尔自治区高级人民法院生产建设兵团分院所辖各中级人民法院，管辖诉讼标的额人民币 2000 万元以上（包含本数）的涉外民商事案件。

（二）案情复杂或者一方当事人人数众多的涉外民商事案件。

（三）其他在本辖区有重大影响的涉外民商事案件。

法律、司法解释对中级人民法院管辖第一审涉外民商事案件另有规定的，依照相关规定办理。

第三条 高级人民法院管辖诉讼标的额人民币 50 亿元以上（包含本数）或者其他在本辖区有重大影响的第一审涉外民商事案件。

第四条 高级人民法院根据本辖区的实际情况，认为确有必要的，经报最高人民法院批准，可以指定一个或数个基层人民法院、中级人民法院分别对本规定第一条、第二条规定的第一审涉外民商事案件实行跨区域集中管辖。

依据前款规定实行跨区域集中管辖的，高级人民法院应及时向社会公布该基层人民法院、中级人民法院相应的管辖区域。

第五条 涉外民商事案件由专门的审判庭或合议庭审理。

第六条 涉外海事海商纠纷案件、涉外知识产权纠纷案件、涉外生态环境损害赔偿纠纷案件以及涉外环境民事公益诉讼案件，不适用本规定。

第七条 涉及香港、澳门特别行政区和台湾地区的民商事案件参照适用本规定。

第八条 本规定自 2023 年 1 月 1 日起施行。本规定施行后受理的案件适用本规定。

第九条 本院以前发布的司法解释与本规定不一致的，以本规定为准。

最高人民法院
关于涉外民商事案件诉讼管辖若干问题的规定

（2001年12月25日最高人民法院审判委员会第1203次会议通过 根据2020年12月23日最高人民法院审判委员会第1823次会议通过的《最高人民法院关于修改〈最高人民法院关于人民法院民事调解工作若干问题的规定〉等十九件民事诉讼类司法解释的决定》修正）

为正确审理涉外民商事案件，依法保护中外当事人的合法权益，根据《中华人民共和国民事诉讼法》第十八条①的规定，现将有关涉外民商事案件诉讼管辖的问题规定如下：

第一条 第一审涉外民商事案件由下列人民法院管辖：

（一）国务院批准设立的经济技术开发区人民法院；

（二）省会、自治区首府、直辖市所在地的中级人民法院；

（三）经济特区、计划单列市中级人民法院；

（四）最高人民法院指定的其他中级人民法院；

（五）高级人民法院。

上述中级人民法院的区域管辖范围由所在地的高级人民法院确定。

第二条 对国务院批准设立的经济技术开发区人民法院所作的第一审判决、裁定不服的，其第二审由所在地中级人民法院

---

① 现为2021年修正的《民事诉讼法》第十九条。——编者注

管辖。

第三条 本规定适用于下列案件：

（一）涉外合同和侵权纠纷案件；

（二）信用证纠纷案件；

（三）申请撤销、承认与强制执行国际仲裁裁决的案件；

（四）审查有关涉外民商事仲裁条款效力的案件；

（五）申请承认和强制执行外国法院民商事判决、裁定的案件。

第四条 发生在与外国接壤的边境省份的边境贸易纠纷案件，涉外房地产案件和涉外知识产权案件，不适用本规定。

第五条 涉及香港、澳门特别行政区和台湾地区当事人的民商事纠纷案件的管辖，参照本规定处理。

第六条 高级人民法院应当对涉外民商事案件的管辖实施监督，凡越权受理涉外民商事案件的，应当通知或者裁定将案件移送有管辖权的人民法院审理。

第七条 本规定于2002年3月1日起施行。本规定施行前已经受理的案件由原受理人民法院继续审理。

本规定人发布前的有关司法解释、规定与本规定不一致的，以本规定为准。

附录1：

最高人民法院关于认真学习贯彻《关于涉外民商事案件诉讼管辖若干问题的规定》的通知

2002年3月1日　　法〔2002〕22号

各省、自治区、直辖市高级人民法院，解放军军事法院，新疆维吾尔自治区高级人民法院生产建设兵团分院：

为适应我国加入世界贸易组织形势的需要，依法及时公正地审理涉外民商事案件，切实保护中外当事人的合法权益，最高人民法院审判委员会近日通过了《关于涉外民商事案件诉讼管辖若干问题的规定》（以下简称《规定》）。为学习贯彻好这一司法解释，现通知如下：

一、要深刻领会实施《规定》的重要意义，尽快做好各项准备工作。对涉外民商事案件实行集中管辖，是因应“入世”后面临的新形势而采取的一项重要改革举措；是优化案件管辖，充分发挥审判效能所作出的一项重要决策。各高级人民法院要积极做好各项准备工作，按照《规定》要求，尽快明确实行集中管辖的法院的区域划分，并及时运作，坚决维护国家大局和法制统一。

二、根据《规定》有权管辖涉外民商事案件的中级人民法院应当设立专门审理涉外民商事案件的审判庭，此类案件较少的地区的中级人民法院应当设立专门的合议庭。

三、要针对涉外民商事审判工作的特点，采取切实有效的措施，大力开展不同形式的业务培训，使涉外民商事法官尽快熟悉世界贸易组织规则、相关国际公约和国际惯例，努力建设一支懂法律、懂国际贸易、懂外语的专家型涉外民商事审判队伍。

四、对涉外民商事生效裁判的申请再审和申诉案件，由人民法院负责审理涉外民商事案件的审判庭负责办理。对本级法院作出的涉外民商事生效裁判的申请再审和申诉案件，由审判监督庭负责办理。

五、各高级人民法院要对集中管辖的实施加强监督与协调，积极做好相关工作。在执行《规定》过程中遇到的问题，请及时报告我院。

特此通知。

附录2：

最高人民法院关于加强涉外商事案件诉讼管辖工作的通知

2004年12月29日　　　　　　　　　　　　法〔2004〕265号

各省、自治区、直辖市高级人民法院，解放军军事法院，新疆维吾尔自治区高级人民法院生产建设兵团分院：

最高人民法院2002年3月1日法释〔2002〕5号《关于涉外民商事案件诉讼管辖若干问题的规定》施行以来，各地法院认真贯彻落实，建立了涉外商事审判工作的新格局，提高了审判质量和涉外商事法官素质，为应对我国加入世界贸易组织后所面临的挑战作出了较大贡献。为进一步方便当事人诉讼，防止涉外商事案件流失，培育并充分利用司法资源，不断提高涉外商事审判能力，现根据最高人民法院《关于涉外民商事案件诉讼管辖若干问题的规定》第一条第（四）项的规定，通知如下：

一、受理边境贸易纠纷案件法院的上诉审中级人民法院，国务院批准设立的经济技术开发区法院的上诉审中级人民法院，以及其他中级人民法院，需要指定管辖一审涉外商事案件的，由其所在地的高级人民法院报请最高人民法院审批。

各高级人民法院要在调研的基础上，于2005年3月底前将需要指定管辖的上列中级人民法院上报指定。

二、授权广东省和各直辖市的高级人民法院根据实际工作需要指定辖区内的基层人民法院管辖本区的第一审涉外（含涉港澳台）商事案件，明确基层人民法院与中级人民法院的案件管辖分工，并将指定管辖的情况报最高人民法院备案。

三、指定管辖一审涉外商事案件的法院，必须坚持标准。要设立专门的涉外商事审判庭或者合议庭，配备足够的审判力量，确保审判质量。需要管辖第一审涉外商事案件但暂不具备条件的，要加强法官培训，待符合条件后再报请指定。

四、指定管辖一审涉外商事案件的法院，要及时确定其管辖区域，并向社会公布，确保最高人民法院《关于涉外民商事案件诉讼管辖若干问题的规定》的正确贯彻实施。

五、各高级人民法院要切实加强对涉外商事案件诉讼管辖工作的监督指导，坚决纠正不当管辖，认真解决涉外商事案件管辖中存在的问题，正确行使涉外商事案件的管辖权，维护我国的司法权威。

特此通知。

最高人民法院
关于明确第一审涉外民商事案件级别管辖标准以及归口办理有关问题的通知

2017年12月7日　　　　　　　　　　　　法〔2017〕359号

各省、自治区、直辖市高级人民法院、解放军军事法院、新疆维吾尔自治区高级人民法院生产建设兵团分院：

为合理定位四级法院涉外民商事审判职能，统一裁判尺度，维护当事人的合法权益，保障开放型经济的发展，现就第一审涉外民商事案件级别管辖标准以及归口办理的有关问题，通知如下：

一、关于第一审涉外民商事案件的级别管辖标准

北京、上海、江苏、浙江、广东高级人民法院管辖诉讼标的额人民币2亿元以上的第一审涉外民商事案件；直辖市中级人民法院以及省会城市、计划单列市、经济特区所在地的市中级人民法院管辖诉讼标的额人民币2000万元以上的第一审涉外民商事案件，其他中级人民法院管辖诉讼标的额人民币1000万元以上的第一审涉外民商事案件。

天津、河北、山西、内蒙古、辽宁、安徽、福建、山东、河南、湖北、湖南、广西、海南、四川、重庆高级人民法院管辖诉讼标的额人民币8000万元以上的第一审涉外民商事案件；直辖市中级人民法院以及省会城市、计划单列市、经济特区所在地的

市中级人民法院管辖诉讼标的额人民币1000万元以上的第一审涉外民商事案件，其他中级人民法院管辖诉讼标的额人民币500万元以上的第一审涉外民商事案件。

吉林、黑龙江、江西、云南、陕西、新疆高级人民法院和新疆生产建设兵团分院管辖诉讼标的额人民币4000万元以上的第一审涉外民商事案件；省会城市、计划单列市中级人民法院，管辖诉讼标的额人民币500万元以上的第一审涉外民商事案件，其他中级人民法院管辖诉讼标的额人民币200万元以上的第一审涉外民商事案件。

贵州、西藏、甘肃、青海、宁夏高级人民法院管辖诉讼标的额人民币2000万元以上的第一审涉外民商事案件；省会城市、计划单列市中级人民法院，管辖诉讼标的额人民币200万元以上的第一审涉外民商事案件，其他中级人民法院管辖诉讼标的额人民币100万元以上的第一审涉外民商事案件。

各高级人民法院发布的本辖区级别管辖标准，除于2011年1月后经我院批复同意的外，不再作为确定第一审涉外民商事案件级别管辖的依据。

二、下列案件由涉外审判庭或专门合议庭审理：

（一）当事人一方或者双方是外国人、无国籍人、外国企业或者组织，或者当事人一方或者双方的经常居所地在中华人民共和国领域外的民商事案件；

（二）产生、变更或者消灭民事关系的法律事实发生在中华人民共和国领域外，或者标的物在中华人民共和国领域外的民商事案件；

（三）外商投资企业设立、出资、确认股东资格、分配利润、合并、分立、解散等与该企业有关的民商事案件；

（四）一方当事人为外商独资企业的民商事案件；

（五）信用证、保函纠纷案件，包括申请止付保全案件；

（六）对第一项至第五项案件的管辖权异议裁定提起上诉的案件；

（七）对第一项至第五项案件的生效裁判申请再审的案件，但当事人依法向原审人民法院申请再审的除外；

（八）跨境破产协助案件；

（九）民商事司法协助案件；

（十）最高人民法院《关于仲裁司法审查案件归口办理有关问题的通知》确定的仲裁司法审查案件。

前款规定的民商事案件不包括婚姻家庭纠纷、继承纠纷、劳动争议、人事争议、环境污染侵权纠纷及环境公益诉讼。

三、海事海商及知识产权纠纷案件，不适用本通知。

四、涉及香港、澳门特别行政区和台湾地区的民商事案件参照适用本通知。

五、本通知自2018年1月1日起执行。之前已经受理的案件不适用本通知。

本通知执行过程中遇到的问题，请及时报告我院。

三、送达

最高人民法院
关于涉台民事诉讼文书送达的若干规定

法释〔2008〕4号

（最高人民法院审判委员会第1421次会议通过
2008年4月17日最高人民法院公告公布 自2008年4月23日起施行）

为维护涉台民事案件当事人的合法权益，保障涉台民事案件诉讼活动的顺利进行，促进海峡两岸人员往来和交流，根据民事诉讼法的有关规定，制定本规定。

第一条 人民法院审理涉台民事案件向住所地在台湾地区的当事人送达民事诉讼文书，以及人民法院接受台湾地区有关法院的委托代为向住所地在大陆的当事人送达民事诉讼文书，适用本规定。

涉台民事诉讼文书送达事务的处理，应当遵守一个中国原则和法律的基本原则，不违反社会公共利益。

第二条 人民法院送达或者代为送达的民事诉讼文书包括：起诉状副本、上诉状副本、反诉状副本、答辩状副本、授权委托书、传票、判决书、调解书、裁定书、支付令、决定书、通知书、证明书、送达回证以及与民事诉讼有关的其他文书。

第三条 人民法院向住所地在台湾地区的当事人送达民事诉讼文书，可以采用下列方式：

（一）受送达人居住在大陆的，直接送达。受送达人是自然人，本人不在的，可以交其同住成年家属签收；受送达人是法人或者其他组织的，应当由法人的法定代表人、其他组织的主要负责人或者该法人、组织负责收件的人签收；

受送达人不在大陆居住，但送达时在大陆的，可以直接送达；

（二）受送达人在大陆有诉讼代理人的，向诉讼代理人送达。受送达人在授权委托书中明确表明其诉讼代理人无权代为接收的除外；

（三）受送达人有指定代收人的，向代收人送达；

（四）受送达人在大陆有代表机构、分支机构、业务代办人的，向其代表机构或者经受送达人明确授权接受送达的分支机构、业务代办人送达；

（五）受送达人在台湾地区的地址明确的，可以邮寄送达；

（六）有明确的传真号码、电子信箱地址的，可以通过传真、电子邮件方式向受送达人送达；

（七）按照两岸认可的其他途径送达。

采用上述方式不能送达或者台湾地区的当事人下落不明的，公告送达。

第四条 采用本规定第三条第一款第（一）、（二）、（三）、（四）项方式送达的，由受送达人、诉讼代理人或者有权接受送达的人在送达回证上签收或者盖章，即为送达；拒绝签收或者盖章的，可以依法留置送达。

第五条 采用本规定第三条第一款第（五）项方式送达的，应当附有送达回证。受送达人未在送达回证上签收但在邮件回执上签收的，视为送达，签收日期为送达日期。

自邮寄之日起满三个月，如果未能收到送达与否的证明文件，且根据各种情况不足以认定已经送达的，视为未送达。

第六条 采用本规定第三条第一款第（六）项方式送达的，应当注明人民法院的传真号码或者电子信箱地址，并要求受送达人在收到传真件或者电子邮件后及时予以回复。以能够确认受送达人收悉的日期为送达日期。

第七条 采用本规定第三条第一款第（七）项方式送达的，应当由有关的高级人民法院出具盖有本院印章的委托函。委托函应当写明案件各方当事人的姓名或者名称、案由、案号；受送达人姓名或者名称、受送达人的详细地址以及需送达的文书种类。

第八条 采用公告方式送达的，公告内容应当在境内外公开发行的报刊或者权威网站上刊登。

公告送达的，自公告之日起满三个月，即视为送达。

第九条 人民法院按照两岸认可的有关途径代为送达台湾地区法院的民事诉讼文书的，应当有台湾地区有关法院的委托函。

人民法院收到台湾地区有关法院的委托函后，经审查符合条件的，应当在收到委托函之日起两个月内完成送达。

民事诉讼文书中确定的出庭日期或者其他期限逾期的，受委托的人民法院亦应予送达。

第十条 人民法院按照委托函中的受送达人姓名或者名称、地址不能送达的，应当附函写明情况，将委托送达的民事诉讼文书退回。

完成送达的送达回证以及未完成送达的委托材料，可以按照原途径退回。

第十一条 受委托的人民法院对台湾地区有关法院委托送达的民事诉讼文书的内容和后果不负法律责任。

附录1：

最高人民法院负责人在《最高人民法院关于涉台民事诉讼文书送达的若干规定》新闻发布会上的讲话

（2008年4月22日）

各位记者、各位来宾：

上午好！

在今天的新闻发布会上，我向各位介绍一下最高人民法院审判委员会第1421次会议通过的一项司法解释——《关于涉台民事诉讼文书送达的若干规定》。这项规定将在明天的人民法院报上正式公布并实施。

《最高人民法院关于涉台民事诉讼文书送达的若干规定》（以下简称《规定》），是最高人民法院根据审判实践的需要，依法做出的重要司法解释。根据这项司法解释，人民法院在审理涉台民事案件时，向住所地在台湾地区的当事人送达民事诉讼文书，以及人民法院接受台湾地区有关法院的委托代为向住所地在大陆的当事人送达民事诉讼文书，都可以依照该《规定》进行送达。

大家知道，诉讼文书送达是民事诉讼中一个非常重要的环节，它是指人民法院依法定方式，把诉讼文书交给当事人、其他诉讼参与人的一种诉讼行为。对当事人而言，只有在收到诉讼文书并知悉其具体内容的情况下，才能确定自己如何行使诉讼权利和承担诉讼义务。如果诉讼文书不能及时、合法、有效地送达当事人，就不能进行其他的民事诉讼程序。因此，诉讼文书送达在民事诉讼中具有十分重要的意义。

自1987年台湾当局开放台湾民众赴大陆探亲以来，海峡两岸经贸交流、人员往来迅猛发展。截至2007年底，两岸贸易总额达7200亿美元，台商在大陆投资项目7万余项，实际利用台资453.3亿美元。台胞赴大陆累计达4695万人次，大陆人员赴台累计达162万人次。目前每年在大陆连续居住半年以上的台胞就有数十万人。大规模的经贸交流与人员往来，极大地促进了两岸关系的发展，同时也不可避免地出现大量涉台婚姻、继承、经贸投资等民事方面的纠纷。近年来，人民法院受理涉台案件的数量不断增加。2006年全国各级人民法院审理涉台民事一审案件3529件，2007年为4163件，同比上升17.97%。由于地域阻隔，加上众所周知的原因，两岸之间还没有关于诉讼文书送达的安排，以致两岸法院审理互涉案件，都遇到了如何相互送达的瓶颈问题。据统计，大陆人民法院受理的涉台民事案件80%无法送达；台湾地区法院目前积压的需要向大陆当事人送达的诉讼文书也高达数千件。由于民事诉讼文书无法送达当事人，有关案件难以开庭审理，致使两岸许多当事人的诉讼权利难以行使，实体权利经常处于一种不确定状态。这既不利于台湾同胞合法权益的保护，也不利于大陆人民应有权利的维护。因此，解决民事诉讼文书送达难问题，对于两岸法院及时、公正审理互涉民事案件，切实维护两岸当事人的合法权益，都是十分必要而迫切的。

长期以来，大陆方面一直以积极的态度、务实的精神，想方设法解决两岸存在的民事诉讼文书送达难问题，并为此作出了不懈的努力。早在1993年“汪辜会谈”时，海峡两岸关系协会与台湾海峡交流基金会即商定尽快就“两岸有关法院之间的联系与协助”等议题进行协商。其后，尽管两会商谈被迫中断，最高人民法院仍在积极研究探索有关解决办法，并于2003年起草了《规定》的征求意见稿，先后征求了部分省、市、自治区法院的意见和建议。2005年3月，第十届全国人民代表大会第三次会议通过了《反分裂国家法》，明确规定“国家依法保护台湾同胞的权利和利益”。根据上述精神，最高人民法院于当年9月在北京召开第22届世界法律大会期间，又积极筹备召开了海峡两岸暨香港、澳门司法界、法学界人士参加的高规格的法律研讨会。与会人士在探讨两岸建立司法互助合作关系的可行性及方式的发言中，均提出要尽快解决两岸民事诉讼文书送达问题的建议。据此，最高人民法院又进一步修改了《规定》，并再次征求有关方面的意见加以完善，最后提交审判委员会讨论通过。

《规定》共12条。主要内容包括：（1）《规定》适用的范围；（2）送达或者代为送达的民事诉讼文书的种类；（3）人民法院向住所地在台湾地区的当事人送达民事诉讼文书的途径、方式；（4）涉台民事诉讼文书送达适用留置送达、传真和电子邮件送达的规定；（5）在两岸法院相互委托送达的情况下，对送达主体和委托函的具体要求；（6）涉台民事诉讼文书公告送达的具体规定；（7）送达期限的规定；等等。

最高人民法院一贯重视依法保护海峡两岸当事人的权益。早在1988年，最高人民法院就发布了《关于人民法院处理涉台民事案件的几个问题》的司法解释，对涉台婚姻、夫妻共同财产、抚养和赡养、收养、继承、房产、债务以及诉讼时效等问题，作出了明确规定，及时、公正地解决历史遗留问题和两岸交往中出现的民事纠纷。在处理涉台刑事问题方面，1988 年，最高人民法院与最高人民检察院共同发布了《关于不再追诉去台人员在中华人民共和国成立前的犯罪行为的公告》。次年又发布了《关于不再追诉去台人员在中华人民共和国成立后当地人民政权建立前的犯罪行为的公告》。1998 年，为了进一步推动两岸关系发展，保护两岸同胞的合法权益，尤其是台湾同胞在大陆的权益，最高人民法院又制定公布了《关于人民法院认可台湾地区有关法院民事判决的规定》，避免了讼累，更便于当事人维护自身权益。台湾地区有关法院的民事判决和仲裁机构的裁决，只要不违反国家法律的基本原则、不损害社会公共利益，符合上述《规定》的要求，大陆人民法院即予以裁定认可，需要执行的，还可以依法在大陆得到执行。随后，根据台湾法界人士的反映和民众的诉求，最高人民法院又将认可台湾地区民事判决的范围予以扩大，对于台湾地区有关法院作出的民事调解书和支付令也予以认可。所有这些，都是最高人民法院为维护两岸同胞实体权益、诉讼权利，发展正常有序的两岸关系所采取的务实而重要的举措，在海峡两岸引起强烈反响，受到普遍欢迎。自 1998 年以来，大陆各级人民法院依据《关于人民法院认可台湾地区有关法院民事判决的规定》，受理申请认可台湾地区民事判决、仲裁裁决、调解书、支付令的案件已达 200 余件，处理结果得到了台胞的称赞和肯定。

这次公布和实施《最高人民法院关于涉台民事诉讼文书送达的若干规定》，是继 1988 年、1998 年最高人民法院制定实施若干重要司法解释后的又一重大司法举措。它将在很大程度上缓解两岸法院民事诉讼文书送达难的问题，增强两岸同胞尤其是台湾同胞依法维权的意识和信心。这也进一步表明大陆方面依法维护两岸同胞合法权益的诚意，推动两岸司法方面的交流与合作，促进两岸关系和平发展的决心和诚意。

各位记者、各位来宾，对于涉台民事诉讼文书的送达，今后，我们将严格依照《规定》的要求办理。在此，我们也衷心希望能够得到台湾有关法院的有力配合与协助。为了两岸人民的福祉，为了两岸关系的和平发展，我们真诚呼吁台湾法界同仁，与我们一道，以积极的态度、务实的精神，共同将两岸司法方面的联系和协助，推向一个新的阶段。

附录2：

最高人民法院负责人就公布《关于涉台民事诉讼文书送达的若干规定》答记者问

（2008年4月22日）

一、公布实施《规定》有什么重要意义

自1987年台湾当局开放台湾民众赴大陆探亲以来，海峡两岸经贸交流、人员往来迅猛发展。截至2007年底，两岸贸易总额达7200亿美元，台商在大陆投资项目7万余项，实际利用台资453.3亿美元。台胞赴大陆累计达4695万人次，大陆人员赴台累计达162万人次。目前每年在大陆连续居住半年以上的台胞有数十万人。大规模的经贸交流与人员往来，极大地促进了两岸关系的发展，同时也不可避免地出现大量涉台婚姻、继承、经贸投资等民事方面的纠纷。近年来，人民法院受理涉台案件的数量不

断增加。2006 年全国各级人民法院审理涉台民事一审案件 3529 件，2007 年为 4163 件，同比上升 17.97%。由于地域阻隔，加上众所周知的原因，两岸之间还没有关于诉讼文书送达的安排，以致两岸法院审理互涉案件，都遇到了如何相互送达的瓶颈问题。据统计，大陆人民法院受理的涉台民事案件 80%无法送达；台湾地区法院目前积压的需要向大陆当事人送达的诉讼文书也高达数千件。由于民事诉讼文书无法送达当事人，有关案件难以开庭审理，致使两岸许多当事人的诉讼权利难以行使，实体权利经常处于一种不确定状态。这既不利于台湾同胞合法权益的保护，也不利于大陆人民应有权利的维护。因此，解决民事诉讼文书送达难问题，对于两岸法院及时、公正审理互涉民事案件，切实维护两岸当事人的合法权益，都是十分必要而迫切的。

《规定》的公布和实施，是继 1998 年最高人民法院公布实施若干重要司法解释后的又一重大司法举措。它必将会在很大程度上缓解两岸法院民事诉讼文书送达难问题，增强台胞依法维权的意识和信心，进一步表明大陆依法维护两岸同胞合法权益的诚意，推动两岸司法方面的交流与合作，促进两岸关系的发展。

二、制定《规定》的背景情况

长期以来，大陆方面一直以务实的精神、积极的态度，为解决两岸存在的民事诉讼文书送达难问题做出努力。早在 1993 年“汪辜会谈”时，海峡两岸关系协会与台湾海峡交流基金会即商定尽快协商“两岸有关法院之间的联系与协助”等议题。其后，由于李登辉、陈水扁相继抛出“两国论”“一边一国”，破坏了两会商谈的政治基础，两会商谈被迫中断。但最高人民法院仍在积极研究有关解决办法，并于 2003 年起草了《规定》的征求意见稿，先后征求了部分省、市、自治区法院的意见和建议。2005年3月，第十届全国人民代表大会第三次会议通过了《反分裂国家法》，明确规定“国家依法保护台湾同胞的权利和利益”。根据上述精神，最高人民法院于当年9月在北京召开的第22届世界法律大会期间，又积极筹备召开了海峡两岸暨香港、澳门司法界、法学界人士参加的法律研讨会。与会人士在探讨两岸建立司法互助合作关系的可行性及方式的发言中，均提出要尽快解决两岸民事诉讼文书送达问题的建议。在此基础上，最高人民法院又进一步修改完善了《规定》，并经审判委员会讨论通过。

三、除了《规定》，最高人民法院为促进两岸人员往来和经济交流、为维护台湾同胞合法权益还做了哪些工作

最高人民法院一贯重视依法保护海峡两岸当事人的民事权益。1988年，最高人民法院发布了《关于人民法院处理涉台民事案件的几个问题》，对涉台婚姻、夫妻共同财产、抚养和赡养、收养、继承、房产和债务问题，以及诉讼时效问题等，都作出了明确规定，及时、公正地解决历史遗留问题和两岸交往中出现的民事纠纷。在处理涉台刑事问题方面，1988年，最高人民法院与最高人民检察院共同发布了《关于不再追诉去台人员在中华人民共和国成立前的犯罪行为的公告》。次年又发布了《关于不再追诉去台人员在中华人民共和国成立后当地人民政权建立前的犯罪行为的公告》。1998年，为了进一步推动两岸关系的发展，保护两岸同胞，尤其是台湾同胞在大陆的合法权益，最高人民法院又公布了《关于人民法院认可台湾地区有关法院民事判决的规定》，对认可的原则、程序等都作出了明确规定。台湾地区有关法院的民事判决和仲裁机构的裁决所确定的民事权利，在不违反国家法律的基本原则、不损害社会公共利益的前提下，经大陆人民法院审查认可后，可以在大陆得到执行。随后，根据台湾法界人士和民众的反映和诉求，最高人民法院又将认可民事判决的范围予以扩大，相继公布了对于台湾地区有关法院的民事调解书和支付令予以认可的批复。上述规定，是最高人民法院为维护两岸同胞民事权益、诉讼权利，发展两岸关系所采取的务实而重要的举措，有效地减少了两岸当事人的讼累，为及时、公正地解决涉台民事纠纷提供了便捷有效的途径和方式，在海峡两岸引起很好的反响，受到普遍欢迎。自 1998 年以来，大陆各级人民法院依据《关于人民法院认可台湾地区有关法院民事判决的规定》，受理申请认可台湾地区民事判决、仲裁裁决、调解书、支付令的案件已达 200 余件，处理结果得到了台胞的称赞和肯定。

四、《规定》的适用范围

由于目前人民法院和台湾地区法院在受理互涉民事案件中都面临文书送达的瓶颈问题，因此《规定》除了对大陆人民法院向住所地在台湾地区的当事人送达民事诉讼文书作出明确规定外，同时对台湾地区有关法院委托大陆人民法院送达民事诉讼文书，大陆人民法院如何代为送达的问题，也做了规定。可以说，《规定》是在没有相互协助合作安排的情况下，单方面承诺接受台湾地区法院委托，代为送达民事诉讼文书。

关于《规定》的适用范围问题，需要说明的是，大陆人民法院向住所地在台湾地区的当事人送达民事诉讼文书，根据《规定》，受送达的对象是住所地在台湾地区的当事人，而非“台湾地区的当事人”。“住所地在台湾地区的当事人”和“台湾地区的当事人”概念不同。“台湾地区的当事人”一般理解为仅指

“台湾本地人”，而“住所地在台湾地区的当事人”的表述，不仅包括“台湾本地人”，也包括台湾本地人以外的人，如在台湾的外国人、在台湾的外国公司，等等。制定《规定》的目的，就是最大限度地解决诉讼文书送达难问题。

五、根据《规定》，人民法院送达或者代为送达的民事诉讼文书包括哪些

根据《规定》第 2 条，人民法院送达或者代为送达的民事诉讼文书包括：起诉状副本、上诉状副本、反诉状副本、答辩状副本、授权委托书、传票、判决书、调解书、裁定书、支付令、决定书、通知书、证明书、送达回证以及与民事诉讼有关的其他文书。

《规定》对送达或者代为送达的民事诉讼文书的范围采用了列举的表述方式，同时还设定了“兜底”条款，以说明送达或者代为送达的民事诉讼文书还包括“与民事诉讼有关的其他文书”，以解决列举不能穷尽的问题。其目的就是尽最大努力、以最大的诚意解决两岸法院送达难问题。

由于目前民事诉讼文书送达难问题比较突出，因此，本次发布《规定》，主要解决民事诉讼文书送达事宜。根据审判实践的需要，最高人民法院今后将会陆续着手研究和解决涉台行政诉讼文书和涉台刑事诉讼文书的送达问题。

六、根据《规定》，涉台民事诉讼文书送达可以采用哪些送达方式

这个问题可以从两方面考虑。一方面是人民法院对于住所地在台湾地区的当事人送达的方式问题；另一方面是大陆人民法院

受台湾地区法院委托代为送达民事诉讼文书的方式问题。对于后者，送达方式比较简单，因为台湾地区法院委托大陆人民法院代为送达民事诉讼文书，都会出具送达证书，受送达人的姓名、地址以及送达方式在送达证书中都写得十分清楚。因此，根据《规定》第 9 条和第 10 条的规定，受托的人民法院根据委托函和送达证书的要求送达即可。对于人民法院对住所地在台湾地区的当事人的送达，《规定》第 3 条规定了若干种送达方式。受送达人在大陆有诉讼代理人的，向诉讼代理人送达。但受送达人在授权委托书中明确表明其诉讼代理人无权代为接收的除外；受送达人有指定代收人的，向代收人送达；受送达人在大陆有代表机构、分支机构、业务代办人的，向其代表机构或者经受送达人明确授权接受送达的分支机构、业务代办人送达；受送达人在台湾地区的地址明确的，邮寄送达；受送达人有明确的传真号码、电子信箱地址的，可以通过传真、电子邮件方式送达。除此之外，对于受送达人在大陆居住的，可以直接送达。对于受送达人虽然不在大陆居住，但是，于送达时在大陆的，也可以直接送达。上述方式都是规范大陆人民法院单方送达行为。另外，《规定》还规定可以按照两岸认可的其他途径送达。上述方式，是为了多途径解决涉台民事案件送达问题，并没有先后顺序之分，人民法院可以根据案件的具体情况，决定采用其中的某些方式进行送达。除了以上几种送达方式外，《规定》还规定了公告送达方式。但应当注意，采用这种方式送达的前提是，采用其他方式不能完成送达或者台湾地区的当事人下落不明。

七、涉台民事诉讼文书公告送达的时间是如何规定的

本《规定》对涉台民事诉讼文书公告送达的时间规定是 3 个

月，即自公告之日起满3个月，视为送达。这是考虑到目前两岸信息往来毕竟十分不便，因此，涉台诉讼文书公告送达的时间应考虑其特殊情况。从此类案件自身特点及有利于及时审理和裁判考虑，《规定》将涉台诉讼文书公告送达的时间规定为3个月。

八、《规定》公布后，如何贯彻执行

《规定》公布之后，首先，要求各级人民法院要高度重视涉台民事诉讼文书送达工作，并要求指定专人负责做好这项工作；其次，最高人民法院将就《规定》专门召开会议，部署《规定》各项内容的落实及具体实施方案；最后，还要组织广大法官认真学习《规定》，通过办培训班、举办讲座等方式，提高人民法院和广大法官对实施《规定》重要意义的认识，使之熟悉《规定》内容，从而进一步审理好涉台案件，更好地服务于两岸当事人。

九、除《规定》外，今后最高人民法院对涉台审判工作还会有什么举措

从涉台审判的方面考虑，目前审判实践中还有一些需要研究解决的问题。如涉台法律适用问题，1998年《关于人民法院认可台湾地区有关法院民事判决的规定》中具体程序的进一步完善问题、涉台刑事文书送达以及涉台民事、刑事证据的认定问题，等等。最高人民法院准备组织专人针对上述问题进行专题研究，在研究的基础上，于条件成熟时，制定相关的规范性文件。

四、仲裁裁决的承认和执行及仲裁的司法监督

最高人民法院
关于仲裁司法审查案件报核问题的有关规定

（2017 年 11 月 20 日最高人民法院审判委员会第 1727 次会议通过　根据 2021 年 11 月 15 日最高人民法院审判委员会第 1850 次会议通过的《最高人民法院关于修改〈最高人民法院关于仲裁司法审查案件报核问题的有关规定〉的决定》修正　该修正自 2022 年 1 月 1 日起施行）

为正确审理仲裁司法审查案件，统一裁判尺度，依法保护当事人合法权益，保障仲裁发展，根据《中华人民共和国民事诉讼法》《中华人民共和国仲裁法》等法律规定，结合审判实践，制定本规定。

第一条　本规定所称仲裁司法审查案件，包括下列案件：

（一）申请确认仲裁协议效力案件；

（二）申请撤销我国内地仲裁机构的仲裁裁决案件；

（三）申请执行我国内地仲裁机构的仲裁裁决案件；

（四）申请认可和执行香港特别行政区、澳门特别行政区、台湾地区仲裁裁决案件；

（五）申请承认和执行外国仲裁裁决案件；

（六）其他仲裁司法审查案件。

第二条 各中级人民法院或者专门人民法院办理涉外涉港澳台仲裁司法审查案件，经审查拟认定仲裁协议无效，不予执行或者撤销我国内地仲裁机构的仲裁裁决，不予认可和执行香港特别行政区、澳门特别行政区、台湾地区仲裁裁决，不予承认和执行外国仲裁裁决，应当向本辖区所属高级人民法院报核；高级人民法院经审查拟同意的，应当向最高人民法院报核。待最高人民法院审核后，方可依最高人民法院的审核意见作出裁定。

各中级人民法院或者专门人民法院办理非涉外涉港澳台仲裁司法审查案件，经审查拟认定仲裁协议无效，不予执行或者撤销我国内地仲裁机构的仲裁裁决，应当向本辖区所属高级人民法院报核；待高级人民法院审核后，方可依高级人民法院的审核意见作出裁定。

第三条 本规定第二条第二款规定的非涉外涉港澳台仲裁司法审查案件，高级人民法院经审查，拟同意中级人民法院或者专门人民法院以违背社会公共利益为由不予执行或者撤销我国内地仲裁机构的仲裁裁决的，应当向最高人民法院报核，待最高人民法院审核后，方可依最高人民法院的审核意见作出裁定。

第四条 依据本规定第二条第二款由高级人民法院审核的案件，高级人民法院应当在作出审核意见之日起十五日内向最高人民法院报备。

第五条 下级人民法院报请上级人民法院审核的案件，应当将书面报告和案件卷宗材料一并上报。书面报告应当写明审查意见及具体理由。

第六条 上级人民法院收到下级人民法院的报核申请后，认为案件相关事实不清的，可以询问当事人或者退回下级人民法院补充查明事实后再报。

第七条　上级人民法院应当以复函的形式将审核意见答复下级人民法院。

第八条　在民事诉讼案件中，对于人民法院因涉及仲裁协议效力而作出的不予受理、驳回起诉、管辖权异议的裁定，当事人不服提起上诉，第二审人民法院经审查拟认定仲裁协议不成立、无效、失效、内容不明确无法执行的，须按照本规定第二条的规定逐级报核，待上级人民法院审核后，方可依上级人民法院的审核意见作出裁定。

第九条　本规定自 2018 年 1 月 1 日起施行，本院以前发布的司法解释与本规定不一致的，以本规定为准。

最高人民法院
关于审理仲裁司法审查案件若干问题的规定

法释〔2017〕22号

（2017年12月4日最高人民法院审判委员会第1728次会议通过 2017年12月26日最高人民法院公告公布 自2018年1月1日起施行）

为正确审理仲裁司法审查案件，依法保护各方当事人合法权益，根据《中华人民共和国民事诉讼法》《中华人民共和国仲裁法》等法律规定，结合审判实践，制定本规定。

第一条 本规定所称仲裁司法审查案件，包括下列案件：

（一）申请确认仲裁协议效力案件；

（二）申请执行我国内地仲裁机构的仲裁裁决案件；

（三）申请撤销我国内地仲裁机构的仲裁裁决案件；

（四）申请认可和执行香港特别行政区、澳门特别行政区、台湾地区仲裁裁决案件；

（五）申请承认和执行外国仲裁裁决案件；

（六）其他仲裁司法审查案件。

第二条 申请确认仲裁协议效力的案件，由仲裁协议约定的仲裁机构所在地、仲裁协议签订地、申请人住所地、被申请人住所地的中级人民法院或者专门人民法院管辖。

涉及海事海商纠纷仲裁协议效力的案件，由仲裁协议约定的仲裁机构所在地、仲裁协议签订地、申请人住所地、被申请人住所地的海事法院管辖；上述地点没有海事法院的，由就近的海事法院管辖。

第三条　外国仲裁裁决与人民法院审理的案件存在关联，被申请人住所地、被申请人财产所在地均不在我国内地，申请人申请承认外国仲裁裁决的，由受理关联案件的人民法院管辖。受理关联案件的人民法院为基层人民法院的，申请承认外国仲裁裁决的案件应当由该基层人民法院的上一级人民法院管辖。受理关联案件的人民法院是高级人民法院或者最高人民法院的，由上述法院决定自行审查或者指定中级人民法院审查。

外国仲裁裁决与我国内地仲裁机构审理的案件存在关联，被申请人住所地、被申请人财产所在地均不在我国内地，申请人申请承认外国仲裁裁决的，由受理关联案件的仲裁机构所在地的中级人民法院管辖。

第四条　申请人向两个以上有管辖权的人民法院提出申请的，由最先立案的人民法院管辖。

第五条　申请人向人民法院申请确认仲裁协议效力的，应当提交申请书及仲裁协议正本或者经证明无误的副本。

申请书应当载明下列事项：

（一）申请人或者被申请人为自然人的，应当载明其姓名、性别、出生日期、国籍及住所；为法人或者其他组织的，应当载明其名称、住所以及法定代表人或者代表人的姓名和职务；

（二）仲裁协议的内容；

（三）具体的请求和理由。

当事人提交的外文申请书、仲裁协议及其他文件，应当附有中文译本。

第六条　申请人向人民法院申请执行或者撤销我国内地仲裁机构的仲裁裁决、申请承认和执行外国仲裁裁决的，应当提交申请书及裁决书正本或者经证明无误的副本。

申请书应当载明下列事项：

（一）申请人或者被申请人为自然人的，应当载明其姓名、性别、出生日期、国籍及住所；为法人或者其他组织的，应当载明其名称、住所以及法定代表人或者代表人的姓名和职务；

（二）裁决书的主要内容及生效日期；

（三）具体的请求和理由。

当事人提交的外文申请书、裁决书及其他文件，应当附有中文译本。

第七条 申请人提交的文件不符合第五条、第六条的规定，经人民法院释明后提交的文件仍然不符合规定的，裁定不予受理。

申请人向对案件不具有管辖权的人民法院提出申请，人民法院应当告知其向有管辖权的人民法院提出申请，申请人仍不变更申请的，裁定不予受理。

申请人对不予受理的裁定不服的，可以提起上诉。

第八条 人民法院立案后发现不符合受理条件的，裁定驳回申请。

前款规定的裁定驳回申请的案件，申请人再次申请并符合受理条件的，人民法院应予受理。

当事人对驳回申请的裁定不服的，可以提起上诉。

第九条 对于申请人的申请，人民法院应当在七日内审查决定是否受理。

人民法院受理仲裁司法审查案件后，应当在五日内向申请人和被申请人发出通知书，告知其受理情况及相关的权利义务。

第十条 人民法院受理仲裁司法审查案件后，被申请人对管辖权有异议的，应当自收到人民法院通知之日起十五日内提出。人民法院对被申请人提出的异议，应当审查并作出裁定。当事人对裁定不服的，可以提起上诉。

在中华人民共和国领域内没有住所的被申请人对人民法院的管辖权有异议的，应当自收到人民法院通知之日起三十日内提出。

第十一条　人民法院审查仲裁司法审查案件，应当组成合议庭并询问当事人。

第十二条　仲裁协议或者仲裁裁决具有《最高人民法院关于适用〈中华人民共和国涉外民事关系法律适用法〉若干问题的解释（一）》第一条规定情形的，为涉外仲裁协议或者涉外仲裁裁决。

第十三条　当事人协议选择确认涉外仲裁协议效力适用的法律，应当作出明确的意思表示，仅约定合同适用的法律，不能作为确认合同中仲裁条款效力适用的法律。

第十四条　人民法院根据《中华人民共和国涉外民事关系法律适用法》第十八条的规定，确定确认涉外仲裁协议效力适用的法律时，当事人没有选择适用的法律，适用仲裁机构所在地的法律与适用仲裁地的法律将对仲裁协议的效力作出不同认定的，人民法院应当适用确认仲裁协议有效的法律。

第十五条　仲裁协议未约定仲裁机构和仲裁地，但根据仲裁协议约定适用的仲裁规则可以确定仲裁机构或者仲裁地的，应当认定其为《中华人民共和国涉外民事关系法律适用法》第十八条中规定的仲裁机构或者仲裁地。

第十六条　人民法院适用《承认及执行外国仲裁裁决公约》审查当事人申请承认和执行外国仲裁裁决案件时，被申请人以仲裁协议无效为由提出抗辩的，人民法院应当依照该公约第五条第一款（甲）项的规定，确定确认仲裁协议效力应当适用的法律。

第十七条　人民法院对申请执行我国内地仲裁机构作出的非涉外仲裁裁决案件的审查，适用《中华人民共和国民事诉讼法》

第二百三十七条①的规定。

人民法院对申请执行我国内地仲裁机构作出的涉外仲裁裁决案件的审查，适用《中华人民共和国民事诉讼法》第二百七十四条②的规定。

第十八条 《中华人民共和国仲裁法》第五十八条第一款第六项和《中华人民共和国民事诉讼法》第二百三十七条第二款第六项③规定的仲裁员在仲裁该案时有索贿受贿，徇私舞弊，枉法裁决行为，是指已经由生效刑事法律文书或者纪律处分决定所确认的行为。

第十九条 人民法院受理仲裁司法审查案件后，作出裁定前，申请人请求撤回申请的，裁定准许。

第二十条 人民法院在仲裁司法审查案件中作出的裁定，除不予受理、驳回申请、管辖权异议的裁定外，一经送达即发生法律效力。当事人申请复议、提出上诉或者申请再审的，人民法院不予受理，但法律和司法解释另有规定的除外。

第二十一条 人民法院受理的申请确认涉及香港特别行政区、澳门特别行政区、台湾地区仲裁协议效力的案件，申请执行或者撤销我国内地仲裁机构作出的涉及香港特别行政区、澳门特别行政区、台湾地区仲裁裁决的案件，参照适用涉外仲裁司法审查案件的规定审查。

第二十二条 本规定自2018年1月1日起施行，本院以前发布的司法解释与本规定不一致的，以本规定为准。

---

① 现为2021年修正的《民事诉讼法》第二百四十四条。——编者注

② 现为2021年修正的《民事诉讼法》第二百八十一条。——编者注

③ 现为2021年修正的《民事诉讼法》第二百四十四条第二款第六项。——编者注

最高人民法院

关于人民法院处理与涉外仲裁及外国仲裁事项有关问题的通知

1995年8月28日　　法发〔1995〕18号

各省、自治区、直辖市高级人民法院，解放军军事法院：

为严格执行《中华人民共和国民事诉讼法》以及我国参加的有关国际公约的规定，保障诉讼和仲裁活动依法进行，现决定对人民法院受理具有仲裁协议的涉外经济纠纷案、不予执行涉外仲裁裁决以及拒绝承认和执行外国仲裁裁决等问题建立报告制度。为此，特作如下通知：

一、凡起诉到人民法院的涉外、涉港澳和涉台经济、海事海商纠纷案件，如果当事人在合同中订有仲裁条款或者事后达成仲裁协议，人民法院认为该仲裁条款或者仲裁协议无效、失效或者内容不明确无法执行的，在决定受理一方当事人起诉之前，必须报请本辖区所属高级人民法院进行审查；如果高级人民法院同意受理，应将其审查意见报最高人民法院。在最高人民法院未作答复前，可暂不予受理。

二、凡一方当事人向人民法院申请执行我国涉外仲裁机构裁决，或者向人民法院申请承认和执行外国仲裁机构的裁决，如果人民法院认为我国涉外仲裁机构裁决具有民事诉讼法第二百六十条①情形之一的，或者申请承认和执行的外国仲裁裁决不符合我国参加的国际公约的规定或者不符合互惠原则的，在裁定不予执行或者拒绝承认和执行之前，必须报请本辖区所属高级人民法院进行审查；如果高级人民法院同意不予执行或者拒绝承认和执行，应将其审查意见报最高人民法院。待最高人民法院答复后，方可裁定不予执行或者拒绝承认和执行。

① 现为2021年修正的《民事诉讼法》第二百八十一条。——编者注

五、相关会议纪要

最高人民法院
关于印发《第二次全国涉外商事海事审判工作会议纪要》的通知

2005年12月26日　　　　法发〔2005〕26号

各省、自治区、直辖市高级人民法院，新疆维吾尔自治区高级人民法院生产建设兵团分院：

现将《第二次全国涉外商事海事审判工作会议纪要》印发给你们，请遵照执行。执行中有何问题，望及时报告我院。

附：

第二次全国涉外商事海事审判工作会议纪要

为进一步贯彻“公正司法，一心为民”的方针，落实“公正与效率”工作主题，规范涉外商事海事司法行为，增强司法能力，提高司法水平，开创涉外商事海事审判工作新局面，最高人民法院于2005年11月15日至16日在江苏省南京市召开了第二次全国涉外商事海事审判工作会议。各高级人民法院的分管院长、涉外商事海事审判部门的庭长、具有涉外商事审判管辖权的中级人民法院的分管院长、海事法院院长以及中央有关部门的代表共200人参加了会议。最高人民法院院长肖扬发表了书面讲话，副院长万鄂湘到会讲话。

会议总结交流了2001年来涉外商事海事审判工作的经验，研究了审判实践中亟待解决的问题，讨论了进一步规范涉外商事海事审判工作，为改革开放和经贸、航运事业提供了司法保障的措施。会议达成以下共识，并形成纪要：

一、关于案件管辖

1. 人民法院在审理国内商事纠纷案件过程中，因追加当事人而使得案件具有涉外因素的，属于涉外商事纠纷案件，应当按照最高人民法院《关于涉外民商事案件诉讼管辖若干问题的规定》确定案件的管辖。当事人协议管辖不得违反前述规定。

无管辖权的人民法院不得受理涉外商事纠纷案件；已经受理的，应将案件移送有管辖权的人民法院审理。

2. 涉及外资金融机构（包括外国独资银行、独资财务公司、合资银行、合资财务公司、外国银行分行）的商事纠纷案件，其诉讼管辖按照最高人民法院《关于涉外民商事案件诉讼管辖若干问题的规定》办理。

3. 一方当事人以外国当事人为被告向人民法院提起诉讼，该外国当事人在我国境内设有来料加工、来样加工、来件装配或者补偿贸易企业（以下简称“三来一补”企业）的，应认定其在我国境内有可供扣押的财产，该“三来一补”企业所在地有涉外商事案件管辖权的人民法院可以对纠纷行使管辖权。

4. 人民法院在认定涉外商事纠纷案件当事人协议选择的法院是否属于《中华人民共和国民事诉讼法》第二百四十四条①规定的“与争议有实际联系的地点的法院”时，应该考虑当事人住所地、登记地、营业地、合同签订地、合同履行地、标的物所在地等因素。

5. 中外合资经营企业合同、中外合作经营企业合同，合资、合作企业的注册登记地为合同履行地；涉及转让在我国境内依法设立的中外合资经营企业、中外合作经营企业、外商独资企业股份的合同，上述外商投资企业的注册登记地为合同履行地。根据《中华人民共和国民事诉讼法》的规定，合同履行地的人民法院对上述合同纠纷享有管辖权。

6. 当事人申请确认涉外仲裁协议效力的案件，由申请人住所地、被申请人住所地或者仲裁协议签订地有权受理涉外商事案件的中级人民法院管辖；申请执行我国涉外仲裁裁决的案件，由被申请人住所地、财产所在地有权受理涉外商事案件的中级人民法院管辖；申请撤销我国涉外仲裁裁决的案件，由仲裁机构所在地有权受理涉外商事案件的中级人民法院管辖；申请承认与执行外国仲裁裁决的案件，由被申请人住所地或者财产所在地有权受理涉外商事案件的中级人民法院管辖。

7. 涉外商事合同的当事人之间签订的有效仲裁协议约定了因合同发生的或与合同有关的一切争议均应通过仲裁方式解决，原告就当事人在签订和履行合同过程中发生的纠纷以侵权为由向人民法院提起诉讼的，人民法院不享有管辖权。

8. 人民法院根据《中华人民共和国民事诉讼法》的规定仅

① 2012年修正的《民事诉讼法》已删除该条。——编者注

对主合同纠纷或者担保合同纠纷享有管辖权，原告以主债务人和担保人为共同被告向人民法院提起诉讼的，人民法院可以对主合同纠纷和担保合同纠纷一并管辖，但主合同或者担保合同当事人订有仲裁协议或者管辖协议，约定纠纷由仲裁机构仲裁或者外国法院排他性管辖的，人民法院对订有此类协议的主合同纠纷或者担保合同纠纷不享有管辖权。

9. 担保合同的主债务人在我国境外，债权人在我国仅起诉担保人的，人民法院应根据《中华人民共和国民事诉讼法》的相关规定行使管辖权。在审理过程中，如发现依据担保合同的准据法，担保人享有先诉抗辩权或者该案需要先确定主合同债权额的，可以根据不同情况分别作如下处理：（1）人民法院对主合同纠纷享有管辖权的，可以要求原告在一定期限内追加主债务人为共同被告；（2）人民法院对主合同纠纷不享有管辖权的，应裁定中止审理，并指定一定的期限，告知债权人对主债务人提起诉讼或仲裁，或者以其他方式确定主债权额。债权人在指定的期限内对主债务人提起诉讼或仲裁，或者经其他方式可以明确主债权额的，人民法院应在债权人提交相应的生效裁判文书或者其他证明文件后恢复审理。

债权人在指定的期限内拒绝申请追加主债务人为共同被告，或者未对主债务人提起诉讼或仲裁，或者经其他方式仍未能明确主债权额，且人民法院调解不成的，裁定驳回债权人的起诉。

10. 我国法院和外国法院都享有管辖权的涉外商事纠纷案件，一方当事人向外国法院起诉且被受理后又就同一争议向我国法院提起诉讼，或者对方当事人就同一争议向我国法院提起诉讼的，外国法院是否已经受理案件或者作出判决，不影响我国法院行使管辖权，但是否受理，由我国法院根据案件具体情况决定。外国法院判决已经被我国法院承认和执行的，人民法院不应受理。我国缔结或者参加的国际条约另有规定的，按规定办理。

11. 我国法院在审理涉外商事纠纷案件过程中，如发现案件存在不方便管辖的因素，可以根据“不方便法院原则”裁定驳回原告的起诉。“不方便法院原则”的适用应符合下列条件：(1) 被告提出适用“不方便法院原则”的请求，或者提出管辖异议而受诉法院认为可以考虑适用“不方便法院原则”；(2) 受理案件的我国法院对案件享有管辖权；(3) 当事人之间不存在选择我国法院管辖的协议；(4) 案件不属于我国法院专属管辖；(5) 案件不涉及我国公民、法人或者其他组织的利益；(6) 案件争议发生的主要事实不在我国境内且不适用我国法律，我国法院若受理案件在认定事实和适用法律方面存在重大困难；(7) 外国法院对案件享有管辖权且审理该案件更加方便。

12. 涉外商事纠纷案件的当事人协议约定外国法院对其争议享有非排他性管辖权时，可以认定该协议并没有排除其他国家有管辖权法院的管辖权。如果一方当事人向我国法院提起诉讼，我国法院依照《中华人民共和国民事诉讼法》的有关规定对案件享有管辖权的，可以受理。

二、关于诉讼当事人

13. 外国企业在我国境内依法设立并领取营业执照的分支机构，具有民事诉讼主体资格，可以作为当事人参加诉讼。因分支机构不能独立承担民事责任，其作为被告时，人民法院可以根据原告的申请追加设立该分支机构的外国企业为共同被告。

外国企业在我国境内设立的代表机构不具有诉讼主体资格的，涉及代表机构的纠纷案件应由外国企业作为当事人参加诉讼。

14. 根据《中华人民共和国民事诉讼法》第四十九条[①]和最高人民法院《关于适用〈中华人民共和国民事诉讼法〉若干问题的意见》第四十条的规定，外国企业、自然人在我国境内设立的“三来一补”企业具有民事诉讼主体资格，可以作为当事人参加诉讼。因“三来一补”企业不能独立承担民事责任，其作为被告时，人民法院可以根据原告的申请追加设立该“三来一补”企业的外国企业、自然人为共同被告。

15. 人民法院在审理案件过程中查明外国当事人被宣告破产或者进入清算程序的，应通知外国当事人的破产财产管理人或者清算人参加诉讼。

16. 外国当事人作为原告时，应根据《中华人民共和国民事诉讼法》第一百一十条第（一）项[②]的规定，向人民法院提供身份证明，证明材料应符合我国法律要求的形式。拒不提供的，应裁定不予受理。案件已经受理的，可要求原告在指定期限内补充提供相关资料，期满无正当理由仍未提供的，可以裁定驳回起诉。

17. 外国当事人作为被告时，应针对不同情况分别作如下处理：（1）原告起诉时提供了被告存在的证明，但未提供被告的明确住址或者依据原告所提供的被告住址无法送达（公告送达除外）的，应要求原告补充提供被告的明确住址。依据原告补充的材料仍不能确定被告住址的，应依法向被告公告送达相关司法文书；（2）原告起诉时没有提供被告存在的证明，但根据起诉状所

① 现为2021年修正的《民事诉讼法》第五十一条。——编者注

② 现为2021年修正的《民事诉讼法》第一百二十四条第一项。——编者注

列明的被告的姓名、名称、住所、法定代表人的姓名等情况对被告按照法定的送达途径（公告送达除外）能够送达的，送达后被告不在法定的期限内应诉答辩，又拒不到庭的，可以依法缺席审判；（3）原告在起诉时没有提供被告存在的证明，根据起诉状所列明的情况对被告按照法定的送达途径（公告送达除外）无法送达的，应要求原告补充提供被告存在的证明，原告拒不提供或者补充提供后仍无法确定被告真实存在的，可以认定为没有明确的被告，应根据《中华人民共和国民事诉讼法》第一百零八条第（二）项①的规定裁定驳回原告的起诉。

18. 外国当事人在我国境外出具的授权委托书，应当履行相关的公证、认证或者其他证明手续。对于未履行相关手续的诉讼代理人，人民法院对其代理资格不予认可。

19. 外国自然人在人民法院办案人员面前签署的授权委托书无需办理公证、认证或者其他证明手续，但在签署授权委托书时应出示身份证明和入境证明，人民法院办案人员应在授权委托书上注明相关情况并要求该外国自然人予以确认。

20. 外国自然人在我国境内签署的授权委托书，经我国公证机关公证，证明该委托书是在我国境内签署的，无需在其所在国再办理公证、认证或者其他证明手续。

21. 外国法人、其他组织的法定代表人或者负责人代表该法人、其他组织在人民法院办案人员面前签署的授权委托书，无需办理公证、认证或者其他证明手续，但在签署授权委托书时，外国法人、其他组织的法定代表人或者负责人除了向人民法院办案人员出示自然人身份证明和入境证明外，还必须提供该法人或者

① 现为2021年修正的《民事诉讼法》第一百二十二条第二项。——编者注

其他组织出具的能够证明其有权签署授权委托书的证明文件，且该证明文件必须办理公证、认证或者其他证明手续。人民法院办案人员应在授权委托书上注明相关情况并要求该法定代表人或者负责人予以确认。

22. 外国法人、其他组织的法定代表人或者负责人代表该法人、其他组织在我国境内签署的授权委托书，经我国公证机关公证，证明该委托书是在我国境内签署，且该法定代表人或者负责人向人民法院提供了外国法人、其他组织出具的办理了公证、认证或者其他证明手续的能够证明其有权签署授权委托书的证明文件的，该授权委托书无需在外国当事人的所在国办理公证、认证或者其他证明手续。

23. 外国当事人将其在特定时期内发生的或者将特定范围的案件一次性委托他人代理，人民法院经审查可以予以认可。该一次性委托在一审程序中已办理公证、认证或者其他证明手续的，二审或者再审程序中无需再办理公证、认证或者其他证明手续。

三、关于司法文书送达

（一）涉外商事纠纷案件司法文书的送达

24. 人民法院向在我国境内没有住所的当事人送达司法文书，可以直接送达给其在我国境内委托的诉讼代理人或者其在我国境内设立的代表机构。外国人、无国籍人或者外国公司、企业、其他组织的法定代表人或者负责人在我国境内的，人民法院可直接向其送达。当事人在我国境内有分支机构或者业务代办人的，经该当事人授权，人民法院可以向其分支机构或者业务代办人送达相关司法文书。人民法院向当事人的诉讼代理人、法定代表人或者负责人、代表机构以及有权接受的分支机构、业务代办人送达司法文书，适用留置送达。

25. 外国当事人如果在我国境内没有可以代其接受送达的代理人或者相关机构，若该当事人所在国与我国签订有司法协助协定或者其所在国是 1965 年海牙《关于向国外送达民事或商事司法文书和司法外文书公约》（以下简称《海牙送达公约》）的成员国，向该当事人送达司法文书依照司法协助协定或者公约的规定执行。具体程序可以分别按照最高人民法院发布的法（办）发〔1988〕3 号《关于执行中外司法协助协定的通知》，最高人民法院、外交部、司法部联合发布的外发〔1992〕8 号《关于执行〈关于向国外送达民事或商事司法文书和司法外文书公约〉有关程序的通知》、司发通〔1992〕093 号《关于执行〈海牙送达公约〉的实施办法》的规定办理。如果当事人所在国既与我国签订有司法协助协定，又是《海牙送达公约》的成员国，送达司法文书依照司法协助协定的规定办理。

对在我国境内没有住所的当事人，如果不能适用前述方式送达，可以通过外交途径送达。具体程序可以按照最高人民法院、外交部、司法部联合发布的外发〔1986〕47 号《关于我国法院和外国法院通过外交途径相互委托送达法律文书若干问题的通知》的规定办理。

26. 按照司法协助协定、《海牙送达公约》或者外交途径送达司法文书，自我国有关机关将司法文书转递受送达当事人所在国有关机关之日起满六个月，如果未能收到送达与否的证明文件，且根据其他情况也不足以认定已经送达的，视为不能适用该种方式送达。

27. 在我国境内没有住所的当事人，其所在国允许邮寄送达的，可以邮寄送达。邮寄送达时应附有送达回证，如果当事人未在送达回证上签收，但在邮件回执上签收，视为已经送达。自邮寄之日起满六个月，如无法得到送达与否的证明文件，且根据其他情况也不足以认定已经送达的，视为不能适用邮寄方式送达。

28. 人民法院通过公告方式送达司法文书，公告内容应该在国内外公开发行的报纸上刊登，同时可以在中国涉外商事海事审判网（http：//www. ccmt. org. cn）上公布。

29. 传真、电子邮件等送达方式，如果不违反受送达人住所地法律禁止性规定，人民法院在送达司法文书时可以采用。通过传真、电子邮件方式送达的，应当要求当事人在收到后七日内予以回复，当事人回复时确认收到的时间为送达的时间；若当事人回复时未确认收到的时间，其回复的时间为送达的时间。当事人未回复的，视为未送达。

30. 除公告送达方式外，人民法院可以同时采取多种方式对当事人进行送达，但应根据最先实现送达的送达方式确定送达时间。

31. 人民法院送达司法文书，根据有关规定须通过上级人民法院转递的，应附申请转递函。上级人民法院收到下级人民法院申请转递的司法文书，应当在七个工作日内予以转递。上级人民法院认为下级人民法院申请转递的司法文书不符合有关规定需要补正的，亦应在七个工作日内退回申请转递的人民法院。

32. 人民法院送达司法文书，根据有关规定需提供翻译件的，应由受理案件的人民法院委托我国境内的翻译机构进行翻译。翻译件不加盖人民法院印章，但应由翻译机构或翻译人员签名或盖章证明译文与原文一致。

33. 当事人虽未对人民法院送达的司法文书履行签收手续，

但存在以下情形的，视为已经送达：(1) 当事人通过口头或者书面形式向人民法院提及了所送达的司法文书的内容；(2) 当事人已经按照所送达司法文书的内容履行。

（二）涉港澳台案件司法文书的送达

34. 住所地在香港特别行政区、澳门特别行政区的当事人如果在内地没有可以代其接受送达的代理人或者相关机构，需要向其送达司法文书时，分别按照最高人民法院《关于内地与香港特别行政区法院相互委托送达民商事司法文书的安排》或者最高人民法院《关于内地与澳门特别行政区法院就民商事案件相互委托送达司法文书和调查取证的安排》办理。按照上述两个安排送达司法文书，自内地的高级人民法院或者最高人民法院将有关司法文书递送香港特别行政区高等法院或者澳门特别行政区终审法院之日起满三个月，如未收到送达与否的证明文件，且根据其他情况不足以认定已经送达的，视为不能适用上述安排中规定的方式送达。

35. 人民法院向住所地在香港特别行政区、澳门特别行政区、台湾地区的当事人送达司法文书，可以邮寄送达。邮寄送达时应附有送达回证，如果当事人未在送达回证上签收，但在邮件回执上签收，视为已经送达。自邮寄之日起满二个月，虽未得到送达与否的证明文件，但根据其他情况足以认定已经送达的，期间届满之日视为送达。自邮寄之日起满二个月，未得到送达与否的证明文件，且根据其他情况不足以认定已经送达的，视为不能适用邮寄方式送达。

36. 住所地在香港特别行政区、澳门特别行政区的当事人如果在内地没有可以代其接受送达的代理人或者相关机构，人民法院也不能通过两个安排规定的方式或者邮寄方式送达的，可以通过公告方式送达。

37. 住所地在台湾地区的当事人如果在大陆没有可以代其接受送达的代理人或者相关机构，人民法院也不能通过邮寄方式送达的，可以通过公告方式送达。

38. 通过公告方式向住所地在香港特别行政区、澳门特别行政区、台湾地区的当事人送达司法文书，自公告之日起满六十日，即视为送达。

四、关于诉讼证据

39. 对当事人提供的在我国境外形成的证据，人民法院应根据不同情况分别作如下处理：（1）对证明诉讼主体资格的证据，应履行相关的公证、认证或者其他证明手续；（2）对其他证据，由提供证据的一方当事人选择是否办理相关的公证、认证或者其他证明手续，但人民法院认为确需办理的除外。

对在我国境外形成的证据，不论是否已办理公证、认证或者其他证明手续，人民法院均应组织当事人进行质证，并结合当事人的质证意见进行审核认定。

40. 对当事人提供的在我国境外形成的应履行相关公证、认证或者其他证明手续的证据，应当经所在国公证机关公证，并经我国驻该国使领馆认证，或者履行我国与该所在国订立的有关条约中规定的证明手续。如果其所在国与我国没有外交关系，则该证据应经与我国有外交关系的第三国驻该国使领馆认证，再转由我国驻该第三国使领馆认证。

41. 当事人向人民法院提供外文视听资料的，应附有视听资料中所用语言的记录文本及中文译本。

42. 当事人提交的证据材料不属于新的证据，人民法院经审查认为该证据可能影响裁判结果的，应予以质证。

43. 当事人在一审时未申请鉴定，或者申请鉴定后无正当理由不预交鉴定费用或拒不提交相关材料致使无法鉴定，而在二审或者再审期间申请鉴定的，视下列情况分别处理：(1) 人民法院经审查认为，不鉴定不会影响裁判结果的，对当事人的申请不予准许；(2) 人民法院经审查认为，不鉴定可能导致案件的主要事实不清的，对当事人的申请应予准许。

44. 当事人在一审时申请人民法院调取证据未获准许，而在二审或者再审期间申请调取证据的，视下列情况分别处理：(1) 人民法院经审查认为，不调取证据不会影响裁判结果的，对当事人的申请不予准许；(2) 人民法院经审查认为，不调取证据可能导致案件的主要事实不清的，对当事人的申请应予准许。

45. 对经合法传唤的被告未到庭而进行缺席审判的案件，不能免除原告对其诉讼请求的证明责任，人民法院仍应对原告所提交的证据材料进行审查。

五、关于涉外商事合同法律适用

46. 涉外商事合同的当事人可以在订立合同时或者订立合同后，经过协商一致，以明示方式选择合同争议所适用的法律。合同争议包括合同是否成立、成立的时间、效力、内容的解释、履行、违约责任，以及合同的解除、变更、中止、转让、终止等争议。

47. 涉外商事合同的当事人可以在订立合同后至一审法庭辩论终结前通过协商一致改变订立合同时选择的法律，但不得损害第三人的合法利益。

48. 当事人协议选择的法律，是指有关国家及地区的实体法规范，不包括冲突规范和程序法规范。

49. 人民法院按照最密切联系原则确定的涉外商事合同应适用的法律，是指有关国家及地区的实体法规范，不包括冲突规范和程序法规范。

50. 当事人规避中华人民共和国法律、行政法规的强制性或禁止性规定的行为，不发生适用外国法律的效力，人民法院应适用中华人民共和国法律。

51. 涉外商事纠纷案件应当适用的法律为外国法律时，由当事人提供或者证明该外国法律的相关内容。当事人可以通过法律专家、法律服务机构、行业自律性组织、国际组织、互联网等途径提供相关外国法律的成文法或者判例，亦可同时提供相关的法律著述、法律介绍资料、专家意见书等。

当事人对提供外国法律确有困难的，可以申请人民法院依职权查明相关外国法律。

52. 当事人提供的外国法律经质证后无异议的，人民法院应予确认。对当事人有异议的部分或者当事人提供的专家意见不一致的，由人民法院审查认定。

53. 外国法律的内容无法查明时，人民法院可以适用中华人民共和国法律。

54. 适用外国法律违反中华人民共和国法律的基本原则和社会公共利益的，该外国法律不予适用，而应适用中华人民共和国的法律。

55. 涉外商事合同的当事人没有选择合同所适用的法律的，人民法院受理案件后，当事人可以在一审法庭辩论终结前作出选择。如果当事人不能协商一致作出选择，适用与合同有最密切联系地的法律。

56. 人民法院根据最密切联系原则确定合同应适用的法律时，

应根据合同的特殊性质，以及当事人履行的义务最能体现合同的本质特性等因素，确定与合同有最密切联系国家的法律作为合同的准据法。在通常情况下，下列合同的最密切联系地的法律是：（1）国际货物买卖合同，适用合同订立时卖方住所地法；如果合同是在买方住所地谈判并订立的，或者合同主要是依买方确定的条件并应买方发出的招标订立的，或者合同明确规定卖方须在买方住所地履行交货义务的，适用买方住所地法。（2）来料加工、来件装配以及其他各种加工承揽合同，适用加工承揽人住所地法。（3）成套设备供应合同，适用设备安装运转地法。（4）不动产买卖、租赁或者抵押合同，适用不动产所在地法。（5）动产租赁合同，适用出租人住所地法。（6）动产质押合同，适用质权人住所地法。（7）借款合同，适用贷款人住所地法。（8）赠与合同，适用赠与人住所地法。（9）保险合同，适用保险人住所地法。（10）融资租赁合同，适用承租人住所地法。（11）建设工程合同，适用建设工程所在地法。（12）仓储、保管合同，适用仓储、保管人住所地法。（13）保证合同，适用保证人住所地法。（14）委托合同，适用受托人住所地法。（15）债券的发行、销售和转让合同，分别适用债券发行地法、债券销售地法和债券登记地法。（16）拍卖合同，适用拍卖举行地法。（17）行纪合同，适用行纪人住所地法。（18）居间合同，适用居间人住所地法。

上述合同明显与另一国家或者地区有更密切联系的，适用该国或者地区的法律。

57. 具有中华人民共和国国籍的自然人、法人或者其他组织与外国的自然人、法人或者其他组织订立的在我国境内履行的下列合同，适用中华人民共和国法律：（1）中外合资经营企业合同；（2）中外合作经营企业合同；（3）中外合作勘探、开发自然资源合同；（4）转让中外合资经营企业、中外合作经营企业、外商独资企业股份的合同；（5）外国自然人、法人或者其他组织承包经营在我国境内设立的企业的合同。

六、关于国际商事海事仲裁的司法审查

（一）涉外仲裁协议效力的审查

58. 当事人在合同中约定的适用于解决合同争议的准据法，不能用来确定涉外仲裁条款的效力。当事人在合同中明确约定了仲裁条款效力的准据法的，应当适用当事人明确约定的法律；未约定仲裁条款效力的准据法但约定了仲裁地的，应当适用仲裁地国家或者地区的法律。只有在当事人未约定仲裁条款效力的准据法亦未约定仲裁地或者仲裁地约定不明的情况下，才能适用法院地法即我国法律作为确认仲裁条款效力的准据法。

59. 当事人达成的仲裁协议对仲裁事项或者仲裁机构没有约定或者约定不明，应认定仲裁协议无效，但当事人达成补充协议的除外。

60. 当事人在订立仲裁协议后合并、分立或者死亡的，该仲裁协议对承受仲裁事项所涉权利义务的人具有约束力，但当事人在订立仲裁协议时另有约定的除外。

61. 当事人在订立仲裁协议后转让全部或部分债权债务的，仲裁协议对受让人有效，但当事人另有约定、明确反对或者受让人在受让债权债务时不知有单独仲裁协议的除外。

62. 仲裁协议仅约定纠纷适用的仲裁规则的，视为未约定仲裁机构，但当事人达成补充协议或者按照约定的仲裁规则能够确定仲裁机构的除外。

63. 仲裁协议明确约定两个以上仲裁机构的，当事人可以协

议选择其中的一个仲裁机构申请仲裁；当事人无法就仲裁机构达成一致的，仲裁协议无效。

64. 仲裁协议约定由某地的仲裁机构仲裁且该地仅有一个仲裁机构的，该仲裁机构为约定的仲裁机构。该地有两个以上仲裁机构的，当事人可以协议选择其中的一个仲裁机构申请仲裁；当事人无法就仲裁机构达成一致的，仲裁协议无效。

65. 仲裁条款独立于合同中的其他条款。当事人在订立合同时就争议达成仲裁协议的，合同未成立不影响仲裁协议的效力；合同成立后未生效以及生效后变更、解除、终止或者被撤销、被认定无效的，不影响合同中仲裁条款的效力。

66. 仲裁协议应当采用书面形式。是否具有书面形式，按照《中华人民共和国合同法》第十一条的规定办理。当事人在订立的涉外合同中援引适用其他合同、文件中的有效仲裁条款的，是书面形式的仲裁协议。

67. 一方当事人向仲裁机构或者仲裁庭申请仲裁，对方当事人未提出管辖异议且按照仲裁规则的要求指定仲裁员并进行实体答辩的，视为当事人同意接受仲裁。

68. 当事人约定争议可以向仲裁机构申请仲裁也可以向人民法院起诉的，仲裁协议无效。但一方向仲裁机构申请仲裁，另一方未在《中华人民共和国仲裁法》第二十条第二款规定的期间内提出异议的除外。

69. 仲裁协议中约定的仲裁机构名称不准确，但能够确定受理纠纷的具体仲裁机构的，应当认定选定了仲裁机构。

70. 涉外合同应当适用的有关国际条约中有仲裁规定的，发生合同争议时，当事人应当按照国际条约中的仲裁规定提请仲裁。

（二）涉外仲裁裁决的审查

71. 对在我国境内依法成立的仲裁委员会作出的仲裁裁决，人民法院应当根据案件是否具有涉外因素而适用不同的法律条款进行审查。上述仲裁委员会作出的不具有涉外因素的仲裁裁决，按照《中华人民共和国仲裁法》第五章、第六章和《中华人民共和国民事诉讼法》第二百一十七条①的规定审查；上述仲裁委员会作出的具有涉外因素的仲裁裁决，按照《中华人民共和国仲裁法》第七章和《中华人民共和国民事诉讼法》第二十八章②的规定进行审查。是否具有涉外因素，应按照最高人民法院《关于贯彻执行〈中华人民共和国民法通则〉若干问题的意见（试行）》第 178 条的规定确定。

72. 人民法院对在香港特别行政区作出的仲裁裁决或者台湾地区仲裁机构作出的仲裁裁决，应当按照最高人民法院《关于内地与香港特别行政区相互执行仲裁裁决的安排》或最高人民法院《关于人民法院认可台湾地区有关法院民事判决的规定》办理。

73. 涉及执行香港特别行政区、澳门特别行政区、台湾地区仲裁裁决的收费及审查期限问题，参照法释〔1998〕28 号最高人民法院《关于承认和执行外国仲裁裁决收费及审查期限问题的规定》办理。

74. 人民法院受理当事人撤销涉外仲裁裁决的申请后，另一方当事人又申请执行同一仲裁裁决的，受理申请执行仲裁裁决案件的人民法院应在受理后裁定中止执行。

75. 当事人在仲裁程序中未对仲裁庭的管辖权提出异议，在

---

① 现为 2021 年修正的《民事诉讼法》第二百四十四条。——编者注

② 现为 2021 年修正的《民事诉讼法》第二十六章。——编者注

仲裁裁决作出后以仲裁庭无管辖权为由主张撤销或者提出不予执行抗辩的，人民法院不予支持。

76. 当事人向人民法院申请撤销仲裁裁决被驳回后，又在执行程序中提出不予执行抗辩的，人民法院不予支持。

77. 当事人主张不予执行仲裁调解书或者根据当事人之间的和解协议作出的仲裁裁决书的，人民法院不予支持。

78. 涉外仲裁裁决超出仲裁协议范围的，可以撤销超裁部分的裁决；超裁部分与其他裁项不可分的，应撤销该仲裁裁决。

79. 对存在《中华人民共和国民事诉讼法》第二百六十条①规定情形的涉外仲裁裁决，人民法院可以视情况通知仲裁庭在一定期限内重新仲裁。通知仲裁庭重新仲裁的，应裁定中止撤销程序；仲裁庭在指定的期限内开始重新仲裁的，应裁定终止撤销程序；仲裁庭拒绝重新仲裁或者未在指定的期限内重新仲裁的，应通知或裁定恢复撤销程序。对仲裁庭重新仲裁作出的裁决有异议的，有关当事人可以依法申请撤销。

80. 人民法院根据案件的实际情况，可以向相关仲裁机构调阅案件卷宗或者要求仲裁机构作出说明，人民法院作出的有关裁定也可以抄送相关的仲裁机构。

(三) 外国仲裁裁决的审查

81. 外国仲裁机构或者临时仲裁庭在我国境外作出的仲裁裁决，一方当事人向人民法院申请承认与执行的，人民法院应当依照《中华人民共和国民事诉讼法》第二百六十九条②的规定办理。

---

① 现为2021年修正的《民事诉讼法》第三百八十一条。——编者注

② 现为2021年修正的《民事诉讼法》第二百九十条。——编者注

82. 对具有执行内容的外国仲裁裁决，当事人仅申请承认而未同时申请执行的，人民法院仅对应否承认进行审查。承认后当事人申请执行的，人民法院应予受理并对是否执行进行审查。

83. 经当事人提供证据证明外国仲裁裁决尚未生效、被撤销或者停止执行的，人民法院应当拒绝承认与执行。外国仲裁裁决在国外被提起撤销或者停止执行程序尚未结案的，人民法院可以中止承认与执行程序；外国法院在相同情况下不中止承认与执行程序的，人民法院采取对等原则。

84. 外国仲裁裁决当事人向仲裁员支付仲裁员费用的，因仲裁员不是仲裁裁决的当事人，其无权申请承认与执行该裁决中有关仲裁员费用的部分，但有关仲裁员可以单独就仲裁员费用以仲裁裁决为依据向有管辖权的人民法院提起诉讼。

七、关于外商投资企业纠纷案件

（一）中外合资经营企业合同、中外合作经营企业合同纠纷

85. 中外合资经营企业合同、中外合作经营企业合同应当报经有关审查批准机关审查批准，在一审法庭辩论终结前当事人未能办理批准手续的，人民法院应当认定该合同未生效。由于合同未生效造成的损失，应当判令有过错的一方向另一方承担损害赔偿责任；双方都有过错的，应当根据过错大小判令双方承担相应的民事责任。

86. 在中外合资经营企业合同、中外合作经营企业合同有效的前提下，中外合资经营企业、中外合作经营企业的投资者应当根据合同约定的方式、数额、期限等全面履行各自的出资义务或者提供合作条件的义务，否则应当承担相应的违约责任。对于中外合资经营企业合同、中外合作经营企业合同中约定以土地使用

权、厂房、机器设备等需要办理过户手续的方式出资或者提供合作条件的，应当区分已交付合资、合作企业使用但未办理过户手续的情形和未交付使用且未办理过户手续的情形，判令负有履行该义务的一方当事人承担相应的违约责任。

（二）外商投资企业的股权纠纷

87. 外商投资企业股东及其股权份额应当根据有关审查批准机关批准证书记载的股东名称及股权份额确定。外商投资企业批准证书记载的股东以外的自然人、法人或者其他组织向人民法院提起民事诉讼，请求确认其在该外商投资企业中的股东地位和股权份额的，人民法院应当告知该自然人、法人或者其他组织通过行政复议或者行政诉讼解决；该自然人、法人或者其他组织坚持向人民法院提起民事诉讼的，人民法院在受理后应当判决驳回其诉讼请求。

外商投资企业批准证书记载的股东以外的自然人、法人或者其他组织根据其与外商投资企业的股东之间的协议，向人民法院提起民事诉讼，请求外商投资企业的股东向其支付约定利益的，人民法院应予受理。

88. 外商投资企业的股权转让合同，应当报经有关审查批准机关审查批准，在一审法庭辩论终结前当事人未能办理批准手续的，人民法院应当认定该合同未生效。由于合同未生效造成的损失，应当判令有过错的一方向另一方承担损害赔偿责任；双方都有过错的，应当根据过错大小判令双方承担相应的民事责任。

（三）外商投资企业的经营管理纠纷

89. 中外合资经营企业、中外合作经营企业的承包经营合同应当报经有关审查批准机关审查批准，在一审法庭辩论终结前当事人未能办理批准手续的，人民法院应当认定该合同未生效。由于合同未生效造成的损失，应当判令有过错的一方向另一方承担损害赔偿责任；双方都有过错的，应当根据过错大小判令双方承担相应的民事责任。

90. 外商投资企业的股东以该外商投资企业为被告向人民法院提起诉讼，请求分配利润的，人民法院应予受理。

91. 外商投资企业以持有该外商投资企业公章的自然人、法人或者其他组织为被告向人民法院提起诉讼，请求返还公章的，人民法院应予受理。

（四）外商投资企业的清算

92. 外商投资企业终止之前，必须根据《外商投资企业清算办法》的规定进行清算。外商投资企业不能进行普通清算而进行特别清算的，由企业审批机关或其委托的部门负责组织。人民法院对清算过程中发生的纠纷享有管辖权的，应予受理。

在清算终结前，外商投资企业的诉讼主体资格依然存在；已经成立清算组织的，在清算期间，清算组织代表企业参与民事诉讼活动。

八、关于限制当事人出境

93. 人民法院在审理涉外商事纠纷案件中，对同时具备下列条件的有关人员，可以采取措施限制其出境：(1) 在我国确有未了结的涉外商事纠纷案件；(2) 被限制出境人员是未了结案件中的当事人或者当事人的法定代表人、负责人；(3) 有逃避诉讼或者逃避履行法定义务的可能；(4) 其出境可能造成案件难以审理、无法执行的。

采取限制出境措施必须严格依照最高人民法院、最高人民检察院、公安部、国家安全部〔87〕公发16号《关于依法限制外国人和中国公民出境问题的若干规定》审查办理，从严掌握。

94. 限制出境措施在案件一方当事人提出申请后采取。人民法院在必要时，可以责令申请人提供有效的担保。

95. 限制出境采取扣留有效出境证件方式的，被扣证人或者其担保人向人民法院提供有效担保（提供担保的数额应相当于诉讼请求的数额）或者履行了法定义务后，人民法院应立即口头通知被扣证人解除限制，收回扣留证件证明，发还所扣留的证件，由被扣证人签收，限制其出境的扣证决定自行撤销。作出扣证决定的人民法院应将解除出境限制的有关情况书面通知公安、边检部门。

96. 人民法院采取限制出境措施过程中产生的费用，由申请人预交，最终应判令由败诉一方当事人负担。

九、关于海上货物运输无正本提单放货纠纷案件

（一）承运人交付货物

97. 根据《中华人民共和国海商法》第七十一条的规定，承运人应当向持有记名提单的记名人交付货物。

98. 实际承运人应当凭承运人签发的正本提单向正本提单持有人交付货物。

99. 无船承运人作为承运人，应当凭其本人签发的正本提单交付货物。实际承运人应无船承运人请求，为履行海上运输合同签发本人提单的，根据本人签发提单的记载，应当在目的港或者中转港向无船承运人或其代理人交付货物。

100. 承运人依据《中华人民共和国海商法》第八十六条的规定，将货物在卸货港卸在港务公司或者仓储公司的，不构成无

正本提单放货。

（二）赔偿责任

101. 承运人因无正本提单放货给正本提单持有人造成损失的，应当承担违约责任；提货人因无正本提单提货或者其他责任人因无正本提单放货给正本提单持有人造成损失的，无正本提单提货人或者其他责任人应当承担侵权责任。

102. 承运人承担无正本提单放货责任，不得援引《中华人民共和国海商法》第五十六条关于限制赔偿责任的规定。

103. 承运人与实际承运人对无正本提单放货均负有赔偿责任的，依据《中华人民共和国海商法》第六十三条的规定，应当承担连带责任。

104. 承运人倒签提单或者预借提单，不影响正本提单持有人向承运人主张无正本提单放货的权利。

105. 承运人凭伪造的正本提单放货，应当承担无正本提单放货的赔偿责任。

106. 承运人的代理人根据承运人的指示无正本提单放货，或者承运人的代理人超越代理权无正本提单放货后得到承运人追认的，由承运人承担无正本提单放货的赔偿责任。

（三）赔偿范围

107. 承运人承担的无正本提单放货违约赔偿责任，应当相当于承运人本人违反运输合同所造成的损失。赔偿范围可以包括：（1）货物装船时的价值。货物装船时的价值可以依据贸易合同约定的价格、结算单据或者核销单据确定，数额不一致的，依实际支付的货款额确定；（2）实际支付货款的利息损失；（3）实际支付的运费和保险费。

108. 无正本提单放货后，正本提单持有人虽然占有货物，但仍有损失的，承运人应当予以赔偿。

109. 提货人因无正本提单提货或者其他责任人因无正本提单放货承担的侵权赔偿责任，应当相当于权利人因此所遭受的实际损失。赔偿范围可以包括：(1) 货物装船时的价值。货物装船时的价值可以依据贸易合同约定的价格、结算单据或者核销单据确定，数额不一致的，依实际支付的货款额确定；(2) 实际支付的运费和保险费；(3) 实际发生的其他损失。

（四）赔偿责任的免除

110. 有下列情况之一的，承运人不承担无正本提单放货的赔偿责任：(1) 承运人有充分证据证明正本提单持有人认可无正本提单放货；(2) 提单载明的卸货港所在地法律强制性规定到港的货物必须交付给当地海关或港口当局；(3) 目的港无人提货，承运人按照托运人的指示交付货物。

无正本提单放货后，正本提单持有人已经占有货物但没有发生损失的，或者虽有损失但已经挽回，正本提单持有人向人民法院提起诉讼，请求承运人承担赔偿责任的，人民法院不予支持。

（五）举证责任、索赔请求人、诉讼时效

111. 正本提单持有人以承运人无正本提单放货为由提起诉讼，应当提交正本提单，并提供初步证据，证明凭正本提单在卸货港无法提取货物的事实或者承运人凭无正本提单放货的事实。

112. 根据《中华人民共和国海商法》第二百五十七条的规定，正本提单持有人以无正本提单放货为由向承运人提起的诉讼，时效期间为一年，从承运人应当交付货物之日起计算。

113. 根据《中华人民共和国民法通则》第九十二条、第一百三十五条的规定，正本提单持有人以提货人无正本提单提货或者其他责任人无正本提单放货为由提起侵权诉讼的，时效期间为二年，从正本提单持有人知道或者应当知道货物被提取或者权利被侵害之日起计算。

114. 正本提单持有人向承运人主张权利的，诉讼时效期间中断适用《中华人民共和国海商法》第二百六十七条的规定；正本提单持有人向无正本提单提货人或者承运人以外的其他责任人主张权利的，诉讼时效期间中断适用《中华人民共和国民法通则》第一百四十条的规定。

十、关于海上保险合同纠纷案件

（一）法律适用

115. 审理海上保险合同纠纷案件，适用《中华人民共和国海商法》的有关规定；《中华人民共和国海商法》没有规定的，适用《中华人民共和国保险法》等其他法律规定。

116. 港口设施及码头等作为保险标的的保险事故，不属于海上事故，亦不属于与海上航行有关的发生于内河或者陆上的事故，海事法院审理港口设施及码头等作为保险标的的保险合同纠纷案件，应当适用《中华人民共和国保险法》的规定。

发生船舶碰撞码头保险事故时，码头保险人行使代位请求赔偿权利向船舶所有人追偿的，适用《中华人民共和国海商法》的规定。

（二）海上保险合同的订立、解除和转让

117. 保险人知道或者应当知道被保险人故意不履行《中华人民共和国海商法》第二百二十二条第一款规定的如实告知义

务，仍继续收取保险费或者支付保险赔款的，不得再以被保险人未如实告知重要情况为由行使《中华人民共和国海商法》第二百二十三条规定的解除合同的权利。

118. 被保险人违反合同约定的保证条款但未立即书面通知保险人的，从违反保证条款之日起，保险人有权解除合同，但对于被保险人违反保证条款之前发生的保险事故造成的损失，保险人应负赔偿责任。合同解除前被保险人尚未支付保险费的，保险人有权按照比例收取合同解除前的保险费。保险人已经全部收取保险费的，不予退还。

119. 保险人收到被保险人违反合同约定的保证条款通知后，仍收取保险费或者支付保险赔偿的，不得再以被保险人违反合同约定的保证条款为由，行使《中华人民共和国海商法》第二百三十五条规定的解除合同的权利。

保险人根据《中华人民共和国海商法》第二百三十五条的规定要求修改承保条件、增加保险费，被保险人不同意的，保险人可以以书面形式解除合同。

120. 船舶航次保险中，保险船舶应保证开航时适航。被保险人违反此项规定的，从违反之日起，保险人不负赔偿责任。

在船舶定期保险中，被保险人明知船舶不适航而同意开航的，保险人对此种不适航造成的损失，不负赔偿责任。

121. 船舶转让发生在航次之中的，船舶保险合同至航次终了时解除。船舶转让时起至航次终了时止的船舶保险合同的权利、义务转让给船舶受让人。

船舶受让人根据前款规定向保险人请求保险赔偿时，应当提交有效的保险单证。

122. 被保险人已经知道依据预约保险合同分批装运的货物发

生保险事故仍以正常情况通知保险人签发保险单证的，保险人可以免除保险赔偿责任。合同另有约定的除外。

（三）保险利益

123. 订立保险合同时被保险人对保险标的不具有保险利益但发生保险事故时被保险人对保险标的具有保险利益的，保险人应当对被保险人承担保险赔偿责任；订立保险合同时被保险人对保险标的具有保险利益但保险事故发生时不具有保险利益的，保险人对被保险人不承担保险赔偿责任。

（四）委付

124. 保险人根据《中华人民共和国海商法》第二百四十九条的规定不接受委付的，不影响被保险人要求保险人按照全部损失赔偿的权利。

（五）保险人行使代位请求赔偿权利

125. 受理保险人行使代位请求赔偿权纠纷的法院应当仅就第三者与被保险人之间的法律关系进行审理，第三者对保险人行使代位请求赔偿权利依据的保险合同效力提出异议的，海事法院不予审查。

126. 保险人向被保险人支付保险赔偿前，被保险人向第三者提起诉讼、提交仲裁或者第三者同意履行义务导致诉讼时效中断的，效力及于保险人。

127. 保险人向被保险人实际赔付保险赔偿取得代位请求赔偿权利后，被保险人与第三者之间就解决纠纷达成的管辖协议以及仲裁协议对保险人不具有约束力。

十一、关于船舶碰撞纠纷案件

（一）法律适用

128.《中华人民共和国海商法》第八章的规定不适用于内河船舶之间发生的碰撞；军事船舶、政府公务船舶在从事商业活动时与《中华人民共和国海商法》第一百六十五条第二款所称的船舶发生碰撞产生纠纷的，适用《中华人民共和国海商法》的有关规定。

129. 船舶触碰造成损害引起的侵权纠纷案件，适用《中华人民共和国民法通则》确定各方当事人的权利义务，适用最高人民法院《关于审理船舶碰撞和触碰案件财产损害赔偿的规定》确定损害赔偿责任范围。

（二）责任主体

130. 船舶所有人对船舶碰撞负有责任，船舶被光船租赁且依法登记的除外。船舶经营人或者管理人对船舶碰撞有过失的，与船舶所有人或者光船承租人承担连带责任，但不影响责任主体之间的追偿。

船舶所有人是指依法登记为船舶所有人的人；船舶没有依法登记的，指实际占有船舶的人。

（三）第三人

131.《中华人民共和国海商法》第一百六十九条第二款规定的第三人财产损失，是指除互有过失的船舶上所载货物或船员、旅客或船上其他人员的物品外，由于船舶碰撞事故所直接造成的其他财产损失。

132.《中华人民共和国海商法》第一百六十九条第三款规定

的第三人的人身伤亡，包括碰撞当事船舶上的船员、旅客和其他人员的人身伤亡。

133. 船舶碰撞纠纷的当事人之间已经就船舶碰撞纠纷提起诉讼的，海事法院对船舶碰撞造成第三人财产损失赔偿纠纷案件应当中止审理，待船舶碰撞纠纷案件审理终结后恢复审理。

（四）举证责任和证据认定

134. 第三人因船舶碰撞造成的财产损失提出赔偿请求的，船舶碰撞纠纷的当事人对有关船舶碰撞中的过失程度比例承担举证责任。无法举证的，应承担举证不能的后果。

135. 船舶碰撞纠纷的当事人之间就过失程度比例达成协议的，可以按照约定的比例对第三人的财产损失承担相应的赔偿责任，但不得损害第三人的合法利益。

船舶碰撞纠纷的当事人之间仅就相互赔偿数额达成协议，而未明确相互过失程度比例的，按照赔偿数额确定的比例对第三人的财产损失承担相应的赔偿责任，但不得损害第三人的合法利益。

136. 海事法院根据当事人的申请向有关部门调查收集的证据，在当事人完成举证并出具完成举证说明书后出示。

137. 若无相反证据，船舶碰撞事故发生后，主管机关进行事故调查过程中由海事事故当事人确认的海事调查材料，可以作为海事法院认定案件事实的证据。

（五）强制打捞清除沉船沉物

138. 强制打捞清除沉船沉物而产生的费用，由沉船沉物的所有人或者经营人承担。

139. 就沉船沉物强制打捞清除费用提出的请求为海事赔偿请求，责任人不能依照《中华人民共和国海商法》第十一章的规定享受海事赔偿责任限制。

140. 清除搁浅或者沉没船舶所产生的费用，可以在行使船舶优先权所拍卖船舶的价款中先行拨付。

十二、关于船舶油污损害赔偿纠纷案件

（一）法律适用

141. 我国加入的《1992年国际油污损害民事责任公约》（以下简称《1992年油污公约》）适用于具有涉外因素的缔约国船舶油污损害赔偿纠纷，包括航行于国际航线的我国船舶在我国海域造成的油污损害赔偿纠纷。非航行于国际航线的我国船舶在我国海域造成的油污损害赔偿纠纷不适用该公约的规定。

142. 对于不受1992年油污公约调整的船舶油污损害赔偿纠纷，适用《中华人民共和国海商法》、《中华人民共和国海洋环境保护法》以及相关行政法规的规定确定当事人的责任；油污责任人亦可以依据《中华人民共和国海商法》第十一章的规定享有海事赔偿责任限制。

143. 对于受1992年油污公约调整的船舶油污损害赔偿纠纷，船舶所有人及其责任保险人或者提供财务保证的其他人为取得公约规定的责任限制的权利，向海事法院申请设立油污损害赔偿责任限制基金的，适用《中华人民共和国海事诉讼特别程序法》第九章的规定。

（二）索赔主体

144. 因船舶油污直接遭受财产损失的公民、法人或其他组织，有权向油污责任人提起索赔诉讼。

145. 国家海事行政主管部门或其他企事业单位为防止或减轻

油污损害而支出的费用，包括清污费用，可直接向油污责任人提起诉讼。

146.《中华人民共和国海洋环境保护法》授权的海洋环境监督管理部门，有权在授权范围内代表国家，就船舶油污造成的海洋环境损失向油污责任人提起诉讼。

（三）举证责任

147. 国家海事行政主管部门作出的调查报告，若无相反证据，可以作为海事法院审理案件的依据。

148. 因船舶油污引起的损害赔偿诉讼，受损害人应对油污损害承担举证责任，责任人应对法律规定的免责事由及船舶油污与损害之间不存在因果关系承担举证责任。

（四）油污责任

149. 对于受 1992 年油污公约调整的船舶油污损害赔偿纠纷，因船舶油污造成损害的，由漏油船舶所有人承担赔偿责任。

对于不受 1992 年油污公约调整的油污损害赔偿纠纷，因船舶碰撞造成油污损害的，由碰撞船舶所有人承担连带赔偿责任，但不影响油污损害赔偿责任人之间的追偿。

（五）油污损害赔偿范围

150. 油污损害赔偿范围包括：（1）船舶油污造成的公民、法人或其他组织的财产损失；（2）为防止或减轻污染支出的清污费用损失。清污费用的计算，应当结合污染范围、污染程度、溢油数量、清污人员和设备的费用以及有关证据合理认定；（3）因船舶油污造成的渔业资源和海洋资源损失，此种损失应限于已实际采取或将要采取的合理恢复措施的费用。

（六）清污费用的清偿

151. 在船舶油污损害赔偿纠纷中，权利人就清污费用的请求与其他污染损害赔偿的请求按照法院所确定的债权数额比例受偿。

十三、其他

152. 涉外海事纠纷案件，本纪要没有特别规定的，适用本纪要关于涉外商事纠纷案件的有关规定。

153. 涉及香港特别行政区、澳门特别行政区以及台湾地区的商事海事纠纷案件，本纪要没有特别规定的，参照适用本纪要关于涉外商事海事纠纷案件的有关规定。

全国法院涉外商事海事审判工作座谈会会议纪要

（2021 年 12 月 31 日）

目　录

涉外商事部分

一、关于案件管辖

1. 【排他性管辖协议的推定】涉外合同或者其他财产权益纠纷的当事人签订的管辖协议明确约定由一国法院管辖，但未约定该管辖协议为非排他性管辖协议的，应推定该管辖协议为排他性管辖协议。

2. 【非对称管辖协议的效力认定】涉外合同或者其他财产权益纠纷的当事人签订的管辖协议明确约定一方当事人可以从一个以上国家的法院中选择某国法院提起诉讼，而另一方当事人仅能向一个特定国家的法院提起诉讼，当事人以显失公平为由主张该管辖协议无效的，人民法院不予支持；但管辖协议涉及消费者、劳动者权益或者违反民事诉讼法专属管辖规定的除外。

3. 【跨境消费者网购合同管辖协议的效力】网络电商平台使用格式条款与消费者订立跨境网购合同，未采取合理方式提示消费者注意合同中包含的管辖条款，消费者根据民法典第四百九十六条的规定主张该管辖条款不成为合同内容的，人民法院应予支持。

网络电商平台虽已尽到合理提示消费者注意的义务，但该管辖条款约定在消费者住所地国以外的国家法院诉讼，不合理加重消费者寻求救济的成本，消费者根据民法典第四百九十七条的规定主张该管辖条款无效的，人民法院应予支持。

4.【主从合同约定不同管辖法院的处理】主合同和担保合同分别约定不同国家或者地区的法院管辖，且约定不违反民事诉讼法专属管辖规定的，应当依据管辖协议的约定分别确定管辖法院。当事人主张根据《最高人民法院关于适用〈中华人民共和国民法典〉有关担保制度的解释》第二十一条第二款的规定，根据主合同确定管辖法院的，人民法院不予支持。

二、关于诉讼当事人

5.【“有明确被告”的认定】原告对住所地在中华人民共和国领域外的被告提起诉讼，能够提供该被告存在的证明的，即符合民事诉讼法第一百二十二条第二项规定的“有明确的被告”。被告存在的证明可以是处于有效期内的被告商业登记证、身份证明、合同书等文件材料，不应强制要求原告就上述证明办理公证认证手续。

6.【境外公司的诉讼代表人资格认定】在中华人民共和国领域外登记设立的公司因出现公司僵局、解散、重整、破产等原因，已经由登记地国法院指定司法管理人、清算管理人、破产管理人的，该管理人可以代表该公司参加诉讼。

管理人应当提交登记地国法院作出的判决、裁定及其公证认证手续等相关文件证明其诉讼代表资格。人民法院应当对上述证据组织质证，另一方当事人仅以登记地国法院作出的判决、裁定未经我国法院承认为由，否认管理人诉讼代表资格的，人民法院不予支持。

7.【外籍当事人委托公民代理的手续审查】根据民事诉讼法司法解释第五百二十八条、第五百二十九条的规定，涉外民事诉讼中的外籍当事人委托本国人为诉讼代理人或者委托本国律师以非律师身份担任诉讼代理人、外国驻华使领馆官员受本国公民委托担任诉讼代理人的，不适用民事诉讼法第六十一条第二款第三项的规定，无须提交当事人所在社区、单位或者有关社会团体的推荐函。

8.【外国当事人一次性授权的手续审查】外国当事人一次性授权诉讼代理人代理多个案件或者一个案件的多个程序，该授权办理了公证认证或者司法协助协定规定的相关证明手续，诉讼代理人有权在授权委托书的授权范围和有效期内从事诉讼代理行为。对方当事人以该诉讼代理人的授权未就单个案件或者程序办理公证认证或者证明手续为由提出异议的，人民法院不予支持。

9.【境外寄交管辖权异议申请的审查】当事人从中华人民共和国领域外寄交或者托交管辖权异议申请的，应当提交其主体资格证明以及有效联系方式；未提交的，人民法院对其提出的管辖权异议不予审查。

三、关于涉外送达

10.【邮寄送达退件的处理】人民法院向在中华人民共和国领域内没有住所的受送达人邮寄送达司法文书，如邮件被退回，且注明原因为“该地址查无此人”“该地址无人居住”等情形的，视为不能用邮寄方式送达。

11.【电子送达】人民法院向在中华人民共和国领域内没有

住所的受送达人送达司法文书，如受送达人所在国法律未禁止电子送达方式的，人民法院可以依据民事诉讼法第二百七十四条的规定采用电子送达方式，但违反我国缔结或参加的国际条约规定的除外。

受送达人所在国系《海牙送达公约》成员国，并在公约项下声明反对邮寄方式送达的，应推定其不允许电子送达方式，人民法院不能采用电子送达方式。

12. 【外国自然人的境内送达】人民法院对外国自然人采用下列方式送达，能够确认受送达人收悉的，为有效送达：

（一）向其在境内设立的外商独资企业转交送达；

（二）向其在境内担任法定代表人、公司董事、监事和高级管理人员的企业转交送达；

（三）向其同住成年家属转交送达；

（四）通过能够确认受送达人收悉的其他方式送达。

13. 【送达地址的认定】在中华人民共和国领域内没有住所的当事人未填写送达地址确认书，但在诉讼过程中提交的书面材料明确载明地址的，可以认定该地址为送达地址。

14. 【管辖权异议文书的送达】对涉外商事案件管辖权异议程序的管辖权异议申请书、答辩书等司法文书，人民法院可以仅在相对方当事人之间进行送达，但管辖权异议裁定书应当列明并送达所有当事人。

四、关于涉外诉讼证据

15. 【外国法院判决、仲裁裁决等作为证据的认定】一方当事人将外国法院作出的发生法律效力的判决、裁定或者外国仲裁机构作出的仲裁裁决作为证据提交，人民法院应当组织双方当事人质证后进行审查认定，但该判决、裁定或者仲裁裁决认定的事实，不属于民事诉讼法司法解释第九十三条第一款规定的当事人无须举证证明的事实。一方当事人仅以该判决、裁定或者仲裁裁决未经人民法院承认为由主张不能作为证据使用的，人民法院不予支持。

16.【域外公文书证】《最高人民法院关于民事诉讼证据的若干规定》第十六条规定的公文书证包括外国法院作出的判决、裁定，外国行政机关出具的文件，外国公共机构出具的商事登记、出生及死亡证明、婚姻状况证明等文件，但不包括外国鉴定机构等私人机构出具的文件。

公文书证在中华人民共和国领域外形成的，应当经所在国公证机关证明，或者履行相应的证明手续，但是可以通过互联网方式核查公文书证的真实性或者双方当事人对公文书证的真实性均无异议的除外。

17.【庭审中翻译费用的承担】诉讼过程中翻译人员出庭产生的翻译费用，根据《诉讼费用交纳办法》第十二条第一款的规定，由主张翻译或者负有翻译义务的一方当事人直接预付给翻译机构，人民法院不得代收代付。

人民法院应当在裁判文书中载明翻译费用，并根据《诉讼费用交纳办法》第二十九条的规定确定由败诉方负担。部分胜诉、部分败诉的，人民法院根据案件的具体情况决定当事人各自负担的数额。

五、关于涉外民事关系的法律适用

18.【国际条约未规定事项和保留事项的法律适用】中华人民共和国缔结或者参加的国际条约对涉外民商事案件中的具体争议没有规定，或者案件的具体争议涉及保留事项的，人民法院根据涉外民事关系法律适用法等法律的规定确定应当适用的法律。

19.【《联合国国际货物销售合同公约》的适用】营业地位于《联合国国际货物销售合同公约》不同缔约国的当事人缔结的国际货物销售合同应当自动适用该公约的规定，但当事人明确约定排除适用该公约的除外。人民法院应当在法庭辩论终结前向当事人询问关于适用该公约的具体意见。

20.【法律与国际条约的一致解释】人民法院审理涉外商事案件所适用的中华人民共和国法律、行政法规的规定存在两种以上合理解释的，人民法院应当选择与中华人民共和国缔结或者参加的国际条约相一致的解释，但中华人民共和国声明保留的条款除外。

六、关于域外法查明

21.【查明域外法的途径】人民法院审理案件应当适用域外法律时，可以通过下列途径查明：

（1）由当事人提供；

（2）由中外法律专家提供；

（3）由法律查明服务机构提供；

（4）由最高人民法院国际商事专家委员提供；

（5）由与我国订立司法协助协定的缔约相对方的中央机关提供；

（6）由我国驻该国使领馆提供；

（7）由该国驻我国使领馆提供；

（8）其他合理途径。

通过上述途径提供的域外法律资料以及专家意见，应当在法庭上出示，并充分听取各方当事人的意见。

22.【委托国际商事专家委员提供咨询意见】人民法院委托最高人民法院国际商事专家委员就审理案件涉及的国际条约、国际商事规则、域外法律的查明和适用等法律问题提供咨询意见的，应当通过高级人民法院向最高人民法院国际商事法庭协调指导办公室办理寄交书面委托函，写明需提供意见的法律所属国别、法律部门、法律争议等内容，并附相关材料。

23.【域外法专家出庭】当事人可以依据民事诉讼法第八十二条的规定申请域外法专家出庭。

人民法院可以就专家意见书所涉域外法的理解，对出庭的专家进行询问。经法庭准许，当事人可以对出庭的专家进行询问。专家不得参与域外法查明事项之外的法庭审理活动。专家不能现场到庭的，人民法院可以根据案件审理需要采用视频方式询问。

24.【域外法内容的确定】双方当事人提交的域外法内容相同或者当事人对相对方提交的域外法内容无异议的，人民法院可以作为域外法依据予以确定。当事人对相对方提交的域外法内容有异议的，人民法院应当结合质证认证情况进行审查认定。人民法院不得仅以当事人对域外法内容存在争议为由认定不能查明域外法。

25.【域外法查明不能的认定】当事人应当提供域外法的，

人民法院可以根据案件具体情况指定查明域外法的期限并可依据当事人申请适当延长期限。当事人在延长期限内仍不能提供的，视为域外法查明不能。

26.【域外法查明费用】对于应当适用的域外法，根据涉外民事关系法律适用法第十条第一款的规定由当事人提供的，查明费用由当事人直接支付给查明方，人民法院不得代收代付。人民法院可以根据当事人的诉讼请求和具体案情，对当事人因查明域外法而发生的合理费用予以支持。

七、关于涉公司纠纷案件的审理

27.【境外公司内部决议效力的法律适用】在中华人民共和国领域外登记设立的公司作出的内部决议的效力，人民法院应当适用登记地国的法律并结合公司章程的相关规定予以审查认定。

28.【境外公司意思表示的认定】在中华人民共和国领域外登记设立的公司的董事代表公司在合同书、信件、数据电文等载体上签字订立合同的行为，可以视为该公司作出的意思表示，未加盖该公司的印章不影响代表行为的效力，但当事人另有约定或者登记地国法律另有规定的除外。

公司章程或者公司权力机构对董事代表权的限制，不得对抗善意相对人，但登记地国法律另有规定的除外。

29.【外商投资企业隐名投资协议纠纷】因外商投资企业隐名投资协议产生的纠纷，实际投资者请求确认其在外商投资企业中的股东身份或者请求变更股东身份，并提供证据证明其已实际投资且名义股东以外的其他股东认可实际投资者的股东身份的，对其诉讼请求按照以下方式处理：

(1) 外商投资企业属于外商投资准入负面清单禁止投资领域的，人民法院不予支持；

(2) 外商投资企业属于外商投资准入负面清单以外投资领域的，人民法院应当判决由名义股东履行将所持股权转移登记至实际投资者名下的义务，外商投资企业负有协助办理股权转移登记手续的义务；

(3) 外商投资企业属于外商投资准入负面清单限制投资领域的，人民法院应当判决由名义股东履行将所持股权转移登记至实际投资者名下的义务，并协助外商投资企业办理报批手续。判决可以同时载明，不履行报批手续的，实际投资者可自行报批。

因相对人已从名义股东处善意取得外商投资企业股权，或者实际投资者依据前款第3项报批后未获外商投资企业主管机关批准，导致股权变更事实上无法实现的，实际投资者可就隐名投资协议另行提起合同损害赔偿之诉。

八、关于涉金融纠纷案件的审理

30.【独立保函止付申请的初步实体审查】人民法院审理独立保函欺诈纠纷案件时，对当事人提出的独立保函止付申请，应当根据《最高人民法院关于审理独立保函纠纷案件若干问题的规定》第十四条的规定进行审查，并根据第十二条的规定就是否存在欺诈的止付事由进行初步实体审查；应当根据第十六条的规定在裁定中列明初步查明的事实和是否准许止付申请的理由。

31.【信用证通知行过错及责任认定】通知行在信用证项下的义务为审核确认信用证的表面真实性并予以准确通知。通知行履行通知义务存在过错并致受益人损失的，应当承担相应的侵权责任，但赔偿数额不应超过信用证项下未付款金额及利息。受益人主张通知行赔偿其在基础合同项下所受损失的，人民法院不予支持。

32.【外币逾期付款利息】外币逾期付款情形下，当事人就逾期付款主张利息损失时，当事人有约定的，按当事人约定处理；当事人未约定的，可以参照中国银行同期同类外币贷款利率计算。

九、关于申请承认和执行外国法院判决案件的审理

33.【审查标准及适用范围】人民法院在审理申请承认和执行外国法院判决、裁定案件时，应当根据民事诉讼法第二百八十九条以及民事诉讼法司法解释第五百四十四条第一款的规定，首先审查该国与我国是否缔结或者共同参加了国际条约。有国际条约的，依照国际条约办理；没有国际条约，或者虽然有国际条约但国际条约对相关事项未作规定的，具体审查标准可以适用本纪要。

破产案件、知识产权案件、不正当竞争案件以及垄断案件因具有较强的地域性、特殊性，相关判决的承认和执行不适用本纪要。

34.【申请人住所地法院管辖的情形】申请人申请承认外国法院判决、裁定，但被申请人在我国境内没有住所地，且其财产也不在我国境内的，可以由申请人住所地的中级人民法院管辖。

35.【申请材料】申请人申请承认和执行外国法院判决、裁定，应当提交申请书并附下列文件：

（1）判决书正本或者经证明无误的副本；

（2）证明判决已经发生法律效力的文件；

（3）缺席判决的，证明外国法院合法传唤缺席方的文件。

判决、裁定对前款第 2 项、第 3 项的情形已经予以说明的，无需提交其他证明文件。

申请人提交的判决及其他文件为外文的，应当附有加盖翻译机构印章的中文译本。

申请人提交的文件如果是在我国领域外形成的，应当办理公证认证手续，或者履行中华人民共和国与该所在国订立的有关国际条约规定的证明手续。

36.【申请书】申请书应当载明下列事项：

（1）申请人、被申请人。申请人或者被申请人为自然人的，应当载明其姓名、性别、出生年月、国籍、住所及身份证件号码；为法人或者非法人组织的，应当载明其名称、住所地，以及法定代表人或者代表人的姓名和职务；

（2）作出判决的外国法院名称、裁判文书案号、诉讼程序开始日期和判决日期；

（3）具体的请求和理由；

（4）申请执行判决的，应当提供被申请人的财产状况和财产所在地，并说明该判决在我国领域外的执行情况；

（5）其他需要说明的情况。

37.【送达被申请人】当事人申请承认和执行外国法院判决、裁定，人民法院应当在裁判文书中将对方当事人列为被申请人。双方当事人都提出申请的，均列为申请人。

人民法院应当将申请书副本送达被申请人。被申请人应当在收到申请书副本之日起十五日内提交意见；被申请人在中华人民共和国领域内没有住所的，应当在收到申请书副本之日起三十日内提交意见。被申请人在上述期限内不提交意见的，不影响人民法院审查。

38.【管辖权异议的处理】人民法院受理申请承认和执行外国法院判决、裁定案件后，被申请人对管辖权有异议的，应当自收到申请书副本之日起十五日内提出；被申请人在中华人民共和国领域内没有住所的，应当自收到申请书副本之日起三十日内提出。

人民法院对被申请人提出的管辖权异议，应当审查并作出裁定。当事人对管辖权异议裁定不服的，可以提起上诉。

39.【保全措施】当事人向人民法院申请承认和执行外国法院判决、裁定，人民法院受理申请后，当事人申请财产保全的，人民法院可以参照民事诉讼法及相关司法解释的规定执行。申请人应当提供担保，不提供担保的，裁定驳回申请。

40.【立案审查】申请人的申请不符合立案条件的，人民法院应当裁定不予受理，同时说明不予受理的理由。已经受理的，裁定驳回申请。当事人不服的，可以提起上诉。人民法院裁定不予受理或者驳回申请后，申请人再次申请且符合受理条件的，人民法院应予受理。

41.【外国法院判决的认定标准】人民法院应当根据外国法院判决、裁定的实质内容，审查认定该判决、裁定是否属于民事诉讼法第二百八十九条规定的“判决、裁定”。

外国法院对民商事案件实体争议作出的判决、裁定、决定、命令等法律文书，以及在刑事案件中就民事损害赔偿作出的法律文书，应认定属于民事诉讼法第二百八十九条规定的“判决、裁定”，但不包括外国法院作出的保全裁定以及其他程序性法律文书。

42.【判决生效的认定】人民法院应当根据判决作出国的法律审查该判决、裁定是否已经发生法律效力。有待上诉或者处于上诉过程中的判决、裁定不属于民事诉讼法第二百八十九条规定的“发生法律效力的判决、裁定”。

43.【不能确认判决真实性和终局性的情形】人民法院在审理申请承认和执行外国法院判决、裁定案件时，经审查，不能够确认外国法院判决、裁定的真实性，或者该判决、裁定尚未发生法律效力的，应当裁定驳回申请。驳回申请后，申请人再次申请且符合受理条件的，人民法院应予受理。

44.【互惠关系的认定】人民法院在审理申请承认和执行外国法院判决、裁定案件时，有下列情形之一的，可以认定存在互惠关系：

（1）根据该法院所在国的法律，人民法院作出的民商事判决可以得到该国法院的承认和执行；

（2）我国与该法院所在国达成了互惠的谅解或者共识；

（3）该法院所在国通过外交途径对我国作出互惠承诺或者我国通过外交途径对该法院所在国作出互惠承诺，且没有证据证明该法院所在国曾以不存在互惠关系为由拒绝承认和执行人民法院作出的判决、裁定。

人民法院对于是否存在互惠关系应当逐案审查确定。

45.【惩罚性赔偿判决】外国法院判决的判项为损害赔偿金且明显超出实际损失的，人民法院可以对超出部分裁定不予承认和执行。

46.【不予承认和执行的事由】对外国法院作出的发生法律效力的判决、裁定，人民法院按照互惠原则进行审查后，认定有下列情形之一的，裁定不予承认和执行：

（一）根据中华人民共和国法律，判决作出国法院对案件无管辖权；

（二）被申请人未得到合法传唤或者虽经合法传唤但未获得合理的陈述、辩论机会，或者无诉讼能力的当事人未得到适当代理；

（三）判决通过欺诈方式取得；

（四）人民法院已对同一纠纷作出判决，或者已经承认和执行第三国就同一纠纷做出的判决或者仲裁裁决。

外国法院作出的发生法律效力的判决、裁定违反中华人民共和国法律的基本原则或者国家主权、安全、社会公共利益的，不予承认和执行。

47.【违反仲裁协议作出的外国判决的承认】外国法院作出缺席判决后，当事人向人民法院申请承认和执行该判决，人民法院经审查发现纠纷当事人存在有效仲裁协议，且缺席当事人未明示放弃仲裁协议的，应当裁定不予承认和执行该外国法院判决。

48.【对申请人撤回申请的处理】人民法院受理申请承认和执行外国法院判决、裁定案件后，作出裁定前，申请人请求撤回申请的，可以裁定准许。

人民法院裁定准许撤回申请后，申请人再次申请且符合受理条件的，人民法院应予受理。

申请人无正当理由拒不参加询问程序的，按申请人自动撤回申请处理。

49.【承认和执行外国法院判决的报备及通报机制】各级人民法院审结当事人申请承认和执行外国法院判决案件的，应当在作出裁定后十五日内逐级报至最高人民法院备案。备案材料包括申请人提交的申请书、外国法院判决及其中文译本、人民法院作出的裁定。

人民法院根据互惠原则进行审查的案件，在作出裁定前，应当将拟处理意见报本辖区所属高级人民法院进行审查；高级人民法院同意拟处理意见的，应将其审查意见报最高人民法院审核。待最高人民法院答复后，方可作出裁定。

十、关于限制出境

50. 【限制出境的适用条件】《第二次全国涉外商事海事审判工作会议纪要》第93条规定的“逃避诉讼或者逃避履行法定义务的可能”是指申请人提起的民事诉讼有较高的胜诉可能性，而被申请人存在利用出境逃避诉讼、逃避履行法定义务的可能。申请人提出限制出境申请的，人民法院可以要求申请人提供担保，担保数额一般应当相当于诉讼请求的数额。

被申请人在中华人民共和国领域内有足额可供扣押的财产的，不得对其采取限制出境措施。被限制出境的被申请人或其法定代表人、负责人提供有效担保或者履行法定义务的，人民法院应当立即作出解除限制的决定并通知公安机关。

海事部分

十一、关于运输合同纠纷案件的审理

（一）海上货物运输合同

51. 【托运人的识别】提单或者其他运输单证记载的托运人

与向承运人或其代理人订舱的人不一致的，提单或者其他运输单证的记载对于承托双方仅具有初步的证明效力，人民法院应当结合运输合同的订立及履行情况准确认定托运人；有证据证明订舱人系接受他人委托并以他人名义或者为他人订舱的，人民法院应当根据海商法第四十二条第三项第1点的规定，认定该“他人”为托运人。

52.【实际承运人责任的法律适用】海商法是调整海上运输关系的特别法律规定，应当优先于一般法律规定适用。就海上货物运输合同所涉及的货物灭失或者损坏，提单持有人选择仅向实际承运人主张赔偿的，人民法院应当优先适用海商法有关实际承运人的规定；海商法没有规定的，适用其他法律规定。

53.【承运人提供集装箱的适货义务】根据海商法第四十七条有关适货义务的规定，承运人提供的集装箱应符合安全收受、载运和保管所装载货物的要求。

因集装箱存在缺陷造成箱内货物灭失或者损坏的，承运人应当承担相应赔偿责任。承运人的前述义务不因海上货物运输合同中的不同约定而免除。

54.【“货物的自然特性或者固有缺陷”的认定】海商法第五十一条第一款第九项规定的“货物的自然特性或者固有缺陷”是指货物具有的本质的、固有的特性或者缺陷，表现为同类货物在同等正常运输条件下，即使承运人已经尽到海商法第四十八条规定的管货义务，采取了合理的谨慎措施仍无法防止损坏的发生。

55.【货损发生期间的举证】根据海商法第四十六条的规定，承运人对其责任期间发生的货物灭失或者损坏负赔偿责任。请求人在货物交付时没有根据海商法第八十一条的规定提出异议，之后又向承运人主张货损赔偿，如果可能发生货损的原因和区间存在多个，请求人仅举证证明货损可能发生在承运人责任期间，而不能排除货损发生于非承运人责任期间的，人民法院不予支持。

56.【承运人对大宗散装货物短少的责任承担】根据航运实践和航运惯例，大宗散装货物运输过程中，因自然损耗、装卸过程中的散落残漏以及水尺计重等的计量允差等原因，往往会造成合理范围内的短少。如果卸货后货物出现短少，承运人主张免责并举证证明该短少属于合理损耗、计量允差以及相关行业标准或惯例的，人民法院原则上应当予以支持，除非有证据证明承运人对货物短少有不能免责的过失；如果卸货后货物短少超出相关行业标准或惯例，承运人又不能举证区分合理因素与不合理因素各自造成的损失，请求人要求承运人承担全部货物短少赔偿责任的，人民法院原则上应当予以支持。

57.【“不知条款”的适用规则】提单是承运人保证据以交付货物的单证，承运人应当在提单上如实记载货物状况，并按照记载向提单持有人交付货物。根据海商法第七十五条的规定，承运人或者代其签发提单的人，在签发已装船提单的情况下没有适当方法核对提单记载的，可以在提单上批注，说明无法核对。运输货物发生损坏，承运人依据提单记载的“不知条款”主张免除赔偿责任的，应当对其批注符合海商法第七十五条规定情形承担举证责任；有证据证明货物损坏原因是承运人违反海商法第四十七、第四十八条规定的义务，承运人援引“不知条款”主张免除其赔偿责任的，人民法院不予支持。

58.【承运人交付货物的依据】承运人没有签发正本提单，或者虽签发正本提单但已收回正本提单并约定采用电放交付货物的，承运人应当根据运输合同约定、托运人电放指示或者托运人以其他方式作出的指示交付货物。收货人仅凭提单样稿、提单副本等要求承运人交付货物的，人民法院不予支持。

59.【承运人凭指示提单交付时应合理谨慎审单】正本指示提单的持有人请求承运人向其交付货物，承运人应当合理谨慎地审查提单。承运人凭背书不连续的正本指示提单交付货物，请求人要求承运人承担因此造成损失的，人民法院应予支持，但承运人举证证明提单持有人通过背书之外其他合法方式取得提单权利的除外。

60.【承运人对货物留置权的行使】提单或者运输合同载明“运费预付”或者类似性质说明，承运人以运费尚未支付为由，根据海商法第八十七条对提单持有人的货物主张留置权的，人民法院不予支持，提单持有人与托运人相同的除外。

61.【目的港无人提货的费用承担】提单持有人在目的港没有向承运人主张提货或者行使其他权利的，因无人提取货物而产生的费用和风险由托运人承担。承运人依据运输合同关系向托运人主张运费、堆存费、集装箱超期使用费或者其他因无人提取货物而产生费用的，人民法院应予支持。

62.【无单放货纠纷的举证责任】托运人或者提单持有人向承运人主张无单放货损失赔偿的，应当提供初步证据证明其为合法的正本提单持有人、承运人未凭正本提单交付货物以及因此遭受的损失。承运人抗辩货物并未被交付的，应当举证证明货物仍然在其控制之下。

63.【承运人免除无单放货责任的举证】承运人援引《最高人民法院关于审理无正本提单交付货物案件适用法律若干问题的规定》第七条规定，主张不承担无单放货的民事责任的，应当提供该条规定的卸货港所在地法律，并举证证明其按照卸货港所在地法律规定，将承运到港的货物交付给当地海关或者港口当局后已经丧失对货物的控制权。

64.【无单放货诉讼时效的起算点】根据《最高人民法院关于审理无正本提单交付货物案件适用法律若干问题的规定》第十四条第一款的规定，正本提单持有人以无单放货为由向承运人提起的诉讼，时效期间为一年，从承运人应当向提单持有人交付之日起计算，即从该航次将货物运抵目的港并具备交付条件的合理日期起算。

65.【集装箱超期使用费标准的认定】承运人依据海上货物运输合同主张集装箱超期使用费，运输合同对集装箱超期使用费有约定标准的，人民法院可以按照该约定确定费用；没有约定标准，但承运人举证证明集装箱提供者网站公布的标准或者同类集装箱经营者网站公布的同期同地的市场标准的，人民法院可以予以采信。

根据民法典第五百八十四条规定的可合理预见规则和第五百九十一条规定的减损规则，承运人应当及时采取措施减少因集装箱超期使用对其造成的损失，故集装箱超期使用费赔偿额应在合理限度之内。人民法院原则上以同类新集装箱市价 1 倍为基准确定赔偿额，同时可以根据具体案情适当浮动或者调整。

66.【请求集装箱超期使用费的诉讼时效】承运人在履行海上货物运输合同过程中将集装箱作为运输工具提供给货方使用的，应当根据海上货物运输合同法律关系确定诉讼时效；承运人请求集装箱超期使用费的诉讼时效期间为一年，自集装箱免费使用期届满次日起开始计算。

67.【港口经营人不能主张承运人的免责或者责任限制抗辩】根据海商法第五十八条、第六十一条的规定，就海上货物运输合同所涉及的货物灭失、损坏或者迟延交付提起的诉讼，有权适用关于承运人的抗辩理由和限制赔偿责任规定的为承运人、实际承运人、承运人和实际承运人的受雇人或者代理人。在现有法律规定下，港口经营人并不属于上述范围，其在港口作业中造成货物损失，托运人或者收货人直接以侵权起诉港口经营人，港口经营人援用海商法第五十八条、第六十一条的规定主张免责或者限制赔偿责任的，人民法院不予支持。

（二）多式联运合同

68.【涉外多式联运合同经营人的“网状责任制”】具有涉外因素的多式联运合同，当事人可以协议选择多式联运合同适用的法律；当事人没有选择的，适用最密切联系原则确定适用法律。

当事人就多式联运合同协议选择适用或者根据最密切联系原则适用中华人民共和国法律，但货物灭失或者损坏发生在国外某一运输区段的，人民法院应当根据海商法第一百零五条的规定，适用该国调整该区段运输方式的有关法律规定，确定多式联运经营人的赔偿责任和责任限额，不能直接根据中华人民共和国有关调整该区段运输方式的法律予以确定；有关诉讼时效的认定，仍应当适用中华人民共和国相关法律规定。

（三）国内水路货物运输合同

69.【收货人的诉权】运输合同当事人约定收货人可直接向承运人请求交付货物，承运人未向收货人交付货物或者交付货物不符合合同约定，收货人请求承运人承担赔偿责任的，人民法院应予受理；承运人对托运人的抗辩，可以向收货人主张。

70.【合同无效的后果】没有取得国内水路运输经营资质的

承运人签订的国内水路货物运输合同无效，承运人请求托运人或者收货人参照合同约定支付违约金的，人民法院不予支持。

没有取得国内水路运输经营资质的出租人签订的航次租船合同无效，出租人请求承租人或者收货人参照合同约定支付滞期费的，人民法院不予支持。

71.【内河船舶不得享受海事赔偿责任限制】海商法第十一章关于海事赔偿责任限制规定适用的船舶应当为海商法第三条规定的海船，不适用于内河船舶。海船的认定应当根据船舶检验证书记载的航行能力和准予航行航区予以确认，内河船舶的船舶性质及其准予航行航区不因船舶实际航行区域而改变。

十二、关于保险合同纠纷案件的审理

72.【不定值保险的认定及保险价值的举证责任】海上保险合同仅约定保险金额，未约定保险价值的，为不定值保险。保险事故发生后，应当根据海商法第二百一十九条第二款的规定确定保险价值。

海上保险合同没有约定保险价值，被保险人请求保险人按照损失金额或者保险金额承担保险赔偿责任，保险人以保险价值高于保险合同约定的保险金额为由，主张根据海商法第二百三十八条的规定承担比例赔偿责任的，应当就保险价值承担举证责任。保险人举证不能的，人民法院可以认定保险金额与保险价值一致。

73.【超额保险的认定及举证责任】海上保险合同明确约定了保险价值，保险事故发生后，保险人以保险合同中约定的保险金额明显高于保险标的的实际价值为由，主张根据海商法第二百一十九条第二款的规定确定保险价值，就超出该保险价值部分免除赔偿责任的，人民法院不予支持；但保险人提供证据证明，被保险人在签订保险合同时存在故意隐瞒或者虚报保险价值的除外。

海上保险合同没有约定保险价值，保险事故发生后，保险人主张根据海商法第二百一十九条第二款的规定确定保险价值，并以保险合同中约定的保险金额明显高于保险价值为由，主张对超过保险价值部分免除保险赔偿责任的，人民法院应予支持。但被保险人提供证据证明，保险人在签订保险合同时明知保险金额明显超过根据海商法第二百一十九条第二款确定的保险价值的除外。

74.【与共同海损分摊相关的海上保险赔偿请求权的诉讼时效】因分摊共同海损而遭受损失的被保险人依据保险合同向保险人请求赔偿的诉讼时效，应当适用海商法第二百六十四条的规定，诉讼时效的起算点为保险事故（共同海损事故）发生之日。

涉及海上保险合同的共同海损分摊，被保险人已经申请进行共同海损理算，但是在诉讼时效期间的最后六个月内，因理算报告尚未作出，被保险人无法向保险人主张权利，属于被保险人主观意志不能控制的客观情形，可以认定构成诉讼时效中止。中止时效的原因消除之日，即理算报告作出之日起，时效期间继续计算。

75.【沿海、内河保险合同保险人代位求偿权诉讼时效起算点】沿海、内河保险合同保险人代位求偿权的诉讼时效起算日应当根据法释（2001）18号《最高人民法院关于如何确定沿海、内河货物运输赔偿请求权时效期间问题的批复》规定的诉讼时效起算时间确定。

十三、关于船舶物权纠纷案件的审理

76.【就海上货物运输合同产生的财产损失主张船舶优先权的法律适用】承运人履行海上货物运输合同过程中，造成货物灭失或者损坏的，船载货物权利人对本船提起的财产赔偿请求不具有船舶优先权。碰撞船舶互有过失造成船载货物灭失或者损坏的，船载货物权利人可以根据海商法第二十二条第一款第五项的规定向对方船舶主张船舶优先权。

77.【就海上旅客运输合同产生的财产损失主张船舶优先权的法律适用】承运人履行海上旅客运输合同过程中，造成旅客行李灭失或者损坏的，旅客对本船提起的财产赔偿请求不具有船舶优先权。碰撞船舶互有过失造成旅客行李灭失或者损坏的，旅客可以根据海商法第二十二条第一款第五项的规定向对方船舶主张船舶优先权。

78.【挂靠船舶的扣押】挂靠船舶登记所有人的一般债权人，不属于民法典第二百二十五条规定的“善意第三人”，其债权请求权不能对抗挂靠船舶实际所有人的物权。一般债权人申请扣押挂靠船舶后，挂靠船舶实际所有人主张解除扣押的，人民法院应予支持。

对挂靠船舶享有抵押权、留置权和船舶优先权等担保物权的债权人申请扣押挂靠船舶，挂靠船舶实际所有人主张解除扣押的，人民法院不予支持，有证据证明债权人非善意第三人的除外。

十四、关于海事侵权纠纷案件的审理

79.【同一事故中当事船舶适用同一赔偿限额】同一事故中的当事船舶的海事赔偿限额，有适用海商法第二百一十条第一款规定的，无论其是否申请设立海事赔偿责任限制基金或者主张海事赔偿责任限制，其他从事中华人民共和国港口之间货物运输或者沿海作业的当事船舶的海事赔偿责任限额也应适用该条规定。

80.【单一责任限制制度的适用规则】海商法第二百一十五条关于“先抵销，后限制”的规定适用于同类海事请求。若双方存在非人身伤亡和人身伤亡的两类赔偿请求，不同性质的赔偿请求应当分别抵销，分别限制。

81.【养殖损害赔偿的责任承担】因船舶碰撞或者触碰、环境污染造成海上及通海可航水域养殖设施、养殖物受到损害的，被侵权人可以请求侵权人赔偿其由此造成的养殖设施损失、养殖物损失、恢复生产期间减少的收入损失，以及为排除妨害、消除危险、确定损失支出的合理费用。养殖设施损失和收入损失的计算标准可以依照或者参照《最高人民法院关于审理船舶油污损害赔偿纠纷案件若干问题的规定》的相关规定。

被侵权人就养殖损害主张赔偿时，应当提交证据证明其在事故发生时已经依法取得海域使用权证和养殖许可证；养殖未经相关行政主管部门许可的，人民法院对收入损失请求不予支持，但被侵权人举证证明其无需取得使用权及养殖许可的除外。

被侵权人擅自在港区、航道进行养殖，或者未依法采取安全措施，对养殖损害的发生有过错的，可以减轻或者免除侵权人的赔偿责任。

十五、关于其他海事案件的审理

82.【清污单位就清污费用提起民事诉讼的诉权】清污单位受海事行政机关指派完成清污作业后，清污单位就清污费用直接向污染责任人提起民事诉讼的，人民法院应予受理。

83.【用人单位为船员购买工伤保险的法定义务】与船员具有劳动合同关系的用人单位为船员购买商业保险的，并不因此免除其为船员购买工伤保险的法定义务。船员获得用人单位为其购买的商业保险赔付后，仍然可以依法请求工伤保险待遇。

84.【同一船舶所有人的船舶相互救助情况下的救助款项请求权】同一船舶所有人的船舶之间进行救助，救助方的救助款项不应被取消或者减少，除非其存在海商法第一百八十七条规定的情形。

85.【船员劳务纠纷的举证责任】船员因劳务受到损害，向船舶所有人主张赔偿责任，船舶所有人不能举证证明船员自身存在过错，人民法院对船员关于损害赔偿责任的诉讼请求应予支持；船舶所有人举证证明船员自身存在过错，并请求判令船员自担相应责任的，人民法院对船舶所有人的抗辩予以支持。

86.【基金设立程序中的管辖权异议】利害关系人对受理设立海事赔偿责任限制基金申请法院的管辖权有异议的，应当适用海事诉讼特别程序法第一百零六条有关期间的规定。

87.【光船承租人因经营光租船舶产生债务在光船承租人或者船舶所有人破产时的受偿问题】因光船承租人而非船舶所有人应负责任的海事请求，对光租船舶申请扣押、拍卖，如果光船承租人进入破产程序，虽然该海事请求属于破产债权，但光租船舶并非光船承租人的财产，不属于破产财产，债权人可以通过海事诉讼程序而非破产程序清偿债务。

因光船承租人应负责任的海事请求而对光租船舶申请扣押、拍卖，且该海事请求具有船舶优先权、抵押权、留置权时，如果船舶所有人进入破产程序，请求人在破产程序开始后可直接向破产管理人请求从船舶价款中行使优先受偿权，并在无担保的破产债权人按照破产财产方案受偿之前进行清偿。

88.【船舶所有人破产程序对船舶扣押与拍卖的影响】海事法院无论基于海事请求保全还是执行生效裁判文书等原因扣押、拍卖船舶，均应当在知悉针对船舶所有人的破产申请被受理后及时解除扣押、中止拍卖程序。

破产程序之前当事人已经申请扣押船舶，后又基于破产程序而解除扣押的，有关船舶优先权已经行使的法律效果不受影响。船舶所有人进入破产程序后，当事人不能申请扣押船舶，属于法定不能通过扣押行使船舶优先权的情形，该类期间可以不计入法定行使船舶优先权的一年期间内。船舶优先权人在船舶所有人进入破产程序后直接申报要求从产生优先权船舶的拍卖价款中优先受偿，且该申报没有超过法定行使船舶优先权一年期间的，该船舶优先权所担保的债权应当在一般破产债权之前优先清偿。

因扣押、拍卖船舶产生的评估、看管费用等支出，根据法发［2017］2号《最高人民法院关于执行案件移送破产审查若干问题的指导意见》第15条的规定，可以从债务人财产中随时清偿。

89.【海上交通事故责任认定书的不可诉性】根据《中华人民共和国海上交通安全法》第八十五条第二款“海事管理机构应当自收到海上交通事故调查报告之日起十五个工作日内作出事故责任认定书，作为处理海上交通事故的证据”的规定，海上交通事故责任认定行为不属于行政行为，海上交通事故责任认定书不宜纳入行政诉讼受案范围。海上交通事故责任认定书可以作为船舶碰撞纠纷等海事案件的证据，人民法院通过举证、质证程序对该责任认定书的证明力进行认定。

仲裁司法审查部分

十六、关于申请确认仲裁协议效力案件的审查

90.【申请确认仲裁协议效力之诉案件的范围】当事人之间就仲裁协议是否成立、生效、失效以及是否约束特定当事人等产生争议，当事人申请人民法院予以确认，人民法院应当作为申请确认仲裁协议效力案件予以受理，并针对当事人的请求作出裁定。

91.【申请确认仲裁协议效力之诉与仲裁管辖权决定的冲突】根据《最高人民法院关于确认仲裁协议效力几个问题的批复》第三条的规定，仲裁机构先于人民法院受理当事人请求确认仲裁协议效力的申请并已经作出决定，当事人向人民法院提起申请确认仲裁协议效力之诉的，人民法院不予受理。

92.【放弃仲裁协议的认定】原告向人民法院起诉时未声明有仲裁协议，被告在首次开庭前未以存在仲裁协议为由提出异议的，视为其放弃仲裁协议。原告其后撤回起诉，不影响人民法院认定双方当事人已经通过诉讼行为放弃了仲裁协议。

被告未应诉答辩且缺席审理的，不应视为其放弃仲裁协议。人民法院在审理过程中发现存在有效仲裁协议的，应当裁定驳回

原告起诉。

93.【仲裁协议效力的认定】根据仲裁法司法解释第三条的规定，人民法院在审查仲裁协议是否约定了明确的仲裁机构时，应当按照有利于仲裁协议有效的原则予以认定。

94.【“先裁后诉”争议解决条款的效力认定】当事人在仲裁协议中约定争议发生后“先仲裁、后诉讼”的，不属于仲裁法司法解释第七条规定的仲裁协议无效的情形。根据仲裁法第九条第一款关于仲裁裁决作出后当事人不得就同一纠纷向人民法院起诉的规定，“先仲裁、后诉讼”关于诉讼的约定无效，但不影响仲裁协议的效力。

95.【仅约定仲裁规则时仲裁协议效力的认定】当事人在仲裁协议中未约定明确的仲裁机构，但约定了适用某仲裁机构的仲裁规则，视为当事人约定该仲裁机构仲裁，但仲裁规则有相反规定的除外。

96.【约定的仲裁机构和仲裁规则不一致时的仲裁协议效力认定】当事人在仲裁协议中约定内地仲裁机构适用《联合国国际贸易法委员会仲裁规则》仲裁的，一方当事人以该约定系关于临时仲裁的约定为由主张仲裁协议无效的，人民法院不予支持。

97.【主合同与从合同争议解决方式的认定】当事人在主合同和从合同中分别约定诉讼和仲裁两种不同的争议解决方式，应当分别按照主从合同的约定确定争议解决方式。

当事人在主合同中约定争议解决方式为仲裁，从合同未约定争议解决方式的，主合同中的仲裁协议不能约束从合同的当事人，但主从合同当事人相同的除外。

十七、关于申请撤销或不予执行仲裁裁决案件的审查

98.【申请执行仲裁裁决案件的审查依据】人民法院对申请执行我国内地仲裁机构作出的非涉外仲裁裁决案件的审查，适用民事诉讼法第二百四十四条的规定。人民法院对申请执行我国内地仲裁机构作出的涉外仲裁裁决案件的审查，适用民事诉讼法第二百八十一条的规定。

人民法院根据前款规定，对被申请人主张的不予执行仲裁裁决事由进行审查。对被申请人未主张的事由或其主张事由超出民事诉讼法第二百四十四条第二款、第二百八十一条第一款规定的法定事由范围的，人民法院不予审查。

人民法院应当根据民事诉讼法第二百四十四条第三款、第二百八十一条第二款的规定，依职权审查执行裁决是否违反社会公共利益。

99.【申请撤销仲裁调解书】仲裁调解书与仲裁裁决书具有同等法律效力。当事人申请撤销仲裁调解书的，人民法院应予受理。人民法院应当根据仲裁法第五十八条的规定，对当事人提出的撤销仲裁调解书的申请进行审查。当事人申请撤销涉外仲裁调解书的，根据仲裁法第七十条的规定进行审查。

100.【境外仲裁机构在我国内地作出的裁决的执行】境外仲裁机构以我国内地为仲裁地作出的仲裁裁决，应当视为我国内地的涉外仲裁裁决。当事人向仲裁地中级人民法院申请撤销仲裁裁决的，人民法院应当根据仲裁法第七十条的规定进行审查；当事人申请执行的，根据民事诉讼法第二百八十一条的规定进行审查。

101.【违反法定程序的认定】违反仲裁法规定的仲裁程序、当事人选择的仲裁规则或者当事人对仲裁程序的特别约定，可能影响案件公正裁决，经人民法院审查属实的，应当认定为仲裁法第五十八条第一款第三项规定的情形。

102.【超裁的认定】仲裁裁决的事项超出当事人仲裁请求或者仲裁协议约定的范围，经人民法院审查属实的，应当认定构成仲裁法第五十八条第一款第二项、民事诉讼法第二百四十四条第二款第二项规定的“裁决的事项不属于仲裁协议的范围”的情形。

仲裁裁决在查明事实和说理部分涉及仲裁请求或者仲裁协议约定的仲裁事项范围以外的内容，但裁决项未超出仲裁请求或者仲裁协议约定的仲裁事项范围，当事人以构成仲裁法第五十八条第一款第二项、民事诉讼法第二百四十四条第二款第二项规定的情形为由，请求撤销或者不予执行仲裁裁决的，人民法院不予支持。

103.【无权仲裁的认定】作出仲裁裁决的仲裁机构非仲裁协议约定的仲裁机构、裁决事项系法律规定或者当事人选择的仲裁规则规定的不可仲裁事项，经人民法院审查属实的，应当认定构成仲裁法第五十八条第一款第二项、民事诉讼法第二百四十四条第二款第二项规定的“仲裁机构无权仲裁”的情形。

104.【重新仲裁的适用】申请人申请撤销仲裁裁决，人民法院经审查认为存在应予撤销的情形，但可以通过重新仲裁予以弥补的，人民法院可以通知仲裁庭重新仲裁。

人民法院决定由仲裁庭重新仲裁的，通知仲裁庭在一定期限内重新仲裁并在通知中说明要求重新仲裁的具体理由，同时裁定中止撤销程序。仲裁庭在人民法院指定的期限内开始重新仲裁的，人民法院应当裁定终结撤销程序。

仲裁庭拒绝重新仲裁或者在人民法院指定期限内未开始重新仲裁的，人民法院应当裁定恢复撤销程序。

十八、关于申请承认和执行外国仲裁裁决案件的审查

105.【《纽约公约》第四条的理解】申请人向人民法院申请承认和执行外国仲裁裁决，应当根据《纽约公约》第四条的规定提交相应的材料，提交的材料不符合《纽约公约》第四条规定的，人民法院应当认定其申请不符合受理条件，裁定不予受理。已经受理的，裁定驳回申请。

106.【《纽约公约》第五条的理解】人民法院适用《纽约公约》审理申请承认和执行外国仲裁裁决案件时，应当根据《纽约公约》第五条的规定，对被申请人主张的不予承认和执行仲裁裁决事由进行审查。对被申请人未主张的事由或者其主张事由超出《纽约公约》第五条第一款规定的法定事由范围的，人民法院不予审查。

人民法院应当根据《纽约公约》第五条第二款的规定，依职权审查仲裁裁决是否存在裁决事项依我国法律不可仲裁，以及承认和执行仲裁裁决是否违反我国公共政策。

107.【未履行协商前置程序不违反约定程序】人民法院适用《纽约公约》审理申请承认和执行外国仲裁裁决案件时，当事人在仲裁协议中约定"先协商解决，协商不成再提请仲裁"的，一方当事人未经协商即申请仲裁，另一方当事人以对方违反协商前置程序的行为构成《纽约公约》第五条第一款丁项规定的仲裁程序与各方之间的协议不符为由主张不予承认和执行仲裁裁决的，

人民法院不予支持。

108.【违反公共政策的情形】人民法院根据《纽约公约》审理承认和执行外国仲裁裁决案件时，如人民法院生效裁定已经认定当事人之间的仲裁协议不成立、无效、失效或者不可执行，承认和执行该裁决将与人民法院生效裁定相冲突的，应当认定构成《纽约公约》第五条第二款乙项规定的违反我国公共政策的情形。

109.【承认和执行程序中的仲裁保全】当事人向人民法院申请承认和执行外国仲裁裁决，人民法院受理申请后，当事人申请财产保全的，人民法院可以参照民事诉讼法及相关司法解释的规定执行。申请人应当提供担保，不提供担保的，裁定驳回申请。

十九、仲裁司法审查程序的其他问题

110.【仲裁司法审查裁定的上诉和再审申请】人民法院根据《最高人民法院关于仲裁司法审查若干问题的规定》第七条、第八条、第十条的规定，因申请人的申请不符合受理条件作出的不予受理裁定、立案后发现不符合受理条件作出的驳回申请裁定、对管辖权异议作出的裁定，当事人不服的，可以提出上诉。对不予受理、驳回起诉的裁定，当事人可以依法申请再审。

除上述三类裁定外，人民法院在审理仲裁司法审查案件中作出的其他裁定，一经送达即发生法律效力。当事人申请复议、提出上诉或者申请再审的，人民法院不予受理，但法律、司法解释另有规定的除外。

二十、关于涉港澳台商事海事案件的参照适用

111.【涉港澳台案件参照适用本纪要】涉及香港特别行政区、澳门特别行政区和台湾地区的商事海事纠纷案件，相关司法解释未作规定的，参照本纪要关于涉外商事海事纠纷案件的规定处理。

凡例：

1. 法律文件名称中的“中华人民共和国”省略，如《中华人民共和国民法典》简称民法典；

2.《中华人民共和国仲裁法》，简称仲裁法；

3.《中华人民共和国海商法》，简称海商法；

4.《中华人民共和国涉外民事关系法律适用法》，简称涉外民事关系法律适用法；

5.《关于向国外送达民事或商事诉讼文书和非诉讼文书海牙公约》，简称《海牙送达公约》；

6.《承认及执行外国仲裁裁决公约》，简称《纽约公约》；

7.《中华人民共和国民事诉讼法》（2021 修正），简称民事诉讼法；

8.《中华人民共和国海事诉讼特别程序法》，简称海事诉讼特别程序法；

9.《最高人民法院关于适用〈中华人民共和国民事诉讼法〉的解释》，简称民事诉讼法司法解释；

10.《最高人民法院关于适用〈中华人民共和国仲裁法〉若干问题的解释》，简称仲裁法司法解释。

附　录

相关行政规定及政策性文件

国务院台湾事务办公室　国家发展和改革委员会

关于印发《关于促进两岸经济文化交流合作的若干措施》的通知

2018年2月28日　　　　国台发〔2018〕1号

各省、自治区、直辖市和新疆生产建设兵团台办、发展改革委：

为深入贯彻党的十九大精神和习近平总书记关于深化两岸经济文化交流合作的重要思想，率先同台湾同胞分享大陆发展的机遇，逐步为台湾同胞在大陆学习、创业、就业、生活提供与大陆同胞同等的待遇，经商中央组织部、中央宣传部、中央网信办、教育部、科技部、工业和信息化部、民政部、财政部、人力资源社会保障部、国土资源部、住房城乡建设部、交通运输部、水利部、农业部、商务部、文化部、卫生计生委、人民银行、税务总局、质检总局、新闻出版广电总局、林业局、旅游局、银监会、证监会、保监会、文物局、全国总工会、全国妇联同意，国务院台办、国家发展改革委牵头研究出台《关于促进两岸经济文化交流合作的若干措施》。自公布之日起施行。

附件：

关于促进两岸经济文化交流合作的若干措施

为深入贯彻党的十九大精神和习近平总书记关于深化两岸经济文化交流合作的重要思想，率先同台湾同胞分享大陆发展的机遇，逐步为台湾同胞在大陆学习、创业、就业、生活提供与大陆同胞同等的待遇，国务院台办、国家发展改革委经商中央组织部、中央宣传部、中央网信办、教育部、科技部、工业和信息化部、民政部、财政部、人力资源社会保障部、国土资源部、住房城乡建设部、交通运输部、水利部、农业部、商务部、文化部、卫生计生委、人民银行、税务总局、质检总局、新闻出版广电总局、林业局、旅游局、银监会、证监会、保监会、文物局、全国总工会、全国妇联，出台若干措施如下。

一、积极促进在投资和经济合作领域加快给予台资企业与大陆企业同等待遇

1. 台湾同胞在大陆投资的企业（以下简称“台资企业”）参与“中国制造2025”行动计划适用与大陆企业同等政策。支持台商来大陆投资设立高端制造、智能制造、绿色制造等企业并设立区域总部和研发设计中心，相应享受税收、投资等相关支持政策。

2. 帮助和支持符合条件的台资企业依法享受高新技术企业减按15%税率征收企业所得税，研发费用加计扣除，设在大陆的研发中心采购大陆设备全额退还增值税等税收优惠政策。

3. 台湾科研机构、高等学校、企业在大陆注册的独立法人，可牵头或参与国家重点研发计划项目申报，享受与大陆科研机构、高等学校、企业同等政策。受聘于在大陆注册的独立法人的台湾地区科研人员，可作为国家重点研发计划项目（课题）负责人申报，享受与大陆科研人员同等政策。对台湾地区知识产权在大陆转化的，可参照执行大陆知识产权激励政策。

4. 台资企业可以特许经营方式参与能源、交通、水利、环保、市政公用工程等基础设施建设。

5. 台资企业可公平参与政府采购。

6. 台资企业可通过合资合作、并购重组等方式参与国有企业混合所有制改革。

7. 台资企业与大陆企业同等适用相关用地政策。对集约用地的鼓励类台商投资工业项目优先供应土地，在确定土地出让底价时，可按不低于所在地土地等别相对应大陆工业用地出让最低价标准的70%执行。

8. 继续在中西部、东北地区设立海峡两岸产业合作区，鼓励台资企业向中西部、东北地区转移并参与“一带一路”建设，拓展内需市场和国际市场。大力推进台商投资区和两岸环保产业合作示范基地建设。

9. 台资农业企业可与大陆农业企业同等享受农机购置补贴、产业化重点龙头企业等农业支持政策和优惠措施。

10. 台湾金融机构、商家可与中国银联及大陆非银行支付机构依法合规开展合作，为台湾同胞提供便捷的小额支付服务。

11. 台湾征信机构可与大陆征信机构开展合作，为两岸同胞和企业提供征信服务。

12. 台资银行可与大陆同业协作，通过银团贷款等方式为实体经济提供金融服务。

二、逐步为台湾同胞在大陆学习、创业、就业、生活提供与大陆同胞同等的待遇

13. 台湾同胞可报名参加53项专业技术人员职业资格考试和81项技能人员职业资格考试（《向台湾居民开放的国家职业资格考试目录》附后，具体执业办法由有关部门另行制定）。

14. 台湾专业人才可申请参与国家“千人计划”。在大陆工作的台湾专业人才，可申请参与国家“万人计划”。

15. 台湾同胞可申报国家自然科学基金、国家社会科学基金、国家杰出青年科学基金、国家艺术基金等各类基金项目。具体办法由相关主管部门制定。

16. 鼓励台湾同胞参与中华经典诵读工程、文化遗产保护工程、非物质文化遗产传承发展工程等中华优秀传统文化传承发展工程。支持台湾文化艺术界团体和人士参与大陆在海外举办的感知中国、中国文化年（节）、欢乐春节等品牌活动，参加“中华文化走出去”计划。符合条件的两岸文化项目可纳入海外中国文化中心项目资源库。

17. 支持中华慈善奖、梅花奖、金鹰奖等经济科技文化社会领域各类评奖项目提名涵盖台湾地区。在大陆工作的台湾同胞可参加当地劳动模范、“五一”劳动奖章、技术能手、“三八”红旗手等荣誉称号评选。

18. 台湾人士参与大陆广播电视节目和电影、电视剧制作可不受数量限制。

19. 大陆电影发行机构、广播电视台、视听网站和有线电视网引进台湾生产的电影、电视剧不做数量限制。

20. 放宽两岸合拍电影、电视剧在主创人员比例、大陆元素、投资比例等方面的限制；取消收取两岸电影合拍立项申报费用；缩短两岸电视剧合拍立项阶段故事梗概的审批时限。

21. 对台湾图书进口业务建立绿色通道，简化进口审批流程。同时段进口的台湾图书可优先办理相关手续。

22. 鼓励台湾同胞加入大陆经济、科技、文化、艺术类专业性社团组织、行业协会，参加相关活动。

23. 支持鼓励两岸教育文化科研机构开展中国文化、历史、民族等领域研究和成果应用。

24. 台湾地区从事两岸民间交流的机构可申请两岸交流基金项目。

25. 鼓励台湾同胞和相关社团参与大陆扶贫、支教、公益、社区建设等基层工作。

26. 在大陆高校就读临床医学专业硕士学位的台湾学生，在参加研究生学习一年后，可按照大陆医师资格考试报名的相关规定申请参加考试。

27. 取得大陆医师资格证书的台湾同胞，可按照相关规定在大陆申请执业注册。

28. 符合条件的台湾医师，可通过认定方式获得大陆医师资格。符合条件的台湾医师，可按照相关规定在大陆申请注册短期行医，期满后可重新办理注册手续。

29. 在台湾已获取相应资格的台湾同胞在大陆申请证券、期货、基金从业资格时，只需通过大陆法律法规考试，无需参加专业知识考试。

30. 鼓励台湾教师来大陆高校任教，其在台湾取得的学术成果可纳入工作评价体系。

31. 为方便台湾同胞在大陆应聘工作，推动各类人事人才网站和企业线上招聘做好系统升级，支持使用台胞证注册登录。

台办　发展改革委

关于印发《关于进一步促进两岸经济文化交流合作的若干措施》的通知

2019 年 11 月 4 日　　　　　　　　国台发〔2019〕1 号

各省、自治区、直辖市和新疆生产建设兵团台办、发展改革委：

2018 年 2 月 28 日，国务院台办、国家发展改革委经商有关部门印发《关于促进两岸经济文化交流合作的若干措施》（简称“31 条措施”）。一年多来，在党中央坚强领导和各地区各部门共同努力下，“31 条措施”落实工作扎实推进，提升了广大台湾同胞的获得感，有力促进了两岸交流合作。

为深入贯彻习近平总书记在《告台湾同胞书》发表 40 周年纪念会上的重要讲话精神，继续率先同台湾同胞分享大陆发展机遇，为台湾同胞台湾企业提供同等待遇，国务院台办、国家发展改革委经商中央组织部、外交部、教育部、科技部、工业和信息化部、财政部、人力资源社会保障部、生态环境部、住房城乡建设部、交通运输部、农业农村部、商务部、文化和旅游部、卫生健康委、人民银行、海关总署、市场监管总局、体育总局、银保监会、民航局同意，研究出台《关于进一步促进两岸经济文化交流合作的若干措施》。现予公布，自公布之日起施行。

附：

关于进一步促进两岸经济文化交流合作的若干措施

为深入贯彻落实习近平总书记在《告台湾同胞书》发表40周年纪念会上的重要讲话精神，继续率先同台湾同胞分享大陆发展机遇，为台湾同胞台湾企业提供同等待遇，在《关于促进两岸经济文化交流合作的若干措施》基础上，国务院台办、国家发展改革委商中央组织部、外交部、教育部、科技部、工业和信息化部、财政部、人力资源社会保障部、生态环境部、住房城乡建设部、交通运输部、农业农村部、商务部、文化和旅游部、卫生健康委、人民银行、海关总署、市场监管总局、体育总局、银保监会、民航局，出台进一步促进两岸经济文化交流合作的措施如下。

一、为台湾企业提供同等待遇

1. 台资企业可同等参与重大技术装备研发创新、检测评定、示范应用体系建设，可同等参与产业创新中心、工程研究中心、企业技术中心和工业设计中心建设。

2. 台资企业可按市场化原则参与大陆第五代移动通信（5G）技术研发、标准制定、产品测试和网络建设。

3. 台资企业可同等参与大陆城市建筑垃圾资源化利用、园林废弃物资源化利用、城镇污泥无害化处置与资源化利用、再生资源和大宗工业固废综合利用等循环经济项目。

4. 符合条件的台资企业可与大陆企业同等投资航空客货运输、通用航空服务，参与符合相关规划的民航运输机场和通用机场建设，开展咨询、设计、运营维护等业务。

5. 台资企业可投资主题公园，可以特许经营方式参与旅游基础设施和配套服务建设。

6. 支持符合条件的台湾金融机构和企业在台资企业集中地区发起或参与设立小额贷款公司、融资租赁公司和融资担保公司等新型金融组织。

7. 鼓励各地根据地方实际，为台资企业增加投资提供政策支持。

8. 符合条件的台资企业可向地方各级政府性融资担保基金申请担保融资等服务，可通过股权托管交易机构进行融资。允许台资企业在银行间债券市场发行债务融资工具。

9. 台资企业可与大陆企业同等依法享受贸易救济和贸易保障措施。

10. 符合条件的台资企业可与大陆企业同等依法利用出口信用保险等工具，保障出口收汇和降低对外投资风险。

11. 对从台湾输入大陆的商品采取快速验放模式，建立有利于规范和发展第三方检验鉴定机构的管理制度，在风险分析的基础上，科学、稳妥、有序推进台湾输入大陆商品第三方检测结果采信。对来自台湾的符合要求的产品实施风险评估、预检考察、企业注册等管理，推动两岸食品、农产品、消费品安全监管合作。

12. 台资企业可与大陆企业同等参与行业标准的制订和修订，共同促进两岸标准互联互通。

13. 符合条件的海峡两岸青年就业创业基地和示范点可以申报国家级科技企业孵化器、大学科技园和国家备案众创空间。

二、为台湾同胞提供同等待遇

14. 台湾同胞可在中华人民共和国驻外使领馆寻求领事保护与协助，申请旅行证件。

15. 台湾同胞可申请成为农民专业合作社成员，可申请符合条件的农业基本建设项目和财政项目。

16. 台湾同胞可同等使用交通运输新业态企业提供的交通出行等产品。

17. 试点在福建对持台湾居民居住证的台胞使用大陆移动电话业务给予资费优惠。

18. 持台湾居民居住证的台湾同胞在购房资格方面与大陆居民享受同等待遇。

19. 台湾文创机构、单位或个人可参与大陆文创园区建设营运、参加大陆各类文创赛事、文艺展演展示活动。台湾文艺工作者可进入大陆文艺院团、研究机构工作或研学。

20. 在大陆工作的台湾同胞可申报中国文化艺术政府奖动漫奖。

21. 在大陆高校、科研机构、公立医院、高科技企业从事专业技术工作的台湾同胞，符合条件的可同等参加相应系列、级别职称评审，其在台湾地区参与的项目、取得的成果等同等视为专业工作业绩，在台湾地区从事技术工作的年限同等视为专业技术工作年限。

22. 台商子女高中毕业后，在大陆获得高中、中等职业学校毕业证书可以在大陆参加相关高职院校分类招考。

23. 进一步扩大招收台湾学生的院校范围，提高中西部院校和非部属院校比例。

24. 台湾学生可持台湾居民居住证按照有关规定向所在大陆高校同等申请享受各类资助政策。在大陆高校任教、就读的台湾教师和学生可持台湾居民居住证同等申请公派留学资格。

25. 欢迎台湾运动员来大陆参加全国性体育比赛和职业联赛，积极为台湾运动员、教练员、专业人员来大陆考察、训练、参赛、工作、交流等提供便利条件，为台湾运动员备战 2022 年北京冬奥会和杭州亚运会提供协助。

26. 台湾运动员可以内援身份参加大陆足球、篮球、乒乓球、围棋等职业联赛，符合条件的台湾体育团队、俱乐部亦可参与大陆相关职业联赛。大陆单项体育运动协会可向台湾同胞授予运动技术等级证书。欢迎台湾运动员报考大陆体育院校。

中国公民往来台湾地区管理办法

（1991 年 12 月 17 日中华人民共和国国务院令第 93 号发布
根据 2015 年 6 月 14 日《国务院关于修改〈中国公民往来台湾地区管理办法〉的决定》修订）

第一章 总 则

第一条 为保障台湾海峡两岸人员往来，促进各方交流，维护社会秩序，制定本办法。

第二条 居住在大陆的中国公民（以下简称大陆居民）往来台湾地区（以下简称台湾）以及居住在台湾地区的中国公民（以下简称台湾居民）来往大陆，适用本办法。

本办法未规定的事项，其他有关法律、法规有规定的，适用其他法律、法规。

第三条 大陆居民前往台湾，凭公安机关出入境管理部门签发的旅行证件，从开放的或者指定的出入境口岸通行。

第四条 台湾居民来大陆，凭国家主管机关签发的旅行证件，从开放的或者指定的入出境口岸通行。

第五条 中国公民往来台湾与大陆之间，不得有危害国家安全、荣誉和利益的行为。

第二章　大陆居民前往台湾

第六条　大陆居民前往台湾定居、探亲、访友、旅游、接受和处理财产、处理婚丧事宜或者参加经济、科技、文化、教育、体育、学术等活动，须向户口所在地的市、县公安局提出申请。

第七条　大陆居民申请前往台湾，须履行下列手续：

（一）交验身份、户口证明；

（二）填写前往台湾申请表；

（三）在职、在学人员须提交所在单位对申请人前往台湾的意见；非在职、在学人员须提交户口所在地公安派出所对申请人前往台湾的意见；

（四）提交与申请事由相应的证明。

第八条　本办法第七条第四项所称的证明是指：

（一）前往定居，须提交确能在台湾定居的证明；

（二）探亲、访友，须提交台湾亲友关系的证明；

（三）旅游，须提交旅行所需费用的证明；

（四）接受、处理财产，须提交经过公证的对该项财产有合法权利的有关证明；

（五）处理婚姻事务，须提交经过公证的有关婚姻状况的证明；

（六）处理亲友丧事，须提交有关的函件或者通知；

（七）参加经济、科技、文化、教育、体育、学术等活动，须提交台湾相应机构、团体、个人邀请或者同意参加该项活动的证明；

（八）主管机关认为需要提交的其他证明。

第九条 公安机关受理大陆居民前往台湾的申请，应当在30日内，地处偏僻、交通不便的应当在60日内，作出批准或者不予批准的决定，通知申请人。紧急的申请，应当随时办理。

第十条 经批准前往台湾的大陆居民，由公安机关签发或者签注旅行证件。

第十一条 经批准前往台湾的大陆居民，应当在所持旅行证件签注的有效期内前往，除定居的以外，应当按期返回。

大陆居民前往台湾后，因病或者其他特殊情况，旅行证件到期不能按期返回的，可以向原发证的公安机关或者公安部出入境管理局派出的或者委托的有关机构申请办理延期手续；有特殊原因的也可以在入境口岸的公安机关申请办理入境手续。

第十二条 申请前往台湾的大陆居民有下列情形之一的，不予批准：

（一）刑事案件的被告人或者犯罪嫌疑人；

（二）人民法院通知有未了结诉讼事宜不能离境的；

（三）被判处刑罚尚未执行完毕的；

（四）正在被劳动教养的；

（五）国务院有关主管部门认为出境后将对国家安全造成危害或者对国家利益造成重大损失的；

（六）有编造情况、提供假证明等欺骗行为的。

第三章　台湾居民来大陆

第十三条 台湾居民要求来大陆的，向下列有关机关申请办理旅行证件：

（一）从台湾地区要求直接来大陆的，向公安部出入境管理局派出的或者委托的有关机构申请；有特殊事由的，也可以向指定口岸的公安机关申请；

（二）到香港、澳门地区后要求来大陆的，向公安部出入境管理局派出的机构或者委托的在香港、澳门地区的有关机构申请；

（三）经由外国来大陆的，依据《中华人民共和国护照法》，向中华人民共和国驻外国的外交代表机关、领事机关或者外交部授权的其他驻外机关申请。

第十四条　台湾居民申请来大陆，须履行下列手续：

（一）交验表明在台湾居住的有效身份证明和出境入境证件；

（二）填写申请表；

（三）提交符合规定的照片。

国家主管机关可以根据具体情况要求台湾居民提交其他申请材料。

第十五条　对批准来大陆的台湾居民，由国家主管机关签发旅行证件。

第十六条　台湾居民来大陆，应当按照户口管理规定，办理暂住登记。在宾馆、饭店、招待所、旅店、学校等企业、事业单位或者机关、团体和其他机构内住宿的，应当填写临时住宿登记表；住在亲友家的，由本人或者亲友在24小时（农村72小时）内到当地公安派出所或者户籍办公室办理暂住登记手续。

第十七条　台湾居民要求来大陆定居的，应当在入境前向公安部出入境管理局派出的或者委托的有关机构提出申请，或者经由大陆亲属向拟定居地的市、县公安局提出申请。批准定居的，公安机关发给定居证明。

第十八条　台湾居民来大陆后，应当在所持旅行证件有效期之内按期离境。所持证件有效期即将届满需要继续居留的，应当向市、县公安局申请换发。

第十九条 申请来大陆的台湾居民有下列情形之一的，不予批准：

（一）被认为有犯罪行为的；

（二）被认为来大陆后可能进行危害国家安全、利益等活动的；

（三）不符合申请条件或者有编造情况、提供假证明等欺骗行为的；

（四）精神疾病或者严重传染病患者；

（五）法律、行政法规规定不予批准的其他情形。

治病或者其他特殊原因可以批准入境的除外。

第四章 出境入境检查

第二十条 大陆居民往来台湾，台湾居民来往大陆，须向开放的或者指定的出入境口岸边防检查站出示证件，填交出境、入境登记卡，接受查验。

第二十一条 有下列情形之一的，边防检查站有权阻止出境、入境：

（一）未持有旅行证件的；

（二）持用伪造、涂改等无效的旅行证件的；

（三）拒绝交验旅行证件的；

（四）本办法第十二条、第十九条规定不予批准出境、入境的。

第五章　证件管理

第二十二条　大陆居民往来台湾的旅行证件系指大陆居民往来台湾通行证和其他有效旅行证件。

第二十三条　台湾居民来往大陆的旅行证件系指台湾居民来往大陆通行证和其他有效旅行证件。

第二十四条　大陆居民往来台湾通行证有效期为10年；台湾居民来往大陆通行证分为5年有效和3个月一次有效两种。

第二十五条　大陆居民往来台湾通行证实行逐次签注。签注分一次往返有效和多次往返有效。

第二十六条　大陆居民遗失旅行证件，应当向原发证的公安机关报失；经调查属实的，可补发给相应的旅行证件。

第二十七条　台湾居民在大陆遗失旅行证件，应当向当地的市、县公安机关报失；经调查属实的，可以允许重新申请领取相应的旅行证件，或者发给一次有效的出境通行证件。

第二十八条　大陆居民前往台湾和台湾居民来大陆旅行证件的持有人，有本办法第十二条、第十九条规定情形之一的，其证件应当予以吊销或者宣布作废。

第二十九条　审批签发旅行证件的机关，对已发出的旅行证件有权吊销或者宣布作废。公安部在必要时，可以变更签注、吊销旅行证件或者宣布作废。

第六章　处　罚

第三十条　持用伪造、涂改等无效的旅行证件或者冒用他人的旅行证件出境、入境的，除依照《中华人民共和国公民出境入境管理法实施细则》第二十三条的规定处罚外，可以单处或者并处100元以上、500元以下的罚款。

第三十一条 伪造、涂改、转让、倒卖旅行证件的，除依照《中华人民共和国公民出境入境管理法实施细则》第二十四条的规定处罚外，可以单处或者并处500元以上、3000元以下的罚款。

第三十二条 编造情况，提供假证明，或者以行贿等手段获取旅行证件的，除依照《中华人民共和国公民出境入境管理法实施细则》第二十五条的规定处罚外，可以单处或者并处100元以上、500元以下的罚款。

有前款情形的，在处罚执行完毕6个月以内不受理其出境、入境申请。

第三十三条 机关、团体、企业、事业单位编造情况、出具假证明为申请人获取旅行证件的，暂停其出证权的行使；情节严重的，取消其出证资格；对直接责任人员，除依照《中华人民共和国公民出境入境管理法实施细则》第二十五条的规定处罚外，可以单处或者并处500元以上、1000元以下的罚款。

第三十四条 违反本办法第十六条的规定，不办理暂住登记的，处以警告或者100元以上、500元以下的罚款。

第三十五条 违反本办法第十八条的规定，逾期非法居留的，处以警告，可以单处或者并处每逾期1日100元的罚款。

第三十六条 被处罚人对公安机关处罚不服的，可以在接到处罚通知之日起15日内，向上一级公安机关申请复议，由上一级公安机关作出最后的裁决；也可以直接向人民法院提起诉讼。

第三十七条 来大陆的台湾居民违反本办法的规定或者有其

他违法犯罪行为的，除依照本办法和其他有关法律、法规的规定处罚外，公安机关可以缩短其停留期限，限期离境，或者遣送出境。

有本办法第十九条规定不予批准情形之一的，应当立即遣送出境。

第三十八条 执行本办法的国家工作人员，利用职权索取、收受贿赂或者有其他违法失职行为，情节轻微的，由主管部门予以行政处分；情节严重，构成犯罪的，依照《中华人民共和国刑法》的有关规定追究刑事责任。

第三十九条 对违反本办法所得的财物，应当予以追缴或者责令退赔；用于犯罪的本人财物应当没收。

罚款及没收的财物上缴国库。

第七章 附 则

第四十条 本办法由公安部负责解释。

第四十一条 本办法自1992年5月1日起施行。

大陆居民赴台湾地区旅游管理办法

（2006年4月16日国家旅游局、公安部、国务院台湾事务办公室令第26号公布　根据2011年6月20日《国家旅游局、公安部、国务院台湾事务办公室关于修改〈大陆居民赴台湾地区旅游管理办法〉的决定》第一次修改　根据2017年4月13日《国家旅游局 公安部 国务院台湾事务办公室关于修改〈大陆居民赴台湾地区旅游管理办法〉的决定》第二次修改）

第一条　为规范大陆居民赴台湾地区旅游，根据《旅游法》、《旅行社条例》和《中国公民往来台湾地区管理办法》，制定本办法。

第二条　大陆居民赴台湾地区旅游（以下简称赴台旅游），可采取团队旅游或者个人旅游两种形式。

大陆居民赴台团队旅游应当由指定经营大陆居民赴台旅游业务的旅行社（以下简称组团社）组织，以团队形式整团往返。旅游团成员在台湾期间应当集体活动。

大陆居民赴台个人旅游可自行前往台湾地区，在台湾期间可自行活动。

第三条　组团社由国家旅游局会同有关部门，从取得出境旅游业务经营许可并提出经营赴台旅游业务申请的旅行社范围内指定，但国家另有规定的除外。组团社名单由海峡两岸旅游交流协会公布。

除被指定的组团社外，任何单位和个人不得经营大陆居民赴台旅游业务。

第四条 台湾地区接待大陆居民赴台旅游的旅行社（以下简称地接社），经大陆有关部门会同国家旅游局确认后，由海峡两岸旅游交流协会公布。

第五条 大陆居民赴台团队旅游实行配额管理。配额由国家旅游局会同有关部门确认后下达给组团社。

第六条 组团社在开展组织大陆居民赴台旅游业务前，应当与地接社签订合同、建立合作关系。

大陆居民赴台旅游团队出发前，组团社应当向国家旅游局旅游团队管理和服务信息平台提供符合规定的赴台旅游团队信息。旅游团队信息实行一团一登记。

第七条 组团社应当为每个团队委派领队，并要求地接社派导游全程陪同。

赴台旅游领队应当具备法律、法规规定的领队条件，经省级旅游主管部门培训，由国家旅游局指定。

第八条 大陆居民赴台旅游期间，不得从事或者参与涉及赌博、色情、毒品等内容及有损两岸关系的活动。

组团社不得组织旅游团成员参与前款活动，并应当要求地接社不得引导或者组织旅游团成员参与前款活动。

第九条 组团社应当要求地接社严格按照合同规定的团队日程安排活动；未经双方旅行社及旅游团成员同意，不得变更日程。

第十条 大陆居民赴台旅游应当持有效的《大陆居民往来台湾通行证》，并根据其采取的旅游形式，办理团队旅游签注或者个人旅游签注。

第十一条 大陆居民赴台旅游应当按照有关规定向公安机关出

入境管理部门申请办理《大陆居民往来台湾通行证》及相应签注。

第十二条 赴台旅游团队应当凭《大陆居民赴台湾地区旅游团队名单表》，从大陆对外开放口岸整团出入境。

第十三条 旅游团出境前已确定分团入境大陆的，组团社应当事先向有关出入境边防检查总站或者省级公安边防部门备案。

旅游团成员因紧急情况不能随团入境大陆或者不能按期返回大陆的，组团社应当及时向有关出入境边防检查总站或者省级公安边防部门报告。

第十四条 赴台旅游的大陆居民应当按期返回，不得非法滞留。当发生旅游团成员非法滞留时，组团社应当及时向公安机关及旅游主管部门报告，并协助做好有关滞留者的遣返和审查工作。

第十五条 对在台湾地区非法滞留情节严重者，公安机关出入境管理部门自其被遣返回大陆之日起，六个月至三年以内不批准其再次出境。

第十六条 违反本办法规定，未被指定经营大陆居民赴台旅游业务，或者旅行社及从业人员有违反本办法规定行为的，由旅游主管部门根据《旅游法》和《旅行社条例》等规定予以处罚。有关单位和个人违反其他法律、法规规定的，由有关部门依法予以处理。

第十七条 本办法由国家旅游局、公安部、国务院台湾事务办公室负责解释。

第十八条 本办法自发布之日起施行。

国家旅游局
关于开展大陆居民赴台湾地区个人旅游的通知

2011年6月22日　　旅办发〔2011〕75号

各省、自治区、直辖市旅游局（委）：

根据赴台旅游工作的安排，经商国务院台办和公安部，决定于2011年6月28日正式实施大陆居民赴台湾地区个人旅游。现就有关事项通知如下：

一、大陆居民赴台湾地区个人旅游的开放以城市为基础，第一批试点城市为北京市、上海市和厦门市，今后将按照循序渐进的原则，根据市场发展情况逐步增加开放区域。

二、北京、上海、厦门三个城市赴台湾地区个人旅游的居民，为具有当地正式户籍的居民。

三、大陆居民赴台湾地区个人旅游，应严格遵守新修订实施的《大陆居民赴台湾地区旅游管理办法》和《大陆居民赴台湾地区个人旅游注意事项》。

四、大陆居民赴台湾地区个人旅游，应向其户口所在地公安机关出入境管理部门申请办理《大陆居民往来台湾通行证》及个人旅游签注，之后委托本城市指定经营大陆居民赴台湾旅游业务的旅行社，经台湾有接待大陆居民赴台湾旅游资质的旅行社，向台湾相关机构申请、代办入台相关出入境手续。大陆及台湾的代办社应相互确认有关手续的办理情况，并及时向申请个人通报办理进度。

五、大陆居民赴台湾地区个人旅游，可委托本城市指定经营大陆居民赴台湾旅游业务的旅行社代办代订机票、住宿和在台旅游行程安排，也可以自行办理。

六、大陆居民赴台湾地区个人旅游，不得参与涉及赌博、色情、毒品及有损两岸关系的活动；指定经营大陆居民赴台湾旅游业务的旅行社，在提供旅游行程安排等委托服务中，也不得有上述内容，并应要求台湾的接待社不得引导和组织个人游游客参与上述活动。

七、大陆居民赴台湾地区个人旅游，在台湾的停留时间，自入境次日起不超过 15 天，并应在规定时间内返回大陆。因自然灾害、重大疾病等不可抗力因素而在台逾期停留的，应及时通过台湾方面的旅游热线电话报告台湾海峡两岸观光旅游协会，并在不可抗力因素消失后自行返回。

八、大陆居民赴台湾地区个人旅游，无正当理由在台湾非法逾期停留的，双方的相关机构应及时通知查找；情节轻微者可自行返回，情节严重者安排遣返，相关费用由非法逾期停留者自行负担。台湾相关机构遣返非法逾期停留者时，将向大陆有关机构提供信息资料。

九、对在台湾非法逾期停留的个人游游客，大陆公安机关将依据有关规定予以处理。

十、除厦门市的指定经营大陆居民赴台旅游业务的旅行社外，福建省其他地区指定经营大陆居民赴台旅游业务的旅行社和全省经营“金马澎”旅游业务的旅行社，不得提供赴台湾地区个人旅游服务。违反此条规定的，取消其经营相应的赴台旅游业务。

特此通知。

附件：大陆居民赴台湾地区个人旅游注意事项

附件：

大陆居民赴台湾地区个人旅游注意事项

为规范大陆居民赴台湾地区个人旅游开放城市的指定经营大陆居民赴台旅游业务旅行社（以下简称“赴台游组团社”）的服务行为，保证大陆居民赴台湾地区个人旅游的服务质量和“规范、有序、安全、健康”的发展，依据新修订实施的《大陆居民赴台湾地区旅游管理办法》，制订本注意事项。

一、赴台游组团社注意事项

（一）赴台游组团社只能接受本地区具有正式户籍居民的委托，经台湾有接待大陆居民赴台湾旅游资质的旅行社，向台湾相关机构申请、代办入台相关出入境手续。

（二）赴台游组团社可接受赴台个人游游客的委托，代办代订机票、住宿和在台旅游行程安排，并就代办事宜与游客签订委托协议，也可告知其自行办理。

（三）赴台游组团社在代办入台相关出入境手续时应按照台方提供的模本，认真审核赴台个人游游客提交的相关申请材料，及时与台湾的代办社确认有关手续的办理情况并通报游客。

（四）赴台游组团社应提示赴台个人游游客不得在台涉及赌博、色情、毒品等内容和有损两岸关系的活动，并监督台湾代办社也不得安排和诱导游客参与上述内容的活动。

（五）赴台游组团社在接受赴台个人游游客咨询时，应提供真实可靠的赴台旅游服务信息，介绍台湾地区的基本情况、相关规定和风俗习惯，提示游客在人身和财物安全防范及文明旅游等方面的注意事项。

（六）赴台游组团社应提示赴台个人游游客不得在台非法逾期停留，获知本社代办入台出入境手续的赴台个人游游客逾期停留后，应及时报告省级旅游行政管理部门，并积极协助有关部门的处理工作。

（七）赴台游组团社应建立赴台个人游业务专门台账，落实领导，明确责任。

二、大陆居民赴台个人旅游注意事项

（八）大陆居民赴台湾地区个人旅游，应当向其户口所在地公安机关出入境管理部门申请办理《大陆居民往来台湾通行证》及个人旅游签注，之后委托本城市的赴台游组团社，向台湾相关机构申请和办理入台相关出入境手续，并按有关规定，提供真实可靠的申报材料。

（九）大陆居民赴台湾地区个人旅游，可委托本城市的赴台游组团社代办代订机票、住宿和在台旅游行程安排，也可以自行办理。

（十）大陆居民赴台湾地区个人旅游，不得参与涉及赌博、色情、毒品及有损两岸关系的活动。

（十一）大陆居民赴台湾地区个人旅游，在台湾的停留时间，自入境次日起不超过 15 天，并应在规定时间内返回大陆，不得在台非法逾期停留。因自然灾害、重大疾病等不可抗力等因素而在台逾期停留的，应及时通过台方旅游热线电话报告台湾海峡两岸观光旅游协会，并在不可抗力因素消失后自行返回。如无正当理由在台湾非法逾期停留且情节严重的，将被遣返并自行负担相关费用，还将由两岸相关机构依法处理。

（十二）大陆居民赴台湾地区个人旅游，必须按照《中华人民共和国海关对进出境旅客行李物品的监管办法》及有关规定，办理随身携带的行李物品通关手续。

（十三）大陆居民赴台湾地区个人旅游，应当妥善保管个人的旅行证件，一旦发生遗失或被盗抢等意外，应立即通过台方旅游热线电话报告台湾海峡两岸观光旅游协会。

（十四）大陆居民赴台湾地区个人旅游，应当遵守台湾地区的相关规定，尊重当地的风俗习惯，注意言谈举止文明。

（十五）大陆居民赴台湾地区个人旅游，应注意自我安全保护，严格遵守游览地的安全管理要求，服从管理。遇到自然灾害和其他突发事件时，应在尽可能采取措施自救的前提下，及时通过台方旅游热线电话寻求营救保护，服从台湾有关方面的处置指挥，并经由台湾海峡两岸观光旅游协会进行沟通协调。

国务院台湾事务办公室　公安部　司法部　民政部

关于台湾同胞在大陆死亡善后处理办法

1996年7月22日　　国台发〔1996〕10号

各省、自治区、直辖市台办、公安厅（局）、司法厅（局）、民政厅（局）：

为进一步做好台胞在大陆死亡事件的善后处理工作，本着一个中国的原则，参照有关规定，结合台胞在大陆死亡后处理工作的特点，特制订本办法。

一、死亡的确定

死亡分正常死亡和非正常死亡。因健康原因自然死亡的，谓正常死亡；因意外事故或突发事件死亡的，谓非正常死亡。

台胞在大陆死亡，经当地公安机关验定，如属正常死亡，善后处理工作由台胞接待或聘用单位负责，当地台办必要时予以协助。无接待或聘用单位的（包括零散游客），由台办会同有关部门共同处理。如属非正常死亡，由公安机关进行取证并处理，并通报同级台办，台办提供配合、协助。

二、通知死者家属

台胞在大陆死亡后应尽快通知死者家属。一般由接待或聘用单位直接通知死者家属。如接待或聘用单位无法直接通知死者家属，可通过两岸其他渠道（如红十字会等社团）代为通知。必要时也可通过海峡两岸关系协会（以下简称海协）与台湾海峡交流基金会（以下简称海基会）联系。

三、尸体解剖

正常死亡或死因明确的非正常死亡者，一般不需作尸体解剖。若死者家属提出书面要求作尸体解剖的，有关主管部门可同意。

对死因不明的非正常死亡者，公安机关为查明死因，需进行解剖时，应尽可能通知死者家属到场。家属逾期不到，地（市）级以上公安机关可依法处理。

四、出具证明

正常死亡，由县级以上医院或者授权的医疗机构出具《死亡证明书》。

被羁押的犯罪嫌疑人、被告人或被拘留的人员，在案件侦查、审理、执行期间正常死亡，由办案机关的法医出具确定其死亡的《死亡鉴定书》；办案机关没有法医的，可请公安机关派法医鉴定并出具《死亡鉴定书》

非正常死亡，由地（市）级以上公安机关的法医出具相关鉴定书。

根据海协会海基会《两岸公证书使用查证协议》的规定，死亡公证属应寄公证书副本的范围。台胞在大陆死亡，除出具相关鉴定书外，同时应由死亡地公证部门出具公证书。

五、尸体处理

台胞尸体的处理应尊重死者家属意愿，可在当地殡仪馆火化或运回台湾。如家属提出就地土葬，需向所在地的省级民政部门提出申请，经批准后葬在指定的公墓内。如需将尸体存放，可由当地殡仪馆妥善保存。

尸体火化，应由死者家属或其委托人持医院或公安机关出具的死亡证明，到当地殡仪馆火化。如确认死者无亲属，接待单位持《死亡证明书》到殡仪馆火化，同时将火化过程拍照并出具相关证明备存在殡仪馆。

对有接待单位的死者，在尸体火化前，可由接待单位酌情为死者举行简单的追悼仪式。如死者生前对我友好，台办及有关单位可送花圈，或将追悼仪式拍照送死者家属。

对家属要求按台湾当地宗教、风俗习惯举办祭奠仪式的，必须遵守国家有关殡葬法规，经省级民政部门批准，在殡仪馆内进行。

办理丧事的费用自理。

六、骨灰和尸体运输出境

骨灰、尸体运输，须持有医院出具的《死亡证明书》或法医出具的《死亡鉴定书》，及殡葬部门出具的《火化证明书》和公证部门出具的《死亡公证书》。

将尸体运出境外的，应严格按照卫生部《实施〈中华人民共和国国境口岸卫生监督办法〉的若干规定》［〔1983〕卫防字第五号］和海关部署《关于对尸体棺柩和骨灰进出境管理问题的通知》［〔84〕署外字第540号］办理尸体出境手续。

骨灰、尸体运输出境均由中国国际运尸网络服务中心负责，具体由北京、天津、上海、广州等四个办事处承办，也可委托当地殡仪馆承办。如亲属提出将尸体运回台湾，运输手续和费用均由亲属自理。在两岸实现直接通航前，死者家属要求通过第三地运送尸体时，由其家属自行办理第三地手续，有关部门应予协助。如台方提出由台湾直接派飞机或船舶运送尸体，应报国务院台办商有关部门后处理。

七、遗物的清点和处理

清点死者遗物应有死者家属或其代表和大陆有关部门人员在场。如家属明确表示不能到场时，公证部门人员应当到场。遗物清点必须造册，列出清单，清点人均应签字。遗物移交前要妥善保管好。移交遗物要开出移交书，一式二份，注明移交时间、地点、在场人、物品件数、种类和特征等，并由公证部门办理遗产移送公证书。如死者有遗嘱，应将遗嘱拍照或复制，原件交死者家属或其代理人。

死者原持有的我出入境证件，由当地公安机关入境管理部门收缴。

八、报告善后处理情况

善后事宜处理结束后，善后处理部门应写出《死亡善后处理情况报告》报上级主管部门，省、自治区、直辖市台办、公安厅(局)，抄国台办和海协。

民政部
关于台湾同胞回大陆办理丧葬问题的通知

1988年3月16日　　　　　　　　民〔1988〕民字8号

各省、自治区、直辖市民政厅（局），各计划单列市（区）民政局：

自台湾当局允许一般民众回大陆探亲以来，回大陆探亲的台胞日渐增多。他们中间，有的要求祭扫和修复祖墓，有的提出购买墓地，有的询问回大陆安葬骨灰或遗体等丧葬方面的政策。民政部、国务院侨务办公室1984年5月28日联合下发的《关于华侨去世后回国安葬问题的通知》［民（1984）民20号］和1984年7月23日联合下发的《关于华侨修复祖墓问题的通知》［〈84〉侨政会字第042号］中，已经对台胞回大陆安葬骨灰和修复祖墓的问题作过规定，这些规定仍然有效。对各地工作中遇到的新问题，经征得中央对台办同意，特作如下通知：

一、台胞回大陆探亲、旅游期间要求祭扫祖墓，凡能查找到的，一般应允许祭扫；已经平毁的，可视具体情况加以解释。对祭扫和修复祖墓要加强管理，不得搞封建迷信活动，不得恢复和建立宗族墓地，不得占用耕地或在国家规定保护的范围内修坟造墓，要注意防止坟山以及由此引起的宗族矛盾。如台胞提出政策允许范围以外的要求，应耐心说服，讲明道理，劝告制止，不要简单从事。

二、台胞去世后，其亲属要求回大陆安葬，一般只允许安葬骨灰。要求将遗体运回大陆安葬的，须由其亲属报请其原籍所在地的省、自治区、直辖市民政部门依当地有关规定从严审批，批准后还须经海关卫生检疫合格。安葬地点由民政部门负责安排。当地有公墓的，安葬在公墓内；没有公墓的，可在当地政府指定的荒山荒地或不宜耕种的瘠地埋葬。

三、回大陆探亲、旅游期间去世的台胞，如死者生前或其亲属要求在大陆安葬，应遵守安葬地人民政府有关殡葬管理的规定。如其亲属要求将遗体或骨灰运出大陆以外安葬，一般应予同意，殡葬管理部门要提供方便，做到热情服务，收费合理。对患急性传染病去世或高度腐败的遗体，须就地火化或深埋。

四、为满足台胞落叶归根的愿望，台胞较多的地方可根据需要，选择荒山荒地兴办为台胞服务的骨灰公墓。按国家有关规定批准的公墓中，允许向台胞出售或预售骨灰墓穴。收费标准比照港澳同胞收取，确有困难的，可酌情予以优待。

五、台胞在大陆的丧葬事宜，由民政部门统一管理，遇有重大疑难问题，应与对台部门协商，共同研究确定。

附一：

卫生部实施《中华人民共和国国境口岸卫生监督办法》的若干规定（摘录）

（〔83〕卫防字第5号）

第九条 尸体、棺柩的有关规定。

一、移运前应当出示死亡诊断证明书；

二、尸体必须进行防腐处理；

三、棺柩封闭严格，无腐败液体渗出，无臭味散出；

四、经上述检查后认为满意者，签发进出境尸体棺柩移运许可证后，方准移运。

附二：海关总署关于对尸体、棺柩和骨灰进出境管理问题的通知（略）[①]

① 根据2007年11月2日《海关总署关于废止部分海关规章的决定》予以废止。——编者注

婚姻登记条例

（2003年7月30日国务院第16次常务会议通过
2003年8月8日国务院令第387号公布　自2003年10月1日起施行）

第一章　总　则

第一条　为了规范婚姻登记工作，保障婚姻自由、一夫一妻、男女平等的婚姻制度的实施，保护婚姻当事人的合法权益，根据《中华人民共和国婚姻法》（以下简称婚姻法），制定本条例。

第二条　内地居民办理婚姻登记的机关是县级人民政府民政部门或者乡（镇）人民政府，省、自治区、直辖市人民政府可以按照便民原则确定农村居民办理婚姻登记的具体机关。

中国公民同外国人，内地居民同香港特别行政区居民（以下简称香港居民）、澳门特别行政区居民（以下简称澳门居民）、台湾地区居民（以下简称台湾居民）、华侨办理婚姻登记的机关是省、自治区、直辖市人民政府民政部门或者省、自治区、直辖市人民政府民政部门确定的机关。

第三条　婚姻登记机关的婚姻登记员应当接受婚姻登记业务培训，经考核合格，方可从事婚姻登记工作。

婚姻登记机关办理婚姻登记，除按收费标准向当事人收取工本费外，不得收取其他费用或者附加其他义务。

第二章　结婚登记

第四条　内地居民结婚，男女双方应当共同到一方当事人常住户口所在地的婚姻登记机关办理结婚登记。

中国公民同外国人在中国内地结婚的，内地居民同香港居民、澳门居民、台湾居民、华侨在中国内地结婚的，男女双方应当共同到内地居民常住户口所在地的婚姻登记机关办理结婚登记。

第五条　办理结婚登记的内地居民应当出具下列证件和证明材料：

（一）本人的户口簿、身份证；

（二）本人无配偶以及与对方当事人没有直系血亲和三代以内旁系血亲关系的签字声明。

办理结婚登记的香港居民、澳门居民、台湾居民应当出具下列证件和证明材料：

（一）本人的有效通行证、身份证；

（二）经居住地公证机构公证的本人无配偶以及与对方当事人没有直系血亲和三代以内旁系血亲关系的声明。

办理结婚登记的华侨应当出具下列证件和证明材料：

（一）本人的有效护照；

（二）居住国公证机构或者有权机关出具的、经中华人民共和国驻该国使（领）馆认证的本人无配偶以及与对方当事人没有直系血亲和三代以内旁系血亲关系的证明，或者中华人民共和国驻该国使（领）馆出具的本人无配偶以及与对方当事人没有直系血亲和三代以内旁系血亲关系的证明。

办理结婚登记的外国人应当出具下列证件和证明材料：

（一）本人的有效护照或者其他有效的国际旅行证件；

（二）所在国公证机构或者有权机关出具的、经中华人民共和国驻该国使（领）馆认证或者该国驻华使（领）馆认证的本人无配偶的证明，或者所在国驻华使（领）馆出具的本人无配偶的证明。

第六条 办理结婚登记的当事人有下列情形之一的，婚姻登记机关不予登记：

（一）未到法定结婚年龄的；

（二）非双方自愿的；

（三）一方或者双方已有配偶的；

（四）属于直系血亲或者三代以内旁系血亲的；

（五）患有医学上认为不应当结婚的疾病的。

第七条 婚姻登记机关应当对结婚登记当事人出具的证件、证明材料进行审查并询问相关情况。对当事人符合结婚条件的，应当当场予以登记，发给结婚证；对当事人不符合结婚条件不予登记的，应当向当事人说明理由。

第八条 男女双方补办结婚登记的，适用本条例结婚登记的规定。

第九条 因胁迫结婚的，受胁迫的当事人依据婚姻法第十一条的规定向婚姻登记机关请求撤销其婚姻的，应当出具下列证明材料：

（一）本人的身份证、结婚证；

（二）能够证明受胁迫结婚的证明材料。

婚姻登记机关经审查认为受胁迫结婚的情况属实且不涉及子女

抚养、财产及债务问题的，应当撤销该婚姻，宣告结婚证作废。

第三章　离婚登记

第十条　内地居民自愿离婚的，男女双方应当共同到一方当事人常住户口所在地的婚姻登记机关办理离婚登记。

中国公民同外国人在中国内地自愿离婚的，内地居民同香港居民、澳门居民、台湾居民、华侨在中国内地自愿离婚的，男女双方应当共同到内地居民常住户口所在地的婚姻登记机关办理离婚登记。

第十一条　办理离婚登记的内地居民应当出具下列证件和证明材料：

（一）本人的户口簿、身份证；

（二）本人的结婚证；

（三）双方当事人共同签署的离婚协议书。

办理离婚登记的香港居民、澳门居民、台湾居民、华侨、外国人除应当出具前款第（二）项、第（三）项规定的证件、证明材料外，香港居民、澳门居民、台湾居民还应当出具本人的有效通行证、身份证，华侨、外国人还应当出具本人的有效护照或者其他有效国际旅行证件。

离婚协议书应当载明双方当事人自愿离婚的意思表示以及对子女抚养、财产及债务处理等事项协商一致的意见。

第十二条　办理离婚登记的当事人有下列情形之一的，婚姻登记机关不予受理：

（一）未达成离婚协议的；

（二）属于无民事行为能力人或者限制民事行为能力人的；

（三）其结婚登记不是在中国内地办理的。

第十三条 婚姻登记机关应当对离婚登记当事人出具的证件、证明材料进行审查并询问相关情况。对当事人确属自愿离婚，并已对子女抚养、财产、债务等问题达成一致处理意见的，应当当场予以登记，发给离婚证。

第十四条 离婚的男女双方自愿恢复夫妻关系的，应当到婚姻登记机关办理复婚登记。复婚登记适用本条例结婚登记的规定。

第四章 婚姻登记档案和婚姻登记证

第十五条 婚姻登记机关应当建立婚姻登记档案。婚姻登记档案应当长期保管。具体管理办法由国务院民政部门会同国家档案管理部门规定。

第十六条 婚姻登记机关收到人民法院宣告婚姻无效或者撤销婚姻的判决书副本后，应当将该判决书副本收入当事人的婚姻登记档案。

第十七条 结婚证、离婚证遗失或者损毁的，当事人可以持户口簿、身份证向原办理婚姻登记的机关或者一方当事人常住户口所在地的婚姻登记机关申请补领。婚姻登记机关对当事人的婚姻登记档案进行查证，确认属实的，应当为当事人补发结婚证、离婚证。

第五章 罚 则

第十八条 婚姻登记机关及其婚姻登记员有下列行为之一

的，对直接负责的主管人员和其他直接责任人员依法给予行政处分：

（一）为不符合婚姻登记条件的当事人办理婚姻登记的；

（二）玩忽职守造成婚姻登记档案损失的；

（三）办理婚姻登记或者补发结婚证、离婚证超过收费标准收取费用的。

违反前款第（三）项规定收取的费用，应当退还当事人。

第六章　附　则

第十九条　中华人民共和国驻外使（领）馆可以依照本条例的有关规定，为男女双方均居住于驻在国的中国公民办理婚姻登记。

第二十条　本条例规定的婚姻登记证由国务院民政部门规定式样并监制。

第二十一条　当事人办理婚姻登记或者补领结婚证、离婚证应当交纳工本费。工本费的收费标准由国务院价格主管部门会同国务院财政部门规定并公布。

第二十二条　本条例自 2003 年 10 月 1 日起施行。1994 年 1 月 12 日国务院批准、1994 年 2 月 1 日民政部发布的《婚姻登记管理条例》同时废止。

民政部
关于贯彻执行《婚姻登记条例》若干问题的意见

2004 年 3 月 29 日　　民函〔2004〕76 号

各省、自治区、直辖市民政厅（局），计划单列市民政局，新疆生产建设兵团民政局：

为切实保障《婚姻登记条例》的贯彻实施，规范婚姻登记工作，方便当事人办理婚姻登记，经商国务院法制办公室、外交部、公安部、解放军总政治部等相关部门，现就《婚姻登记条例》贯彻执行过程中的若干问题提出以下处理意见：

一、关于身份证问题

当事人无法提交居民身份证的，婚姻登记机关可根据当事人出具的有效临时身份证办理婚姻登记。

二、关于户口簿问题

当事人无法出具居民户口簿的，婚姻登记机关可凭公安部门或有关户籍管理机构出具的加盖印章的户籍证明办理婚姻登记；当事人属于集体户口的，婚姻登记机关可凭集体户口簿内本人的户口卡片或加盖单位印章的记载其户籍情况的户口簿复印件办理婚姻登记。

当事人未办理落户手续的，户口迁出地或另一方当事人户口所在地的婚姻登记机关可凭公安部门或有关户籍管理机构出具的证明材料办理婚姻登记。

三、关于身份证、户口簿查验问题

当事人所持户口簿与身份证上的“姓名”、“性别”、“出生日期”内容不一致的，婚姻登记机关应告知当事人先到户籍所在地的公安部门履行相关项目变更和必要的证簿换领手续后再办理婚姻登记。

当事人声明的婚姻状况与户口簿“婚姻状况”内容不一致的，婚姻登记机关对当事人婚姻状况的审查主要依据其本人书面声明。

四、关于少数民族当事人提供的照片问题

为尊重少数民族的风俗习惯，少数民族当事人办理婚姻登记时提供的照片是否免冠从习俗。

五、关于离婚登记中的结婚证问题

申请办理离婚登记的当事人有一本结婚证丢失的，婚姻登记机关可根据另一本结婚证办理离婚登记；当事人两本结婚证都丢失的，婚姻登记机关可根据结婚登记档案或当事人提供的结婚登记记录证明等证明材料办理离婚登记。当事人应对结婚证丢失情况作出书面说明，该说明由婚姻登记机关存档。

申请办理离婚登记的当事人提供的结婚证上的姓名、出生日期、身份证号与身份证、户口簿不一致的，当事人应书面说明不一致的原因。

六、关于补领结婚证、离婚证问题

申请补领结婚证、离婚证的当事人出具的身份证、户口簿上的姓名、年龄、身份证号与原婚姻登记档案记载不一致的，当事人应书面说明不一致的原因，婚姻登记机关可根据当事人出具的身份证件补发结婚证、离婚证。

当事人办理结婚登记时未达法定婚龄，申请补领时仍未达法定婚龄的，婚姻登记机关不得补发结婚证。当事人办理结婚登记时未达法定婚龄，申请补领时已达法定婚龄的，当事人应对结婚登记情况作出书面说明；婚姻登记机关补发的结婚证登记日期应为当事人达到法定婚龄之日。

七、关于出国人员、华侨及港澳台居民结婚提交材料的问题

出国人员办理结婚登记应根据其出具的证件分情况处理。当事人出具身份证、户口簿作为身份证件的，按内地居民婚姻登记规定办理；当事人出具中国护照作为身份证件的，按华侨婚姻登记规定办理。

当事人以中国护照作为身份证件，在内地居住满一年、无法取得有关国家或我驻外使领馆出具的婚姻状况证明的，婚姻登记机关可根据当事人本人的相关情况声明及两个近亲属出具的有关当事人婚姻状况的证明办理结婚登记。

八、关于双方均非内地居民的结婚登记问题

双方均为外国人，要求在内地办理结婚登记的，如果当事人能够出具《婚姻登记条例》规定的相应证件和证明材料以及当事人本国承认其居民在国外办理结婚登记效力的证明，当事人工作

或生活所在地具有办理涉外婚姻登记权限的登记机关应予受理。

一方为外国人、另一方为港澳台居民或华侨，或者双方均为港澳台居民或华侨，要求在内地办理结婚登记的，如果当事人能够出具《婚姻登记条例》规定的相应证件和证明材料，当事人工作或生活所在地具有相应办理婚姻登记权限的登记机关应予受理。

一方为出国人员、另一方为外国人或港澳台居民，或双方均为出国人员，要求在内地办理结婚登记的，如果当事人能够出具《婚姻登记条例》规定的相应证件和证明材料，出国人员出国前户口所在地具有相应办理婚姻登记权限的登记机关应予受理。

九、关于现役军人的婚姻登记问题

办理现役军人的婚姻登记仍按《民政部办公厅关于印发〈军队贯彻实施《中华人民共和国婚姻法》若干问题的规定〉有关内容的通知》（民办函〔2001〕226号）执行。

办理现役军人婚姻登记的机关可以是现役军人部队驻地所在地或户口注销前常住户口所在地的婚姻登记机关，也可以是非现役军人一方常住户口所在地的婚姻登记机关。

十、关于服刑人员的婚姻登记问题

服刑人员申请办理婚姻登记，应当亲自到婚姻登记机关提出申请并出具有效的身份证件；服刑人员无法出具身份证件的，可由监狱管理部门出具有关证明材料。

办理服刑人员婚姻登记的机关可以是一方当事人常住户口所在地或服刑监狱所在地的婚姻登记机关。

附件：公安部关于对执行《婚姻登记条例》有关问题的意见的函（略）

中华人民共和国民政部办公厅
关于华侨、港澳台居民提交婚姻状况证明问题的复函

2004年11月30日　　　　民办函〔2004〕246号

浙江省民政厅：

你厅十月二十七日关于出国人员、华侨、港澳台居民婚姻状况证明问题的函（浙民函〔2004〕83号）收悉，经研究，现答复如下：

一、2003年10月1日实施的《婚姻登记条例》（以下简称《条例》）对华侨、港澳台居民出具的婚姻状况证明的内容作了规定，其中，华侨应当提交“居住国公证机构或者有权机关出具的、经中华人民共和国驻该国使（领）馆认证的本人无配偶以及与对方当事人没有直系血亲和三代以内旁系血亲关系的证明，或者中华人民共和国驻该国使（领）馆出具的本人无配偶以及与对方当事人没有直系血亲和三代以内旁系血亲关系的证明”。目前，我外交部已就贯彻执行《婚姻登记条例》作出规定，要求驻外使（领）馆按照《条例》的规定，为出国人员、华侨办理有关婚姻状况证明的公证、认证，但仍然存在有关申请结婚双方血亲关系的内容被忽略或遗忘，没有在证明中体现的情况。鉴于居住地及使馆并不了解申请结婚双方的血亲关系，完全凭个人声明的客观情况，以及当事人申请结婚登记时填写的《申请结婚登记声明书》中已经包含该项内容，因此，华侨只提交无配偶证明的，无需重新开具双方没有血亲关系的证明，婚姻登记机关可以受理其

结婚申请，符合结婚条件的予以登记。

二、《条例》规定，港澳台居民申请结婚登记，应当提交“经居住地公证机关公证的本人无配偶以及与对方当事人没有直系血亲和三代以内旁系血亲关系的声明”，目前，港澳地区的声明式样，经商中国委托公证人协会（香港）、澳门特别行政区民事登记局已经确定（式样附后），依其式样，声明应由本人作出。另外，香港《宣誓及声明条例》规定：如法律授权或规定任何人作出声明，该声明需按“本人A、B，现居于……谨以至诚声明：……”的方式作出和签署。因此，港澳居民申请结婚登记应提交本人作出的声明。台湾居民委托第三人办理的，表明当事人无配偶以及与对方当事人没有直系血亲和三代以内旁系血亲关系的证明，婚姻登记机关可以接受。

附件： 1. 香港居民无配偶以及与对方当事人没有直系血亲和三代以内旁系血亲关系的声明（适用格式1-1-1、1-1-2、1-1-3）（略）

2. 香港居民申请补办结婚登记声明（适用格式1-1-4）（略）

3. 澳门居民无配偶以及与对方当事人没有直系血亲和三代以内旁系血亲关系的声明（略）

4. 澳门居民申请补办结婚登记声明（略）

5. 澳门第一公证署、第二公证署、海岛公证署有权限作出公证认定签名的工作人员名单、职级及其签名式样（略）

民政部
关于进一步加强涉外、涉港澳台居民及华侨婚姻登记管理工作的通知

2007年11月14日　　　　民函〔2007〕314号

各省、自治区、直辖市民政厅（局），计划单列市民政局，新疆生产建设兵团民政局：

近来，有关部门陆续向我部通报，有不法分子使用伪造境外身份证件和单身证明在内地骗取婚姻登记，或者利用同一境外身份证件和单身证明在内地多次办理结婚登记，甚至出现专门伪造境外证件和单身证明、通过骗取婚姻登记牟取利益的犯罪团体。为维护婚姻登记工作的严肃性，预防和打击境外当事人骗婚、重婚等不法行为，现就进一步加强涉外、涉港澳台居民及华侨婚姻登记管理工作通知如下：

一、提高认识，切实维护婚姻登记秩序

婚姻登记是社会管理的重要组成部分，是贯彻落实《中华人民共和国婚姻法》、维护我国婚姻家庭制度的重要保障。① 预防和打击骗婚、重婚等违法犯罪活动是维护我国婚姻登记制度严肃

---

① 根据2020年10月20日《民政部关于修改部分规范性文件的公告》（民政部公告第490号），该句已修改为："婚姻登记是社会管理的重要组成部分，是贯彻落实《中华人民共和国民法典》，维护我国婚姻家庭制度的重要保障。"——编者注

性、维护内地与境外婚姻健康发展的迫切需要，是强化社会管理和公共服务的具体体现。各地要从构建和谐社会、维护国家形象、保护人民利益的高度，增强责任感和紧迫感，切实维护婚姻登记秩序。

二、加强指导，进一步提高队伍素质

各地要选用政治觉悟高、业务素养好的优秀人才从事涉外、涉港澳台居民及华侨婚姻登记工作。要加强对婚姻登记员的培训、考核和指导力度，提高婚姻登记员业务能力和处理突发事件的能力。婚姻登记员应为行政编制或参照公务员管理的事业编制人员，婚姻登记机关编制不足的，应当主动向当地编制部门报告，讲明这项工作的重要性，争取配足编制。

三、积极推进婚姻登记工作信息化，预防骗婚、重婚

各地要加快婚姻登记信息化建设，进一步提高管理水平，保证登记质量，防止骗婚、重婚现象发生。要充分利用民政部涉外、涉港澳台居民及华侨婚姻登记信息系统联网优势，同时积极争取与当地公安部门公民身份信息系统实现数据共享，防止当事人在不同地区多次登记或利用虚假身份证件办理登记。

四、严格登记程序，加强审查、询问和告知等程序

婚姻登记机关要加强对境外证件、证明材料的辨认和审查，认真比对当事人和身份证件上的照片，比对港、澳居民单身证明中公证人签名与印发的公证人签名式样，审查单身证明的格式和用语。要加强对当事人的询问，发现有疑点的，要进一步询问或者分别向双方当事人询问，提醒当事人谨防上当受骗。要向当事

人履行必要的告知义务，宣传有关政策法规并告知其骗婚、重婚的法律后果，引导涉台婚姻登记当事人登记前阅读民政部编印的《两岸婚姻政策指南》。

五、妥善处理有关事宜，建立可疑信息报告制度

婚姻登记机关发现当事人证件、证明材料有疑问的，应暂缓办理登记，先作进一步核实。对香港居民所持单身证明有疑问的，可以向中国法律服务（香港）有限公司核实（联系人：钱蓓、张芝；咨询电话：00852 - 28279700；传真：00852 - 25281771；MSN：china_ legal@ hotmail. com）；对台湾居民所持单身证明有疑问的，可以向省级公证协会核查当事人单身证明副本。确认当事人持有的证件、证明材料为伪造的，或者当事人承认是骗取婚姻登记的，婚姻登记机关应当终止办理程序。婚姻登记机关发现有团伙组织人员办理涉台婚姻登记的，应当及时报告当地台办，并建议其协调有关部门侦查、处理；发生内地一方以假身份结婚，台湾居民要求解除婚姻关系的，应当向当地台办报告，建议其协调地方法院妥善处理。发现有团伙组织人员办理涉外、涉港澳居民及华侨婚姻登记等非正常情况的，应当及时向公安部门反映情况。

六、启用新式香港居民申请结婚声明书格式

经中国委托公证人协会有限公司、中国法律服务（香港）有限公司和我部商定，自 2008 年 1 月 1 日起启用新式香港居民申请结婚声明书格式。新式香港居民申请结婚声明书后附香港居民身份证及港澳居民往来内地通行证复印件、香港婚姻登记处出具的无婚姻记录证明书正本等材料（见附件 1-4）。新式香港居民申

请结婚声明书正、副本分别加贴防伪标识（防伪技术说明见附件5），该标识压声明书左下角“转递专用章”边线。各婚姻登记机关在办理涉港婚姻登记时要认真审查，自2008年1月1日后香港出具的委托公证声明书应当为新格式。

附件： 1.《申请结婚声明书》适用格式1-1-1（未婚）（略）

2.《申请结婚声明书》适用格式1-1-2（离婚）（略）

3.《申请结婚声明书》适用格式1-1-3（丧偶）（略）

4.《申请补办结婚登记声明书》适用格式1-1-4（未婚）（略）

5.公证文件防伪标识（审核转递）的技术方案说明（略）

民政部办公厅

关于持中国护照在台工作人员办理结婚登记所需证件、证明材料问题的复函

2008 年 8 月 20 日　　　　　　　　民办函〔2008〕181 号

湖北省民政厅：

你厅《关于出国人员无法出具所需证件、证明材料事项的请示》(鄂民政函〔2008〕213 号) 收悉。

来函称：当事人陈××2004 年持中国护照在美国留学两年后，于 2006 年 9 月 17 日到台湾大学物理系从事学术科技研究至今。现陈××持中国护照、台湾地区入出境许可证、切结（宣誓）书(台湾地方法院公证处出具）到武汉市办理结婚登记时遇到困难，即按《婚姻登记条例》规定，如按出国人员身份办理结婚登记，陈××无法（不便）到美国开具无配偶证明；如按台湾居民身份办理结婚登记，当事人又没有台湾身份证和台湾居民来往内地通行证。由于目前没有针对办理此类婚姻登记的法律依据，来函希望能够进行具体指导。

经商国务院台湾事务办公室，现答复如下：考虑到持中国护照的在台工作人员回内地办理结婚登记遇到的实际困难，今后，该类人员出具以下证件和证明材料的，婚姻登记机关应当为其办理结婚登记：（1）本人的有效护照；（2）台湾地区入出境许可

证；（3）经台湾公证机构公证的无配偶证明（切结书、宣誓书）；（4）经台湾公证机构公证的在台就业单位出具的当事人在该单位就业的证明。

华侨以及居住在香港、澳门、台湾地区的中国公民办理收养登记的管辖以及所需要出具的证件和证明材料的规定

（1999年5月25日民政部第16号令发布　自发布之日施行）

第一条　根据《中国公民收养子女登记办法》，制定本规定。

第二条　华侨以及居住在香港、澳门、台湾地区的中国公民在内地收养子女的，应当到被收养人常住户口所在地的直辖市、设区的市、自治州人民政府民政部门或者地区（盟）行政公署民政部门申请办理收养登记。

第三条　居住在已与中国建立外交关系国家的华侨申请办理成立收养关系的登记时，应当提交收养申请书和下列证件、证明材料：

（一）护照；

（二）收养人居住国有权机构出具的收养人的年龄、婚姻、有无子女、职业、财产、健康、有无受过刑事处罚等状况的证明材料，该证明材料应当经其居住国外交机关或者外交机关授权的机构认证，并经中国驻该国使领馆认证。

第四条　居住在未与中国建立外交关系国家的华侨申请办理成立收养关系的登记时，应当提交收养申请书和下列证件、证明材料：

（一）护照；

（二）收养人居住国有权机构出具的收养人的年龄、婚姻、有无子女、职业、财产、健康、有无受过刑事处罚等状况的证明材料，该证明材料应当经其居住国外交机关或者外交机关授权的机构认证，并经已与中国建立外交关系的国家驻该国使领馆认证。

第五条 香港居民中的中国公民申请办理成立收养关系的登记时，应当提交收养申请书和下列证件、证明材料：

（一）香港居民身份证、香港居民来往内地通行证或者香港同胞回乡证；

（二）经国家主管机关委托的香港委托公证人证明的收养人的年龄、婚姻、有无子女、职业、财产、健康、有无受过刑事处罚等状况的证明材料。

第六条 澳门居民中的中国公民申请办理成立收养关系的登记时，应当提交收养申请书和下列证件、证明材料：

（一）澳门居民身份证、澳门居民来往内地通行证或者澳门同胞回乡证；

（二）澳门地区有权机构出具的收养人的年龄、婚姻、有无子女、职业、财产、健康、有无受过刑事处罚等状况的证明材料。

第七条 台湾居民申请办理成立收养关系的登记时，应当提交收养申请书和下列证件、证明材料：

（一）在台湾地区居住的有效证明；

（二）中华人民共和国主管机关签发或签注的在有效期内的旅行证件；

（三）经台湾地区公证机构公证的收养人的年龄、婚姻、有无子女、职业、财产、健康、有无受过刑事处罚等状况的证明材料。

第八条 本规定自发布之日起施行。

国务院办公厅
关于印发《港澳台居民居住证申领发放办法》的通知

2018年8月6日　　　　　　　　　　国办发〔2018〕81号

各省、自治区、直辖市人民政府，国务院各部委、各直属机构：

《港澳台居民居住证申领发放办法》已经党中央、国务院同意，现印发给你们，请认真贯彻执行。

附：

港澳台居民居住证申领发放办法

第一条　为便利港澳台居民在内地（大陆）工作、学习、生活，保障港澳台居民合法权益，根据《居住证暂行条例》的有关规定，制定本办法。

第二条　港澳台居民前往内地（大陆）居住半年以上，符合有合法稳定就业、合法稳定住所、连续就读条件之一的，根据本人意愿，可以依照本办法的规定申请领取居住证。

未满十六周岁的港澳台居民，可以由监护人代为申请领取居住证。

第三条　港澳台居民居住证登载的内容包括：姓名、性别、出生日期、居住地住址、公民身份号码、本人相片、指纹信息、证件有效期限、签发机关、签发次数、港澳台居民出入境证件号码。

公民身份号码由公安机关按照公民身份号码国家标准编制。香港居民公民身份号码地址码使用810000，澳门居民公民身份号码地址码使用820000，台湾居民公民身份号码地址码使用830000。

第四条 各级公安机关应当积极协调配合港澳事务、台湾事务、发展改革、教育、民政、司法行政、人力资源社会保障、住房城乡建设、交通运输、卫生健康等有关部门，做好居住证持有人的权益保障、服务和管理工作。

第五条 各级公安机关应当建立完善港澳台居民居住证管理信息系统，做好居住证申请受理、审核及证件制作、发放、管理工作。

第六条 港澳台居民居住证的有效期限为五年，由县级人民政府公安机关签发。

第七条 港澳台居民居住证采用居民身份证技术标准制作，具备视读与机读两种功能，视读、机读的内容限于本办法第三条规定的项目。

港澳台居民居住证的式样由公安部商国务院港澳事务办公室、国务院台湾事务办公室制定。

港澳台居民居住证由省级人民政府公安机关统一制作。

第八条 港澳台居民申请领取居住证，应当填写《港澳台居民居住证申领登记表》，交验本人港澳台居民出入境证件，向居住地县级人民政府公安机关指定的公安派出所或者户政办证大厅提交本人居住地住址、就业、就读等证明材料。

居住地住址证明包括房屋租赁合同、房屋产权证明文件、购房合同或者房屋出租人、用人单位、就读学校出具的住宿证明等；就业证明包括工商营业执照、劳动合同、用人单位出具的劳动关系证明或者其他能够证明有合法稳定就业的材料等；就读证明包括学生证、就读学校出具的其他能够证明连续就读的材料等。

第九条 居住证有效期满、证件损坏难以辨认或者居住地变更的，持证人可以换领新证；居住证丢失的，可以申请补领。换领补领新证时，应当交验本人港澳台居民出入境证件。

换领新证时，应当交回原证。

第十条 港澳台居民申请领取、换领、补领居住证，符合办理条件的，受理申请的公安机关应当自受理之日起 20 个工作日内发放居住证；交通不便的地区，办理时间可以适当延长，但延长的时间不得超过 10 个工作日。

第十一条 港澳台居民在内地（大陆）从事有关活动，需要证明身份的，有权使用居住证证明身份，有关单位及其工作人员不得拒绝。

第十二条 港澳台居民居住证持有人在居住地依法享受劳动就业，参加社会保险，缴存、提取和使用住房公积金的权利。县级以上人民政府及其有关部门应当为港澳台居民居住证持有人提供下列基本公共服务：

（一）义务教育；

（二）基本公共就业服务；

（三）基本公共卫生服务；

（四）公共文化体育服务；

（五）法律援助和其他法律服务；

（六）国家及居住地规定的其他基本公共服务。

第十三条 港澳台居民居住证持有人在内地（大陆）享受下

列便利：

（一）乘坐国内航班、火车等交通运输工具；

（二）住宿旅馆；

（三）办理银行、保险、证券和期货等金融业务；

（四）与内地（大陆）居民同等待遇购物、购买公园及各类文体场馆门票、进行文化娱乐商旅等消费活动；

（五）在居住地办理机动车登记；

（六）在居住地申领机动车驾驶证；

（七）在居住地报名参加职业资格考试、申请授予职业资格；

（八）在居住地办理生育服务登记；

（九）国家及居住地规定的其他便利。

第十四条 国家机关及其工作人员对在工作过程中知悉的居住证持有人个人信息，应当予以保密。

第十五条 港澳台居民居住证持证人有下列情形之一的，其所持居住证应当由签发机关宣布作废：

（一）丧失港澳台居民身份的；

（二）使用虚假证明材料骗领港澳台居民居住证的；

（三）可能对国家主权、安全、荣誉和利益造成危害的；

（四）港澳台居民出入境证件被注销、收缴或者宣布作废的（正常换补发情形除外）。

第十六条 违反规定办理、使用居住证的，依照《居住证暂行条例》的有关规定予以处罚。

国家机关及其工作人员违反居住证管理相关规定的，依法给予处分；构成犯罪的，依法追究刑事责任。

第十七条 首次申请领取居住证，免收证件工本费。换领、补领居住证，应当缴纳证件工本费。具体收费办法参照《居住证暂行条例》的有关规定执行。

第十八条 港澳台居民迁入内地（大陆）落户定居的，按照有关规定办理，不适用本办法。

第十九条 本办法所称“港澳台居民”是“港澳居民”和“台湾居民”的统称。其中，“港澳居民”是指在香港、澳门特别行政区定居且不具有内地户籍的中国公民；“台湾居民”是指在台湾地区定居且不具有大陆户籍的中国公民。

本办法所称“港澳台居民居住证”，包括中华人民共和国港澳居民居住证、中华人民共和国台湾居民居住证。

本办法所称“港澳台居民出入境证件”，包括港澳居民来往内地通行证、五年期台湾居民来往大陆通行证。

第二十条 省、自治区、直辖市人民政府可以结合本行政区域综合承载能力和经济社会发展需要等因素，根据本办法制定实施细则。

第二十一条 本办法自2018年9月1日起施行。

取得国家法律职业资格的台湾居民在大陆从事律师职业管理办法

（2008年12月12日司法部令第115号发布　根据2017年9月21日《司法部关于修改〈取得国家法律职业资格的台湾居民在大陆从事律师职业管理办法〉的决定》修正）

第一条　为规范取得国家法律职业资格的台湾居民在大陆从事律师职业的活动及管理，根据《中华人民共和国律师法》（以下简称《律师法》）及《律师执业管理办法》的有关规定，制定本办法。

第二条　参加国家司法考试合格，取得《中华人民共和国法律职业资格证书》的台湾居民，可以依法在大陆申请律师执业。

台湾居民在大陆申请律师执业，还应当符合《律师法》规定的其他条件。

第三条　台湾居民获准在大陆律师事务所执业，可以担任法律顾问、代理、咨询、代书等方式从事大陆非诉讼法律事务，也可以担任诉讼代理人的方式代理涉台民事案件，代理涉台民事案件的范围由司法部以公告方式作出规定。

台湾居民在大陆律师事务所执业，应当遵守国家法律、法规和规章，恪守律师职业道德和执业纪律，接受大陆司法行政机关的监督和管理，接受大陆律师协会的行业管理。

第四条　台湾居民在大陆申请律师执业的，应当根据《律师法》、《律师执业管理办法》和中华全国律师协会制定的《申请律师执业人员实习管理规则》的规定，在大陆律师事务所参加为期一年的实习，并经当地地方律师协会考核合格。

台湾居民在大陆律师事务所实习，应当按照规定参加集中培训和实务训练，实务训练以办理非诉讼法律事务及代理有关涉台民事案件的训练为主，并遵守有关实习规定和纪律。

接收台湾居民实习的律师事务所应当指派擅长办理相关业务的律师指导实务训练。一名指导律师只能指导一名台湾居民实习。

台湾居民实习，应当确保参加实习的时间。因故暂停实习的时间最长不得超过三个月，并应当由接收实习的律师事务所将其暂停实习的原因和时间报所在地地市级律师协会备案。

第五条 台湾居民申请律师执业，应当根据《律师法》和《律师执业管理办法》的有关规定，向设区的市级或者直辖市的区（县）司法行政机关提出申请，并提交与申请执业相关的证明材料。

台湾居民申请律师执业，提交的身份证明和其他在台湾地区出具的证明材料应当经台湾地区的公证机构公证，同时还应当书面说明是否具有台湾、香港、澳门地区或者外国律师资格以及是否受聘于台湾、香港、澳门地区或者外国律师事务所的情况。

第六条 台湾居民申请律师执业，由设区的市级或者直辖市的区（县）司法行政机关受理申请，并进行初审，报省、自治区、直辖市司法行政机关审核，作出是否准予执业的决定。具体许可程序，根据《律师法》和《律师执业管理办法》的规定办理。

第七条 台湾居民获准在大陆执业的，由准予其执业的省、自治区、直辖市司法行政机关自颁发律师执业证书之日起三十日内，将准予执业的决定及相关材料报司法部备案。

第八条 台湾居民在大陆律师事务所执业，依法享有大陆律师相应的执业权利，履行相应的律师义务。

第九条获准执业的台湾居民，只能在一个大陆律师事务所执业，不得同时受聘于外国律师事务所驻华代表机构或者香港、澳门律师事务所驻内地代表机构。

第十条 获准执业的台湾居民，符合规定条件的，可以成为大陆律师事务所的合伙人。

第十一条 获准执业的台湾居民，应当加入大陆律师协会，享有会员的权利，履行会员的义务，参加大陆律师协会组织的业务培训和交流活动。

第十二条 获准执业的台湾居民，有违反《律师法》、《律师执业管理办法》和本办法规定的行为的，依法给予相应的行政处罚；有违反律师职业道德和执业纪律行为的，给予相应的行业惩戒。

第十三条 在实行国家司法考试前已取得大陆律师资格的台湾居民，在大陆申请律师执业的，依照本办法办理。

第十四条 本办法自2009年1月1日起施行。

司法部

关于放宽扩大台湾地区律师事务所在大陆设立代表处地域范围等三项开放措施的通知

2017年7月31日　　　　　　　　　　　　司发通〔2017〕80号

上海市、江苏省、浙江省、福建省、广东省司法厅（局）：

为推进两岸法律界交流合作、密切两岸人员往来、深化两岸经济社会融合发展和维护两岸同胞合法权益，营造更加有利的法治环境，我部决定进一步扩大法律服务对台开放。

一、扩大台湾律师事务所在大陆设立代表处的地域范围。将台湾律师事务所在大陆设立代表处的地域范围由现在的福建省福州市、厦门市扩大到福建全省、上海市、江苏省、浙江省、广东省。

二、开放台湾律师事务所按规定以联营方式与大陆律师事务所开展合作。允许已在大陆设立代表机构，且该代表机构成立满3年的台湾律师事务所在其代表机构所在的上海市、江苏省、浙江省、福建省、广东省与大陆律师事务所联营。

三、允许大陆律师事务所聘用台湾执业律师担任法律顾问。允许上海市、江苏省、浙江省、福建省、广东省的律师事务所聘用台湾执业律师担任律师事务所法律顾问，提供台湾地区法律咨询服务。

相关省（市）司法行政部门要依照有关法律法规规定和本通知要求，抓紧制定出台开展试点工作的实施办法，报司法部审定后实施。

试点工作开展情况及遇到的问题请及时报部。

司法部

关于台湾居民可以在大陆人民法院代理的涉台民事案件范围的公告

（2017 年 9 月 21 日司法部公告第 176 号发布）

为了推进大陆与台湾交流合作、密切两岸人员往来、深化两岸经济社会融合发展和维护两岸同胞合法权益，根据司法部 2017 年 9 月 21 日修改的《取得国家法律职业资格的台湾居民在大陆从事律师职业管理办法》第三条的规定，现将取得大陆法律职业资格并获得大陆律师执业证书的台湾居民可以在大陆人民法院代理的涉台民事案件的范围（依据最高人民法院 2011 年 2 月 18 日修改的《民事案件案由规定》中的基准案由即第三级案由确定。如案由规定有变动，则依新规定执行）公告如下：

一、婚姻家庭、继承纠纷

1. 婚约财产纠纷
2. 离婚纠纷
3. 离婚后财产纠纷
4. 离婚后损害责任纠纷
5. 婚姻无效纠纷
6. 撤销婚姻纠纷
7. 夫妻财产约定纠纷

8. 同居关系纠纷
9. 抚养纠纷
10. 扶养纠纷
11. 赡养纠纷
12. 收养关系纠纷
13. 监护权纠纷
14. 探望权纠纷
15. 分家析产纠纷
16. 法定继承纠纷
17. 遗嘱继承纠纷
18. 被继承人债务清偿纠纷
19. 遗赠纠纷
20. 遗赠扶养协议纠纷

二、合同纠纷

21. 缔约过失责任纠纷
22. 确认合同效力纠纷
23. 债权人代位权纠纷
24. 债权人撤销权纠纷
25. 债权转让合同纠纷
26. 债务转移合同纠纷
27. 债权债务概括转移合同纠纷
28. 悬赏广告纠纷
29. 买卖合同纠纷
30. 招标投标买卖合同纠纷

31. 拍卖合同纠纷
32. 房屋买卖合同纠纷
33. 供用电合同纠纷
34. 供用水合同纠纷
35. 供用气合同纠纷
36. 供用热力合同纠纷
37. 赠与合同纠纷
38. 借款合同纠纷
39. 保证合同纠纷
40. 抵押合同纠纷
41. 质押合同纠纷
42. 定金合同纠纷
43. 进出口押汇纠纷
44. 储蓄存款合同纠纷
45. 银行卡纠纷
46. 租赁合同纠纷
47. 融资租赁合同纠纷
48. 承揽合同纠纷
49. 运输合同纠纷
50. 保管合同纠纷
51. 仓储合同纠纷
52. 委托合同纠纷
53. 委托理财合同纠纷
54. 行纪合同纠纷
55. 居间合同纠纷

56. 补偿贸易纠纷
57. 借用合同纠纷
58. 典当纠纷
59. 合伙协议纠纷
60. 种植、养殖回收合同纠纷
61. 彩票、奖券纠纷
62. 服务合同纠纷
63. 演出合同纠纷
64. 劳务合同纠纷
65. 广告合同纠纷
66. 展览合同纠纷
67. 追偿权纠纷
68. 请求确认人民调解协议效力

三、知识产权纠纷

69. 著作权合同纠纷
70. 商标合同纠纷
71. 专利合同纠纷
72. 植物新品种合同纠纷
73. 集成电路布图设计合同纠纷
74. 商业秘密合同纠纷
75. 技术合同纠纷
76. 特许经营合同纠纷
77. 企业名称（商号）合同纠纷
78. 特殊标志合同纠纷

79. 网络域名合同纠纷
80. 知识产权质押合同纠纷
81. 著作权权属、侵权纠纷
82. 商标权权属、侵权纠纷
83. 专利权权属、侵权纠纷
84. 植物新品种权权属、侵权纠纷
85. 集成电路布图设计专有权权属、侵权纠纷
86. 侵害企业名称（商号）权纠纷
87. 侵害特殊标志专有权纠纷
88. 网络域名权属、侵权纠纷
89. 发现权纠纷
90. 发明权纠纷
91. 其他科技成果权纠纷
92. 确认不侵害知识产权纠纷
93. 因申请知识产权临时措施损害责任纠纷
94. 因恶意提起知识产权诉讼损害责任纠纷
95. 专利权宣告无效后返还费用纠纷

四、与公司、证券、保险、票据等有关的民事纠纷

96. 企业出资人权益确认纠纷
97. 侵害企业出资人权益纠纷
98. 企业公司制改造合同纠纷
99. 企业股份合作制改造合同纠纷
100. 企业债权转股权合同纠纷
101. 企业分立合同纠纷

102. 企业租赁经营合同纠纷
103. 企业出售合同纠纷
104. 挂靠经营合同纠纷
105. 企业兼并合同纠纷
106. 联营合同纠纷
107. 企业承包经营合同纠纷
108. 中外合资经营企业合同纠纷
109. 中外合作经营企业合同纠纷
110. 股东资格确认纠纷
111. 股东名册记载纠纷
112. 请求变更公司登记纠纷
113. 股东出资纠纷
114. 新增资本认购纠纷
115. 股东知情权纠纷
116. 请求公司收购股份纠纷
117. 股权转让纠纷
118. 公司决议纠纷
119. 公司设立纠纷
120. 公司证照返还纠纷
121. 发起人责任纠纷
122. 公司盈余分配纠纷
123. 损害股东利益责任纠纷
124. 损害公司利益责任纠纷
125. 股东损害公司债权人利益责任纠纷
126. 公司关联交易损害责任纠纷

127. 公司合并纠纷
128. 公司分立纠纷
129. 公司减资纠纷
130. 公司增资纠纷
131. 公司解散纠纷
132. 申请公司清算
133. 清算责任纠纷
134. 上市公司收购纠纷
135. 入伙纠纷
136. 退伙纠纷
137. 合伙企业财产份额转让纠纷
138. 证券权利确认纠纷
139. 证券交易合同纠纷
140. 金融衍生品种交易纠纷
141. 证券承销合同纠纷
142. 证券投资咨询纠纷
143. 证券资信评级服务合同纠纷
144. 证券回购合同纠纷
145. 证券上市合同纠纷
146. 证券交易代理合同纠纷
147. 证券上市保荐合同纠纷
148. 证券发行纠纷
149. 证券返还纠纷
150. 证券欺诈责任纠纷
151. 证券托管纠纷

152. 证券登记、存管、结算纠纷
153. 融资融券交易纠纷
154. 客户交易结算资金纠纷
155. 期货经纪合同纠纷
156. 期货透支交易纠纷
157. 期货强行平仓纠纷
158. 期货实物交割纠纷
159. 期货保证合约纠纷
160. 期货交易代理合同纠纷
161. 侵占期货交易保证金纠纷
162. 期货欺诈责任纠纷
163. 操纵期货交易市场责任纠纷
164. 期货内幕交易责任纠纷
165. 期货虚假信息责任纠纷
166. 民事信托纠纷
167. 营业信托纠纷
168. 公益信托纠纷
169. 财产保险合同纠纷
170. 人身保险合同纠纷
171. 再保险合同纠纷
172. 保险经纪合同纠纷
173. 保险代理合同纠纷
174. 进出口信用保险合同纠纷
175. 保险费纠纷
176. 票据付款请求权纠纷

177. 票据追索权纠纷
178. 票据交付请求权纠纷
179. 票据返还请求权纠纷
180. 票据损害责任纠纷
181. 票据利益返还请求权纠纷
182. 汇票回单签发请求权纠纷
183. 票据保证纠纷
184. 确认票据无效纠纷
185. 票据代理纠纷
186. 票据回购纠纷
187. 委托开立信用证纠纷
188. 信用证开证纠纷
189. 信用证议付纠纷
190. 信用证欺诈纠纷
191. 信用证融资纠纷
192. 信用证转让纠纷

五、与上述案件相关的适用特殊程序案件

193. 申请宣告公民失踪
194. 申请撤销宣告失踪
195. 申请为失踪人财产指定、变更代管人
196. 失踪人债务支付纠纷
197. 申请宣告公民死亡
198. 申请撤销宣告公民死亡
199. 被撤销死亡宣告人请求返还财产纠纷

200. 申请宣告公民无民事行为能力
201. 申请宣告公民限制民事行为能力
202. 申请宣告公民恢复限制民事行为能力
203. 申请宣告公民恢复完全民事行为能力
204. 申请认定财产无主
205. 申请撤销认定财产无主
206. 申请确定监护人
207. 申请变更监护人
208. 申请撤销监护人资格
209. 申请支付令
210. 申请公示催告
211. 申请诉前停止侵害专利权
212. 申请诉前停止侵害注册商标专用权
213. 申请诉前停止侵害著作权
214. 申请诉前停止侵害植物新品种权
215. 申请诉前财产保全
216. 申请诉中财产保全
217. 申请诉前证据保全
218. 申请诉中证据保全
219. 仲裁程序中的财产保全
220. 仲裁程序中的证据保全
221. 申请中止支付信用证项下款项
222. 申请中止支付保函项下款项
223. 申请确认仲裁协议效力
224. 申请撤销仲裁裁决

225. 申请执行知识产权仲裁裁决
226. 申请执行涉外仲裁裁决
227. 申请认可和执行香港特别行政区法院民事判决
228. 申请认可和执行香港特别行政区仲裁裁决
229. 申请认可和执行澳门特别行政区法院民事判决
230. 申请认可和执行澳门特别行政区仲裁裁决
231. 申请认可和执行台湾地区法院民事判决
232. 申请认可和执行台湾地区仲裁裁决
233. 申请承认和执行外国法院民事判决、裁定
234. 申请承认和执行外国仲裁裁决
235. 案外人执行异议之诉
236. 申请执行人执行异议之诉
237. 执行分配方案异议之诉

对外贸易经济合作部　海关总署
关于发布《对台湾地区小额贸易的管理办法》的通知

1993年9月25日　　〔1993〕外经贸台发第285号

各省、自治区、直辖市及计划单列市外经贸委厅，外贸局，广东分署，各局、处级海关：

现发布《对台湾地区小额贸易的管理办法》，自发布之日起施行。

附：

对台湾地区小额贸易的管理办法

第一条　为便于大陆沿海省市与台湾地区的货物交流，引导海峡两岸民间小额贸易正常开展，特制定本办法。

第二条　对台湾地区小额贸易（以下简称对台小额贸易）是指台湾地区居民在大陆沿海指定口岸（福建、广东、浙江、江苏、山东、上海）依照有关规定进行的货物交易。

第三条　对台小额贸易只能由台湾地区居民同大陆的对台小额贸易公司进行。

台湾居民是指持有有效、完整的台湾渔民证、身份证等有关身份证明的人员。

第四条　对台小额贸易公司应由对外贸易经济合作部（以下

简称外经贸部）授权的沿海省市对外经贸主管机关批准，并在工商行政管理部门登记注册。

对台小额贸易公司只准开展对台湾地区小额贸易，不得经营一般进出口业务。

第五条 对台小额贸易每船每航次进出口限额各为十万美元。

第六条 对台小额贸易所经营的货物限于非国家专营、禁止、限制进出口的，非进出口配额许可证管理的货物。

确需出口少量配额许可证管理货物的，应由对台小额贸易公司报上级外经贸机关按照一般贸易和对台贸易的有关规定办理审批手续，经批准同意后申领出口许可证，海关凭证验收。

第七条 对台小额贸易进口的货物仅限于原产地为台湾的货物。海关必要时应审阅进口货物的产地证明书。

第八条 对台小额贸易只能使用一百吨以下（含一百吨）的台湾船只。台湾船只系指在台湾地区正式登记注册、可供在海上进行正常作业和航行的载体。

对台小额贸易的船只所载未能成交的货物，应原船退回。

第九条 对台小额贸易只能在指定的口岸进行。

对台小额贸易口岸由外经贸部授权的沿海省市对外经贸主管机关商当地公安、边检、海关、交通、台办等部门指定。

经授权的沿海省市对外经贸主管机关应及时将本地区所确定的对台小额贸易公司和口岸情况向外经贸部备案并知会海关总署和国务院台湾事务办公室。外经贸部在收到对台小额贸易公司和口岸全部材料之日起三十天内，若未提出异议，备案自动生效。

第十条 对台小额贸易应以易货形式为主进行，易货货物均需以美元计价。

采用现汇形式进行的对台小额贸易，应以国家允许兑换的外币进行结算。双方所得现汇均应按国家外汇管理的有关规定进行处理。

出口收入的外汇由对台小额贸易公司实行全额留成。

第十一条 所有对台小额贸易进出口的货物和船只及船上人员必须接受当地海关、边检及其它港口联检部门的监管，并照章交纳税、费。

对台小额贸易货物和船只均不得出现违反“一个中国”即中华人民共和国的字样及旗、徽、号等标记。

船只个人携带自用物品应以自用合理数量为限。船员不得携带规定禁止进出境的物品，个人不得利用船舶为他人携带物品。船舶带进的航行必须的设备、燃料、物料，应原船带出。上述物品不得作为货物交易。

未经向海关申报并办理验放手续，不得擅自卸、装货物。

第十二条 除国家另有规定外，对台小额贸易进出口货物由海关按照《中华人民共和国海关进出口税则》的优惠税率和《中华人民共和国产品税条例》、《中华人民共和国增值税条例》征税，并按海关有关征税规定进行管理。

第十三条 对台小额贸易公司如违反本管理办法，原审批机关可视情节轻重分别给予警告、严重警告、撤销其经营权的处罚。作出撤销经营权处罚的，应及时报外经贸部和海关总署备案。

对于不具备开展对台小额贸易条件的对台小额贸易公司和口岸，外经贸部有权予以撤销。

对违反海关规定的，由海关按照“中华人民共和国海关法”及有关法规进行查处。构成犯罪的，移交司法机关追究刑事责任。

第十四条 开展对台小额贸易的省市对外经贸主管机关应于每年一月底前将本省市前一年的对台小额贸易情况总结上报外经贸部。

第十五条 本办法由对外贸易经济合作部、海关总署负责解释并监督执行。

第十六条 本办法自发布之日起施行。以前有关规定与本办法不一致者，以本办法为准。

对台湾地区贸易管理办法

（2000 年 12 月 29 日对外贸易经济合作部令〔2001〕第 9 号公布）

第一条 为了发展大陆与台湾地区间的贸易，维护海峡两岸正常的贸易秩序，促进海峡两岸经济的发展，制定本办法。

第二条 本办法适用于大陆与台湾地区间的货物贸易、技术贸易和服务贸易（以下简称对台贸易）。

第三条 从事对台贸易，应当遵守法律、行政法规和国家其他有关规定，不得损害国家安全和社会公共利益。

第四条 中华人民共和国对外贸易经济合作部是对台贸易的主管机关。

有关省、自治区和直辖市人民政府对外经济贸易主管部门负责管理本行政区域内的对台贸易工作。

第五条 依法从事对外贸易经营活动的法人和其他组织，包括依法设立的外商投资企业，可以在其经营范围内与台湾地区的法人和其他组织或者个人进行对台贸易。

第六条 对台贸易合同以及货物上不得出现违反一个中国原则的字样和标记，不得出现有碍祖国统一的内容。

第七条 对台贸易的货物及其包装上需要标明原产地的，台湾货物及其包装上应当标名原产地为台湾，大陆货物及其包装上根据实际情况可以采用中性包装。

第八条 间接进行对台贸易的，应当通过在香港特别行政区或者澳门特别行政区登记注册的工商企业进行。

第九条 大陆货物经香港特别行政区或者澳门特别行政区转口、转运至台湾地区的，应当遵守国家对香港特别行政区、澳门特别行政区贸易的有关规定。

第十条 对台贸易中涉及国家统一、联合经营或者总量控制的商品，以及许可证、配额管理的商品，按照国家有关进出口的规定办理。

第十一条 对台贸易的货物由海关依照有关法律、行政法规的规定，按照优惠税率征收关税，并依法征收进口环节的税收。

第十二条 对台贸易中发生纠纷时，由当事人通过协议或者调解解决。当事人不愿协商、调解的或者协商、调解不成的，可以依据合同中的仲裁条款或者事后达成的书面仲裁协议，提交中国的仲裁机构仲裁。当事人未在合同中订立仲裁条款，事后又未达成书面仲裁协议的，可以依法向人民法院提起诉讼。

第十三条 大陆与台湾地区间的小额贸易，适用对外贸易经济合作部、海关总署发《对台湾地区小额贸易的管理办法》。

第十四条 对台贸易中的有关事项，本办法未作规定的，参照国家有关货物进出口、技术进出口和国际服务贸易的规定执行。

第十五条 本办法自二〇〇〇年十二月二十九日起执行。

国家发展改革委　商务部　国务院台办
关于印发《大陆企业赴台湾地区投资管理办法》的通知

2010 年 11 月 9 日　　　　　　发改外资〔2010〕2661 号

各省、自治区、直辖市及计划单列市、新疆生产建设兵团发展改革委、商务主管部门、台办，各中央管理企业：

为推动海峡两岸投资合作，实现两岸经济互利共赢，推动两岸关系和平发展，我们联合制定了《大陆企业赴台湾地区投资管理办法》。现印发你们，请按照执行。

附件：

大陆企业赴台湾地区投资管理办法

第一条　为进一步鼓励、引导和规范大陆企业赴台湾地区直接投资，实现两岸经济互利共赢，推动两岸关系和平发展，特制定本办法。

第二条　鼓励和支持大陆企业积极稳妥地赴台湾地区投资，形成互补互利的格局。大陆企业赴台湾地区投资应遵循互利共赢和市场经济原则。

第三条　大陆企业赴台湾地区投资，应主动适应两岸经济和产业发展特点，结合自身优势和企业发展战略，精心选择投资领域和项目；认真了解并遵守当地法律法规，尊重当地风俗习惯，注重环境保护，善尽必要的社会责任。

第四条 大陆投资主体赴台湾地区投资，应符合以下条件：

（一）在大陆依法注册、经营的企业法人；

（二）具备投资所申报项目的行业背景、资金、技术和管理实力；

（三）有利于两岸关系和平发展，不危害国家安全、统一。

第五条 大陆企业赴台湾地区投资项目，地方企业向所在地省级发展改革委提出申请，由省级发展改革委初审后，报国家发展改革委核准。中央企业直接向国家发展改革委申请核准。

第六条 大陆企业赴台湾地区投资设立企业或非企业法人，由商务部核准。地方企业由所在地省级商务主管部门初审后向商务部提出申请；中央企业直接向商务部提出申请。

第七条 国家发展改革委按照《境外投资项目核准暂行管理办法》（国家发展改革委令第21号）对赴台投资项目进行核准，并在审核时征求国务院台办的意见，国家发展改革委的核准文件抄送商务部、国务院台办等有关部门。

第八条 对已经国家发展改革委核准的赴台投资项目，商务部核准时不再征求国务院台办的意见。

第九条 大陆企业赴台湾地区投资设立企业或非企业法人，商务部收到申请后，征求国务院台办意见。在征得国务院台办同意后，商务部按照《境外投资管理办法》（商务部令2009年第5号）进行核准，并颁发《企业境外投资证书》或《企业境外机构证书》。

第十条 大陆企业凭相关部门的投资项目和企业设立（含机构）核准文件、《企业境外投资证书》或《企业境外机构证书》，办理相关人员赴台审批、外汇登记等相关手续。

第十一条 赴台湾地区投资设立的企业或非企业法人在当地注册后，大陆企业应于15个工作日内将有关注册文件报国家发展改革委、商务部和国务院台办备案。

第十二条 对获得核准的赴台湾地区投资，大陆企业可凭核准文件和《企业境外投资证书》或《企业境外机构证书》享受国家有关政策支持。

第十三条 大陆企业如获得服务提供者等相关认证后，可享受两岸签署的有关协议项下给予的待遇。

第十四条 国家发展改革委、商务部、国务院台办加强大陆企业赴台湾地区投资的引导和服务，通过对外投资合作信息服务系统、投资指南等渠道，为企业提供有效指导。

第十五条 国家发展改革委、商务部、国务院台办加强对大陆企业赴台湾地区投资的培训工作，特别是政策、人员和投资环境等方面的培训，提高企业赴台湾地区投资的针对性和可操作性。

第十六条 鼓励各有关协会、商会、咨询机构加强对台湾地区投资环境、市场信息和产业发展状况的研究分析，发布研究和发展报告，为大陆企业赴台湾地区投资提供参考。

第十七条 大陆企业在台湾地区的投资如变更或终止，应按照《境外投资项目核准暂行管理办法》、《境外投资管理办法》办理相关手续。

第十八条 大陆企业通过境外企业到台湾地区投资，应按规定到国家发展改革委履行核准手续，到商务部履行备案手续。

第十九条 大陆企业如违反规定在台湾地区投资，国家发展改革委、商务部将会同国务院台办按有关规定予以处罚。

第二十条 本办法自发布之日起生效。国家发展改革委和国务院台办发布的《关于大陆企业赴台湾地区投资项目管理有关规定的通知》(发改外资〔2008〕3503号)、商务部和国务院台办发布的《关于大陆企业赴台湾地区投资或设立非企业法人有关事项的通知》(商合发〔2009〕219号)同时废止。

国家发展改革委　国务院台办
工业和信息化部　财政部　人力资源社会保障部
自然资源部　商务部　人民银行　银保监会　证监会

关于应对疫情统筹做好支持台资企业发展和推进台资项目有关工作的通知

2020年5月15日　　发改厅〔2020〕755号

各省、自治区、直辖市、新疆生产建设兵团发展改革委、台办、工业和信息化主管部门、财政厅、人力资源社会保障厅、自然资源主管部门、商务厅、银保监局、证监局，中国人民银行上海总部，各分行、营业管理部，省会（首府）城市中心支行：

为贯彻落实党中央、国务院关于统筹推进新冠肺炎疫情防控和经济社会发展工作的决策部署，进一步落细落实《关于促进两岸经济文化交流合作的若干措施》和《关于进一步促进两岸经济文化交流合作的若干措施》，现就相关事项通知如下。

一、持续帮扶台资企业复工复产。根据地方统筹做好疫情防控和复工复产总体安排，协助解决台资企业在生产经营过程中遇到的供应链协同、达产等方面困难，确保台资企业同等享有中央和地方出台的各类援企稳岗政策。

二、统筹协调推进重大台资项目。参照重大外资项目有关机制协调推进重大台资项目，密切跟踪在谈项目进展，充分发挥各类涉台产业园区等发展平台优势，出台具有竞争力和针对性的招商引资政策，加强各级联动和部门协同，建立项目绿色通道，做好工程建设保障、审批事项衔接，开展全流程对接服务，促进台资项目加快落地见效，为台资企业参与本地重大项目提供同等待遇。

三、积极支持台资企业增资扩产。根据地方实际，在法定权限内研究出台用地、用能、用工等方面具体措施，为台资企业增资扩产提供政策支持。全面落实境外投资者以分配利润直接投资暂不征收预提所得税政策规定，支持台资企业以分配利润进行再投资。支持台资企业参与海南自由贸易港建设、粤港澳大湾区建设、长三角一体化发展等区域发展战略和各地自贸试验区建设。支持有产业转移需求的东部地区台资企业优先向中西部和东北地区转移。

四、促进台资企业参与新型和传统基础设施建设。支持台资企业发挥自身优势，与大陆企业共同研发、共建标准、共创品牌、共拓市场，以多种形式参与大陆5G、工业互联网、人工智能、物联网等新型基础设施的研发、生产和建设。对台资企业和台湾高端人才从事新型基础设施相关的集成电路、工业软件、信息系统等，提供与大陆企业和同胞同等待遇。继续支持台资企业参与交通、能源、水利等传统基础设施建设。

五、支持台资企业稳外贸。鼓励台资企业发展跨境电商，开展线上供采对接，扩大出口业务。指导台资企业充分利用中欧班列开展进出口贸易。落实相关纾困政策，支持台资加工贸易企业统筹内外贸发展。进一步扩大出口信用保险对台资企业的覆盖面。

六、有效引导台资企业拓展内销市场。支持台资企业适应大陆“互联网+”发展和消费升级趋势，借助大陆电商平台开展线上市场营销推广，拓宽对接内需市场的渠道，充分挖掘大陆市场潜力。

七、全面落实税费减免政策。落实好阶段性减免企业社会保险费政策，对符合条件的台资企业按规定免征或减半征收社会保险单位缴费部分。有条件的地方可研究出台减免物业租金、降低生产要素成本、加大企业职工技能培训补贴等支持政策，符合条件的台资企业可同等申请享受。

八、强化金融支持台资企业疫情防控和复工复产。落实金融支持防控疫情相关政策，为受疫情影响较大的台资企业提供优惠的金融服务。发挥国有控股小额贷款公司等地方金融组织的作用，加大信贷支持力度，满足台资企业差异化金融需求。鼓励符合条件的台资企业在大陆上市融资，为符合条件的科创型台资企业在科创板上市提供支持。鼓励台湾金融机构把握大陆金融领域自主开放新机遇，参与两岸金融合作。

九、充分保障台资项目合理用地需求。对于台资企业复工复产、重大投资项目，坚持“要素跟着项目走”，合理安排用地计划指标，按照《国务院关于授权和委托用地审批权的决定》（国发〔2020〕4号）等政策文件和“放管服”要求依法依规做好用地保障服务。鼓励探索推行“标准地”供应改革，通过区域评价统一化、开发标准公开化、权利义务合同化、履约监管闭环化等方式，加快台资项目落地。

十、有力支持台资中小企业发展。充分发挥各级中小企业公共服务示范平台作用，通过线上培训等形式，为台资中小企业提供政策、技术、管理等方面服务。积极帮助台资中小企业解决受疫情影响造成的合同履行、劳动关系等法律问题。鼓励台资中小企业利用好本级相关资金等支持政策。

十一、主动做好台资企业服务工作。对台资企业一视同仁，着力为台资企业办实事、做好事、解难事。加强与本地台资企业协会、重点台资企业等沟通交流，宣传解读有关政策法规，通报疫情防控和复工复产有关工作要求，认真听取台资企业意见建议，积极回应台资企业关切诉求，妥善化解涉台纠纷，切实维护台资企业合法权益。

各地发展改革委、台办要会同工业和信息化主管部门、财政厅、人力资源社会保障厅、自然资源主管部门、商务厅、人民银行、银保监局、证监局等共同落实好上述工作部署，支持台资企业应对疫情、复工复产和投资发展，防范化解潜在风险，持续促进两岸经济交流合作，深化两岸融合发展。

国家工商行政管理总局
关于加大台湾农产品商标权保护力度促进两岸农业合作的实施意见

2006年11月2日　　　　　　工商标字〔2006〕202号

各省、自治区、直辖市及计划单列市工商行政管理局：

两岸农业交流与合作是两岸经济关系的重要组成部分。2005年3月，胡锦涛总书记在关于新形势下发展两岸关系的四点意见中指出："台湾农产品在大陆销售的问题，事关广大台湾农民的切身利益，要切实解决"。今年10月17日至24日，由中共中央台湾工作办公室海研中心与中国国民党国政研究基金会共同主办的两岸农业合作论坛系列活动在大陆成功举办，达成了多项共识，取得了丰硕的成果。大陆有关方面提出了有利于进一步扩大台湾农产品在大陆销售、协助台湾农民在大陆创业等多项举措，"保护台湾农产品知识产权，维护台湾农民正当权益"是其中的一项重要内容。为切实贯彻执行中央对台工作方针，努力推进祖国和平统一大业，现就加大台湾农产品商标权保护力度、促进两岸农业合作提出以下实施意见：

一、加强商标注册保护，维护台湾农产品商标注册申请人的合法权益。

（一）通过举办培训班、研讨会和报告会等方式，积极引导台湾农产品生产商和经销商在大陆通过注册普通商标、证明商标或集体商标等方式，获得《商标法》的保护。

（二）在商标审查、异议裁定和争议裁定中保持政治敏感性和工作责任感，坚决制止以不正当手段抢先注册台湾农产品知名商标的行为。

（三）采取有效措施加快台湾农产品商标审查进度，尽力缩短商标注册周期。

二、认真履行市场监管职责，依法保护台湾农产品商标权。

（一）按照国家工商行政管理总局《关于制止和查处假冒台湾水果行为的通知》（工商公字〔2006〕172号）要求，以查处虚假标示产地、虚假广告宣传以及侵犯注册商标专用权等违法行为为重点，规范水果市场的交易秩序。

（二）商标管理、公平交易、广告监管和消费者权益保护等职能部门相互配合，充分发挥12315消费者申诉举报网络的作用，引导消费者提高对“台湾产地水果”和“台湾品种水果”的鉴别能力，保护消费者的知情权，及时依法受理和处理消费者申诉和举报，不断提高保护台湾农产品知识产权的整体执法效能。

（三）依法认定驰名商标，加大对台湾农产品知名商标的保护力度，对于情节严重、性质恶劣以及台商反响强烈的案件，要依法予以从重处罚。

（四）要切实做好行政执行与刑事司法的衔接工作，对于涉嫌犯罪、符合移送条件的，要坚决移送公安机关处理。

（五）促成与台湾相关部门和台资企业构建稳定有效的两岸商标保护合作机制，及时通报工商行政管理机关在保护台湾农产品知识产权方面的工作情况和做法，介绍典型案例，加深了解，增进共识。

三、加大涉台商标工作的宣传力度。通过适当渠道，向台湾人民及时通报台湾商标在大陆的注册和保护情况，宣传大陆农产品商标和地理标志保护工作在促进农民增收方面的成功经验。

四、加强信息和案件报送制度。各地要对保护台湾农产品知识产权案件进行单独统计，并及时报送有关情况、经验做法和典型案例。凡罚款金额在 1 万元以上的案件、保护驰名商标的案件、移送公安机关追究刑事责任的案件以及其他有重大社会影响的保护台湾农产品知识产权的案件，处理机关应当在该处罚决定生效后及时将处罚决定书报送国家工商行政管理总局。

各地要根据本实施意见的要求，对辖区涉台商标的注册和使用等情况认真进行摸底排查，制定切实可行的工作措施。只要是对台湾农民有利的事情，只要是对促进两岸农业交流有利的事情都要积极做好。各级工商行政管理机关要尽最大努力保护好台湾农产品商标权，维护好台湾农民正当权益，维护好大陆市场的信誉和形象。

国家知识产权局
关于台湾同胞专利申请的若干规定

(2010年11月15日国家知识产权局令第58号公布
自2010年11月22日起施行)

第一条 为了方便台湾同胞向国家知识产权局申请专利，制定本规定。

第二条 台湾地区申请人（以下简称申请人）在台湾地区专利主管机构第一次提出发明或者实用新型专利申请之日起十二个月内，或者第一次提出外观设计专利申请之日起六个月内，又在国家知识产权局就相同主题提出专利申请的，可以要求享有其台湾地区在先申请的优先权（以下简称台湾地区优先权）。

申请人根据前款规定要求台湾地区优先权的，其在先申请的申请日应当在2010年9月12日（含当日）以后。

第三条 申请人可以在一件申请中要求一项或者多项台湾地区优先权；要求多项台湾地区优先权的，该申请的台湾地区优先权期限从最早的在先申请的申请日起计算。

第四条 申请人要求台湾地区优先权的，应当在向国家知识产权局提出专利申请的同时在请求书中声明，并且在三个月内提交由台湾地区专利主管机构出具的在先申请文件的副本；未在请求书中声明或者期满未提交在先申请文件副本的，视为未要求台湾地区优先权。

申请人在请求书中声明要求台湾地区优先权的，应当写明在先申请的申请日和申请号，并写明原受理机构为“台湾地区”。

第五条 申请人要求一项或者多项台湾地区优先权而在请求书的声明中未写明或者错写其中某件在先申请的申请日、申请号和原受理机构名称中的一项或者两项内容，但申请人已在规定的期限内提交了在先申请文件副本的，国家知识产权局应当通知申请人补正；申请人期满未答复或者补正后仍不符合规定的，视为未要求该项台湾地区优先权。

第六条 申请人要求多项台湾地区优先权的，应当提交全部在先申请文件副本。

在先申请文件副本至少应当表明原受理机构、申请人、申请日、申请号。在先申请文件副本不符合规定的，国家知识产权局应当通知申请人补正；申请人期满未答复或者补正后仍不符合规定的，视为未提交该在先申请文件副本。

国家知识产权局依据有关协议，通过电子交换途径获得在先申请文件副本的，视为申请人提交了符合规定的在先申请文件副本。

申请人已向国家知识产权局提交过在先申请文件副本，需要再次提交的，可以仅提交该副本的题录，但应当注明在先申请文件副本的原件所在申请案卷的申请号。

第七条 要求台湾地区优先权的申请人与在先申请文件副本中记载的申请人不一致的，应当在向国家知识产权局提出专利申请之日起三个月内提交台湾地区优先权转让证明或者有关说明；期满未提交或者提交的文件不符合规定的，视为未要求台湾地区优先权。

第八条 申请人要求台湾地区优先权后，可以撤回其全部或者其中某一项或者几项台湾地区优先权要求。

申请人撤回其台湾地区优先权要求的，应当提交全体申请人签字或者盖章的撤回台湾地区优先权声明；撤回台湾地区优先权声明不符合规定的，视为未提出撤回台湾地区优先权声明。

申请人撤回其台湾地区优先权要求导致该申请的最早台湾地区优先权日变更，且自该台湾地区优先权日起算的各种期限尚未届满的，其台湾地区优先权期限应当自变更后的最早台湾地区优先权日或者申请日起算；撤回台湾地区优先权的声明是在变更前的最早台湾地区优先权日起十五个月之后到达国家知识产权局的，则在后专利申请的公布期限仍按照变更前的最早台湾地区优先权日起算。

第九条 要求台湾地区优先权的，应当在缴纳申请费的同时，根据专利法实施细则第九十三条的规定缴纳台湾地区优先权要求费；期满未缴纳或者未缴足的，视为未要求台湾地区优先权。

第十条 被视为未要求台湾地区优先权并属于下列情形之一的，申请人可以根据专利法实施细则第六条的规定请求恢复要求台湾地区优先权的权利：

（一）由于未在指定期限内办理补正手续导致视为未要求台湾地区优先权的；

（二）要求台湾地区优先权声明中至少一项内容填写正确，但未在规定的期限内提交在先申请文件副本或者台湾地区优先权转让证明文件或者有关说明的；

（三）要求台湾地区优先权声明中至少一项内容填写正确，但未在规定的期限内缴纳或者缴足台湾地区优先权要求费的；

（四）分案申请的原申请要求了台湾地区优先权的。

除上述情形外，其他原因造成被视为未要求台湾地区优先权的，不予恢复。

第十一条 申请人提出的专利申请文件中，含有与现行法律、法规、规章相抵触的词句的，国家知识产权局应当通知申请人在两个月内删除或者修改，期满不答复的，其申请被视为撤回；申请人拒绝删除、修改或者修改后仍不符合规定的，应当驳回该专利申请。明显不涉及技术内容的词句，国家知识产权局可以依职权删除并通知申请人；申请人不同意删除的，应当驳回该专利申请。

第十二条 国家知识产权局依申请人请求出具申请文件副本的，应当先根据本规定第十一条对申请文件用语进行审查；

申请文件中含有与现行法律、法规、规章相抵触的词句的，在初审合格之前不予办理。

第十三条 申请人不愿公布其地址的，可在“申请人地址”栏中注明“中国台湾”。

第十四条 本规定自2010年11月22日起施行。原中国专利局1993年3月29日颁布的《关于受理台胞专利申请的规定》(国专发法字〔1993〕第63号）和1993年4月23日颁布的《关于台胞申请专利手续中若干问题的处理办法》（国专发审字〔1993〕第69号）同时废止。

农业部　国家林业局

关于台湾地区申请人在大陆申请植物新品种权的暂行规定

（2010 年 11 月 22 日农业部、国家林业局第 1487 号公告公布
自 2010 年 11 月 22 日起施行）

第一条　为保护台湾地区育种者的合法权益，促进植物新品种的培育和使用，制定本规定。

第二条　台湾地区的自然人、法人向大陆植物新品种权审批机关（以下简称审批机关）申请植物新品种权（以下简称品种权）及相关事务，适用本规定。

第三条　台湾地区的品种权申请人（以下简称申请人）向审批机关提出品种权及相关事务申请的，应当委托在大陆依法设立的代理机构办理。

第四条　申请人向审批机关提交的文件应当使用简体中文，日期应当使用公历，但证明文件除外。

第五条　在 2010 年 9 月 12 日（含当日）后，申请人自第一次提出品种权申请之日起 12 个月内，又在大陆就该植物新品种提出品种权申请，申请人要求将第一次申请日视为在大陆的申请日的，应当在申请时提出书面说明，并在 3 个月内提交经原审批机关确认的第一次提出的品种权申请文件的副本作为证明文件。未依照本规定提出书面说明或者提交证明文件的，视为未要求此项权利。

申请人在向审批机关提出第一次品种权申请之日起 12 个月内，又在大陆以外提出品种权申请的，可以请求审批机关出具第一次申请日的证明文件。

第六条 经育种者许可，在大陆销售品种繁殖材料未超过 1 年的；或者在大陆以外销售藤本植物、林木、果树和观赏树木品种繁殖材料未超过 6 年，销售其他植物品种繁殖材料未超过 4 年的，视为申请品种未丧失新颖性。

第七条 申请文件不得含有与现行法律、法规、规章相抵触的词句。

第八条 对不符合本规定第三条、第四条的，审批机关不予受理。

对不符合本规定第七条的，审批机关应当通知申请人在指定期限内予以修改；逾期未答复或者修改后仍不符合前款规定的，驳回其申请。

第九条 品种权申请的其他事宜，依据《中华人民共和国植物新品种保护条例》、《中华人民共和国植物新品种保护条例实施细则（农业部分）》和《中华人民共和国植物新品种保护条例实施细则（林业部分）》办理。

第十条 本规定自发布之日起施行。